企业犯罪治理：
单位犯罪认定与刑事合规指南

陈友乐 / 主编　朱杰　王英 / 副主编

上海人民出版社

序言：勇于探索刑事辩护新领域

在光大律师事务所成立三十年之际，我着力打造"光大律师丛书"，总结光大律所的历史，介绍光大律师的专业。从吴燕华律师编撰的法律著作《经营物业法律原理与实务》，到刘毅律师创作的《破产理论与实例》，现在又非常欣喜地看到光大刑事辩护团队的三名高级合伙人（即事务所管委会主任陈友乐律师，以及朱杰律师和王英律师）联合撰写的刑事法律著作《企业犯罪治理：单位犯罪认定与刑事合规指南》的书稿。这本书从理论到实践研究企业犯罪的成因和治理方式，是对刑事辩护业务领域作出一个非常有意义的探索。

刑事辩护是律师最传统的业务，法庭是最能展现律师风采的舞台。也许是我对刑事辩护情有独钟，在光大律所成立之初，最先设立的便是刑事辩护团队。刑事辩护团队的工作重点是在职务犯罪和经济犯罪领域开展辩护，团队成员曾代理过社会关注的牟某某等人数额特别巨大的信用证诈骗案（该信用证诈骗案共三起，我们承接了其中在北京、上海两地审理的两起案件），在这个过程中也逐步形成了自己的辩护特色。

1997年新刑法颁布，不仅增加了许多新罪名，还将一些犯罪行为的犯罪主体由自然人扩展到法人单位。1997年刑法规定的单位犯罪罪名达到100多种，随着日后司法解释的逐步颁布，单位犯罪罪名已超过150个。而单位犯罪的主管责任人和直接责任人基本是参照自然人犯罪情节量刑处罚。新刑法的实施，为刑事辩护开辟了一个新战场。光大刑事律师立即投入力量对单位犯罪进行研究，加强办理单位犯罪案件的辩护力度；还曾与上海市社会科学院法学研究所联合调查上市公司犯罪的现象，研究上市公司预防犯罪的策略。

经过十年的实战，光大刑事律师代理过证券公司非法吸收公众存款案件、空壳公司虚开增值税发票案件，还有销售伪劣食品、毁坏自然环境等一大批新类型的单位犯罪案件。虽然在单位犯罪的辩护上取得了长足进步，在业内也小有名气，但依然只是就案论案、在刑事辩护专业上深耕而已，并无突破性发展。

此后陈友乐律师加盟，与朱杰律师、王英律师重组光大刑事辩护团队。陈友乐律师毕业于华东政法大学刑法专业，获得刑法学硕士学位，又从事过刑事审判工作。朱杰律师和王英律师自大学毕业后参加经济刑事侦查工作，积累了丰富的实战经验。自此光大刑事辩护团队焕发生机、再现辉煌，每年都能承接上百起刑事案件，近年来更是成功办理了一批新类型经济犯罪案件，如投资公司操纵股价案、上市公司股东泄露内部机密案、香港上市公司买卖境内发票案等；还办理了一大批新兴经济体的重大商业受贿罪、职务侵占罪、挪用资金罪等职务犯罪案件。

由于我也参与办理了其中几件新类型经济犯罪案件，接触到一些涉案单位，并与控股股东或职业经理人进行过交流，我发现，有些单位负责人似乎并没有意识到自己的行为已经触犯刑法构成犯罪，也有一些企业家，特别是上市公司的控股股东，虽然意识到公司员工利用职权进行违法犯罪活动，却不知道如何防范或查处员工的犯罪行为。譬如在我们曾处理过的一家国内最大的电商平台的商业受贿举报案中，该平台的一些最基层的员工仅仅利用平台对网店进行优先排名的职权便利,就能牟取巨额非法财产,严重损害了电商平台的信誉;然而电商平台向当地警方举报时却遇到一些障碍,最终只能请律师完成举报,让罪犯接受刑事判决,警示了一大批员工。

我们通过办理新兴经济体的职务犯罪案件,发现近些年来这类案件中涉案人数越来越多、职务越来越高,犯罪金额更是惊人的巨大,新兴经济体成为职务犯罪的重灾区,事态越发严峻。光大刑事辩护团队组织专业研讨会,我在会上提出一个问题:自1997年刑事诉讼法实施后,刑事辩护范围从法庭提前到被告人失去人身自由开始,有效保障了公民的权利,有力地推动了法治化进程,也打开了刑事律师的辩护空间,增加了刑事律师的营收机会,从而促进了刑事辩护业务的大发展,如今刑事辩护能不能再提前一步?

经过三十多年的经济体制改革,市场主体企业已由单一的国有企业发展为民营企业、外商企业、公众公司等新兴经济体与国有企业共存共生、平分市场的格局。刑法保护范围也从仅保护国有企业扩展到保护所有企业。最新的刑法司法解释已将原国有企业管理人员的犯罪行为扩展到所有企业的管理人员,并进一步明确,凡是侵害企业的行为,情节严重都要追究刑事责任,这充分体现了刑法均等保护的立法本意。然而在新兴经济体中,股东和职业经理人都把全部精力投放在扩大经济规模、创造经济效益上,严重忽略了建设与资产规模相适应的企业权益保护制度和机构。当然不可否认,他们中间不乏法律意识淡薄者,自己犯罪而不知其所以然。而随着我国法治建设的深度发展,企业股东和职业经理人越来越意识到刑法对企业利益的保护作用,设想将刑事法律植入企业治理中,建立惩治职务犯罪、保护企业权益的机制。

我认为企业的刑事法律保护意识的觉醒,就此打开了刑事辩护再提前的通道,为刑事律师提供了更为广阔的法律服务市场。刑事辩护团队经过热烈讨论达成共识，一致认为刑事合规业务为刑事律师创造了拓展刑事法律服务市场的最佳契机。于是陈友乐律师和朱杰律师、王英律师带领刑事辩护团队积极投入对刑事合规业务的探索中，与涉案单位的控股股东和职业经理人以及公司法务共同研究，将刑事法律植入企业治理中。他们从修订经营管理制度、员工手册入手，制定职务犯罪案件的举报程序和证据收集标准，甚至建议修改企业管理软件增加刑事犯罪预警程序。经过几年的努力，光大刑事辩护团队形成一个较为成熟的、以刑事法律专业介入企业治理的刑事合规方案，并开始向新兴经济体企业推广光大刑事合规方案，现已取得良好的社会和经济效益。

刑事合规业务突破了刑事律师仅能在法庭上义正词严雄辩的传统方式，是尝试将刑事辩护再提前一步的新途径。通过刑事合规业务，让刑事律师走出法庭，深入企业治理，担任企业刑事法律顾问，在法庭外拓展一个施展才华的法律大舞台。

陈友乐、朱杰、王英三位律师结合近几年来对刑事合规的理论研究和实践经验撰写这本著作，是光大刑事辩护团队第一次为刑事合规业务设立法理基础、第一次系统介绍刑事合规的方式方法。尽管还不够完善，有待进一步提升，但我相信这本著作将会对刑事辩护同行多一些启迪，使新兴经济体的股东和职业经理人增加一份思考。

我真诚感激三位律师的倾情付出，期待此书尽快出版问世。

光大律师事务所创始合伙人

目 录 | CONTENTS |

第二编　单位犯罪的刑罚论内容

第三编　单位犯罪与刑事合规

第一编
单位犯罪的犯罪论内容

第一章　单位犯罪概述

第一节　单位犯罪的概念

一、单位犯罪的称谓

从外在表述方式上看,"单位犯罪"这一概念表述具有相当的本土化特征,域外刑法理论通常将以公司、企业、机关与其他社会组织体为犯罪主体的相关犯罪称为"法人犯罪"。因此,国内理论界在对相关内容进行制度借鉴与法律移植的过程中,便首先需要面对这样一个问题:对于此种以自然人集体刑事责任的相关内容予以概念化表述时,究竟是适用域外"法人犯罪"之称谓,还是坚持我国本土的"单位犯罪"对其进行概念指代?

对概念称谓选取的基本要求应是尽量能够准确、周延地对内容范围进行框定。基于这一要求,多数学者从"单位犯罪"与"法人犯罪"二者对犯罪主体的涵盖范围入手,认为相比于"法人犯罪","单位犯罪"显然是一个外延更为宽泛的概念称谓。具体来说,无论是我国的日常用语还是法律规范,对"单位"范围的划定绝不仅限于具有民事权利能力与行为能力的"法人",还包括如国家机关、社会团体等非法人组织。换言之,在我国的规范语境下,"法人"仅能作为"单位"的下位概念,二者基于种属关系,似乎并无区分之障碍,因此只需依据我国刑事立法对相关组织体犯罪的规制需求选择表述方式即可。但是,有观点指出,在域外的立法体系中,刑法中"法人犯罪"中的"法人",并非完全等同于民法意义上的法人,而是具有更广的外延,其也包含非法人合法团体。那么,似乎使用"法人犯罪"与"单位犯罪"至少在范围的界定方面并不会产生显著差别。在此基础上,又有论者以采用"单位犯罪"之称谓不利于建立完善的社会主义市场经济体制为由,主张将单位犯罪彻底改为法人犯罪。①

且不论上述有关"单位犯罪"的称谓会对我国经济体制产生负面影响的观点是否合理,仅仅因为部分域外立法对"法人犯罪"的外延进行例外性拓宽而主张我国应进行效仿适用,其意义实在有限。更重要的是,轻易将不同部门法中表述相同的名词赋予差异化外延,无论是对我国法秩序统一性的维护还是体系性解释的规范构建都有害无利。相较于"法人犯罪","单位犯罪"之称谓在我国的法律语境下具有明显的文化土壤与制度根基。"单位"一词是多年来在我国集体主义观念与社会主义制度的深刻影响下孕育的,人们习惯于依赖个体所属的组织体进行价值认证与身份识别。在此意义上说,"单位犯罪"是将法律规范需求在我国本土文化与制度土壤中长期培育所形成之法律称谓,正是这种"天然"的培育方式,决定了其蕴含着"法人犯罪"所难以具备的文化与规范适配性。

结合上述论述,本书仍然以"单位犯罪"作为对相关概念的名词称谓,这一表述也与我国现行《刑法》中的名词使用具有统一性。但值得说明的是,考虑到对域外理论构建之个体环境,为避免对其法律制度与背后蕴含的文化制度的误读,本书在论述部分域外法律制度中的相关内容时,也会同时使用"法人犯罪"对其进行表述,其内涵与"单位犯罪"大体一致。

二、单位犯罪的基本特征与学理概念

单位犯罪理论之所以至今未能在我国刑法理论中发育成熟,很大一部分原因在于,多年来单位犯罪的概念始终未能在学界完全达成一致。概念是反映具体事物本质属性的思维形式,是形成认识与思维的逻辑起

---

① 参见黄晓亮:《论我国"单位犯罪"概念的摒弃》,《政治与法律》2015 年第 3 期。

点与研究基石。①单位犯罪的概念很大程度上决定了对于单位犯罪的涵摄范围与判断方法。目前,不同学者对于单位犯罪概念的界定方式可谓各具特色,归纳起来大致有以下三种:第一,直接以自然人犯罪界定单位犯罪,将单位犯罪直接理解为以单位为主体实施的犯罪。但这种同义反复的定义方式显然将问题进行了不当简化。单位犯罪的确是依靠其主体性特征才得以被区分,但这仅仅是规范层面的结论。单位主体在实际判断中并不具备实际的区分意义,问题的关键在于我们能够依靠何种事实性特征而对其单位主体性进行判断,即回答这样一个问题:究竟是何种事实性条件使得一种犯罪行为属于单位实施而非自然人实施? 因此,通过该种方式归纳出的概念难以起到其本应具有的区分涵摄作用。第二,通过归纳单位犯罪区别于自然人犯罪的特征对其进行概念界定。这是学者普遍采用的定义方式,其主要围绕着"以单位名义""体现单位意志""为单位利益""职务活动范围"等单位犯罪所较常具备的特征为论述焦点。此种定义方式在方法论上并无问题,但不同学者对于上述几个具体特征的内涵与必要性理解存在差异,因此即便采取相同方法最终得出的结论却大相径庭。第三,以犯罪的基本特征界定单位犯罪。难以否认,从概念的逻辑关系来讲,单位犯罪作为犯罪的种概念,其的确具有犯罪的基本特征,但若仅仅依此对单位犯罪的概念进行归纳,并不充分。单位犯罪正是基于区别于自然人犯罪的独有特征,才能得以区别,因此必须将单位犯罪的这些独有特征与其作为犯罪所具备的一般特征相结合,方能全面。

事实上,对名词概念的分析,应首先从其名词本身的表意构造上着手。在归纳单位犯罪的基本特征之前,可先将单位犯罪拆分为"单位"与"犯罪"两部分,并分别进行特征归纳,之后再将其合并构造,以此化整为零,逐步剖析。详言之,一方面,既然是"犯罪",单位犯罪就理应具备一般犯罪的基本属性,由此归纳出的特征将作为区分罪与非罪的标准;另一方

---

① 参见中国人民大学哲学系逻辑教研室编:《逻辑学》,中国人民大学出版社 1995 年版,第8页。

面，行为若想要具有"单位"之特点，则需要寻找到其能使之具有单位主体性之事实性特征，以此来将其与传统自然人犯罪予以区别。下文将据此思路对单位犯罪的基本特征予以阐述：

（一）具备犯罪行为的基本特征

1. 社会危害性

作为犯罪本质属性的社会危害性，应当成为识别罪与非罪的基本方式，这一点无论是对于单位犯罪还是自然人犯罪均无例外。换言之，单位犯罪之所以需要被运用刑法手段进行规制，正是因为其具有严重的社会危害性。因此，即便是单位所实施的犯罪行为，社会危害性依然属于其行为的最基本特征。具体来说，单位犯罪行为所具有的社会危害性通常应体现在以下几个方面：（1）危害国家安全；（2）危害社会公共安全；（3）破坏社会主义市场经济秩序；（4）侵犯公民人身权利；（5）妨害社会管理秩序；（6）贪污贿赂犯罪；（7）渎职行为。①

2. 刑事违法性（法定性）

刑事违法性是指某一行为已被刑法分则条文明确规定应受一定刑罚惩罚的行为。②因此，行为仅仅具有严重的社会危害性还不足以认定为犯罪，还要求该行为在形式上必须已经被刑法规范明文规定。单位犯罪作为犯罪行为，理应具备刑事违法性，不仅如此，相比普通的自然人犯罪，其甚至应具有更为严苛的法定性。具体来说，并非刑法分则中的任何犯罪都能够成立单位犯罪，部分罪名由于刑法并未规定单位犯罪的构成空间，因而即使单位实施该条文的相应行为，也难以成立单位犯罪。从理论上讲，单位能够从事的犯罪活动是极为广泛的，但我国《刑法》第30条对单位犯罪施加了额外的规范要求，即公司、企业、事业单位、机关、团体实施的危害社会的行为，只有法律规定为单位犯罪的，才应当负刑事责任。因

① 参见吴金水：《论单位犯罪的概念》，《法学》1998年第1期。

② 参见贾宇：《犯罪的概念和特征》，载赵秉志主编：《刑法争议问题研究》（上卷），河南人民出版社1996年版，第172页。

此在我国,单位犯罪的刑事违法性事实上包含了两层含义:其一是作为犯罪本身所要求具备的刑事违法性,这是构成犯罪的基本形式要件,这源于罪刑法定原则中所包含的"法无明文规定不为罪";其二则是源于我国刑法对单位犯罪特别规定的法定性要件,即单位犯罪在分则有明文规定的罪名中才有成立的空间。

(二)具备"单位主体性"的基本特征

1. 形式主体条件:合法单位

与自然人犯罪相比,单位犯罪最直观的特征便是"以单位为主体",但此处的"以单位为主体"不同于上述"单位主体性",前者仅仅是判断后者的最基本条件,这意味着单位犯罪至少需要在形式上涉及了合法的单位主体,而具体该行为最终能否因具有"单位主体性"被认定为"单位犯罪",则需要后续结合其他事实性特征加以认定。

我国《刑法》第30条规定,单位犯罪中的单位是指公司、企业、事业单位、机关、团体。应当说,上述"公司、企业、事业单位、机关、团体"等,不仅仅包括法人,也包含部分非法人组织,但无论如何,所谓"单位"必须是依法成立或设立的合法组织。因此那些非法组织甚至是犯罪组织,都不应属于单位犯罪中所指的单位。但值得说明的是,虽然看似刑法中对单位的主体进行了列举式规定,但在具体判断过程中究竟何为"单位"? 其外延范围究竟有多大? 这涉及单位主体的认定,并非不言自明,关于单位主体认定方法的相关内容,本书将于第三章进行详细论述。

2. 主观条件:体现单位意志

单位犯罪与自然人犯罪难以被忽视的重要区别还在于,单位犯罪在主观上必须体现为单位意志,其在犯罪过程中所表征出的单位犯意是使其行为具备单位主体性的最关键要素。但单位毕竟是一个拟定实体,其本身似乎难以独立形成犯意,因此单位意志的形成离不开组成单位的自然人,它并非自然人意志的简单综合,而应在遵循由自然人赋予单位的规章制度的前提下被程序化地形成。换言之,之所以单位意志源于自然人却高于自然人，一方面是由于其本身的规章制度是由自然人建立；另一方面，该规章制度一旦被建立，便具有独立价值，不再依赖于其制定者，不仅如此，其还能够将相关成员依该程序作出的决策与表征出的意志赋予单位主体性。因而，即使有时这种意志似乎是由个人意志所表现于外，但只要是依据单位制度被程序化地作出，就应该属于单位意志，相关行为便是直接受单位意志支配所实施的。目前，单位犯罪的主观犯意大致有三种形成路径：一是单位决策机构直接作出具有犯意之决策；二是由单位决策成员或直接责任人员的犯意转化而来；三是经单位决策人员的事后认可，将事前执行人员之犯意在事后转化为单位犯意。①

此外值得一提的是，不单是故意犯罪能够直接受单位意志支配，在部分情形下，即使是过失犯罪，也能够被判定为是基于法人的意志所实施。在此类主观意志为过失的情形下，单位之意志通常被表现为有意地违反法律规定或未履行其本应履行之义务。

（三）单位犯罪的偶有属性

形式逻辑学通常将事物所具有的各种属性分为特有属性与偶有属性。②前者一般指该类事物普遍地、必然地具有的属性；后者则不是该类事物必然地具有的属性，仅仅是偶然或者经常性会具备的属性，因此这种偶有属性对事物的判断仅仅具有参考性而非决定性意义。具体到单位犯罪中，有一些特征由于常常在单位犯罪中所体现，因而会被误认为是其基本特征，但本书认为，下述特征与单位犯罪并无必然的条件关系，因此仅能作为单位犯罪的偶有属性而非基本特征。

1. 为单位谋利

不少学者将利益归属的特定性作为单位犯罪的基本特征之一，认为无论谋取的是非法利益还是合法利益，至少这些利益必须是归单位自身

---

① 参见吴金水：《论单位犯罪的概念》，《法学》1998 年第 1 期。
② 参见金岳霖主编：《形式逻辑》，人民出版社 1979 年版，第 15 页。

所有。①但是,将"为单位谋利"作为单位犯罪的基本特征至少有如下问题:其一,逻辑上以偏概全。虽然绝大多数单位犯罪都发生在经济业务往来之间,但也并非所有的行为目的都是为单位自身谋取更多的经济利益。实务中的确存在着不少单位并非为了谋利或者至少不是为其自身谋利实施犯罪行为。其二,忽视过失单位犯罪的情形。虽然绝大多数单位犯罪的主观方面表现为故意,但也并不排除过失犯罪的情形。在故意犯罪的情形我们可以说单位可能是出于为自身获取非法利益,而在过失犯罪的情形中却难以再说单位具有什么特定的谋利目的。其三,不符合现行法规定。例如,现行刑法规定了单位受贿罪,其主观上则要求"为他人谋取利益"而索取、非法收受他人财物,而即使是收受的财物也不要求一定是为单位自身所获,实践中存在不少单位受贿其索取的财物被第三人而非单位自身收取。

2. 在单位业务范围内

有观点指出,单位犯罪的行为必须在单位的业务范围内,如果行为超出业务范围,或与业务活动完全无关,则不能认定为是单位犯罪之行为。②但多数观点则认为,此种说法并不符合单位犯罪的本质。单位的行为之所以被认定为犯罪,根本原因还是其具备了应受刑法处罚的社会危害性,在此基础上,如果刑法规定了相应行为能构成单位犯罪,则此行为便有成立单位犯罪的空间,这与行为本身是否超出单位的业务范围并无关系。这是因为,刑法分则在规定各罪名单位犯罪时并没有对各个单位的业务范围作出特别规定,因此理论上只要一个单位实施了刑法分则所规定的具体行为,便有成立该罪的可能。此外,单位业务复杂多样且也是不断变动的,无论是公司企业还是机关组织,想要完全明晰其业务范围几乎是无法实现的,如果完全依据单位的业务范围而判断单位是否构罪,在客观上也难以操作。

---

① 参见赵秉志主编:《单位犯罪的比较研究》,法律出版社 2004 年版,第 84 页。
② 参见王良顺:《单位犯罪论》,中国人民公安大学出版社 2008 年版,第 13 页。

3. 以单位名义

在众多对单位犯罪的不同定义中，将"以单位名义"作为基本特征与概念要素的观点也相当具有代表性。但本书认为，"以单位名义"仅仅是单位犯罪的偶有属性而非本质特征，对于认定单位犯罪行为并不具有决定性意义。虽然我国刑法有个别条文将"以单位名义"作为构成单位犯罪的客观行为要素，如《刑法》第 396 条私分国有资产罪有"以单位名义将国有资产集体私分给个人"的要件表述，但这仅为个别规定，并非所有的罪名都具有此要素规定。而这种特别规定恰恰说明，一般来说，单位犯罪实施行为时并不要求其需要以单位自身名义，否则就不需要在少数条文中对于该要件进行特别规定。实践中，也确实有不少单位在实施犯罪行为时是以某个自然人或是其他单位的名义，在此情形中，如果按照上述观点当然难以成立单位犯罪，这显然难谓合理。

事实上，只有"以单位名义"实施的行为才能构成单位犯罪，这种观点是机械地套用民法上的代理制度而导致的错误推论。民事法律关系中的代理，要求代理人必须在代理权限范围内，以被代理人的名义实施法律行为，只有满足上述条件，其法律后果才由被代理人直接承担。①但是，刑法上的单位犯罪与民法上的代理制度不同，单位成员与单位本身是较为独立的，并不存在代理或者代表关系，具体行为的单位主体性是靠单位意志赋予的，与是否以单位名义实施并无关系。因此，"以单位名义"的限制不但在认定单位犯罪时无大意义，反而可能对其范围进行不当限缩，导致本应以单位犯罪论处的情形难以成立。

综上，本书将单位犯罪的概念表述为，由法律规定的合法社会组织体，基于本单位意志所实施的、严重危害社会并依法应受刑事处罚的行为。

三、我国关于单位犯罪概念的立法规定

有关单位犯罪概念的立法规定，涉及对我国《刑法》第 30 条的理解，

---

① 参见何其生：《法人犯罪的概念》，《中外法学》1995 年第 1 期。

该条规定,"公司、企业、事业单位、机关、团体实施的危害社会的行为,法律规定为单位犯罪的,应当负刑事责任"。这是目前我国刑法规范中,与单位犯罪的基本特征和概念相关程度最高的条文,但关于其能否被看作《刑法》对于单位犯罪定义的相关表述,理论上仍存在分歧。多数观点认为,本条仅仅是对单位犯罪定罪原则作出的宣言式、概括式的一般性规定,而不是单位犯罪的法定概念。①我们认为,这种观点是有一定道理的。一方面,从表述形式上看,常见的法定概念通常采用"名词＋指代衔接词＋定义内容"的句式,如"共同犯罪是指二人以上共同故意犯罪"。而《刑法》第 30 条并没有被表述成刑法中惯用的定义式语句,并不具有法定概念的形式特征。另一方面,从条文内容上看,该条也没有完整地体现出单位犯罪的基本特征。如前所述,单位犯罪的概念,不仅应体现作为"犯罪"的一般属性,更应体现出单位犯罪相对于自然人犯罪的特有属性,即单位犯罪和自然人犯罪的本质区别。反观《刑法》第 30 条,除了对单位犯罪的相关主体作出了罗列式的规定,并未对其他相对自然人犯罪的属性进行额外表述,其基本是对犯罪特征的表述。如此一来,若要将本条看作刑法对单位犯罪的法定概念,确有疑问。

若是对条文的起草过程进行回顾,便不难发现,该条立法规划上原本就是意在对单位犯罪的定义作出规范诠释。在全国人大常委会法工委于 1988 年起草的《刑法修改稿》中,单位犯罪曾被表述为"单位为谋取非法利益,由法定代理人或者其他受委托人员以单位名义实施的犯罪"。但在之后,《刑法修改稿》第二稿却采纳单位利益说之观点,明确"单位犯罪是企业、事业单位、机关、团体为本单位谋取利益,经单位的决策机构或者人员决定所实施的犯罪"。再后,1996 年《刑法修改稿》第三稿又将单位犯罪之定义表述为"企业、事业单位、机关、团体为本单位谋取非法利益,经单位集体决定或者负责人员决定实施的犯罪",此定义直至 1997 年 3 月 1

---

① 参见马松建:《论单位犯罪的立法完善》,《郑州大学学报(哲学社会科学版)》2001 年第 2 期。

日提交全国人大第五次会议的《刑法修订草案》中都未曾动摇。[①]但是，在后续提交代表讨论的过程中，部分意见表示此概念无法对我国的单位犯罪作出准确全面的框定，因而在最终通过的刑法中对相关内容作了实质性的修改。对于这一修改，我们很难评价其正确与否，毕竟对于理论上争议较大的问题在立法上进行暂时性回避的处理方式也是基于立法审慎与刑法谦抑的考量。但若仅从微观效果上看，该条文似乎已经再难具备立法规划设立之初的体系地位，正如有观点指出，"该条关于单位犯罪的规定，已经虚化得不成其为单位犯罪的概念，几乎只是对单位犯罪应当追究刑事责任的宣言式规定，表明立法者放弃了对单位犯罪的定义权"。[②]

因此，本书认为，应当按照下述内容正确理解我国《刑法》第 30 条。首先，从客观功能上讲，该条对于单位犯罪的主体进行罗列式规定，并强调单位犯罪的法定性，因而在一定程度上确实承担了部分单位犯罪概念法定化之作用。其次，从体系地位上讲，由于其未能对于单位犯罪相较于自然人犯罪的基本特征作出完整描述且形式上存在些许缺失，暂不宜将本条理解为刑法对单位犯罪作出的法定化概念。最后，基于立法角度，后续宜对本条规定进行完善。具体来说，在形式上可将其更改为刑法中较常采用的"名词＋指代衔接词＋定义内容"方式，内容上可参考本书前述对于单位犯罪学理概念的相关结论，将单位意志等基本属性作为概念构成要素加以补充规定。

第二节　单位犯罪制度的形成与发展

一、域外法人犯罪制度的形成与发展

单位犯罪，在域外刑法理论中普遍以法人犯罪之表述予以指称。但"法人"一词是源于民法制度中对符合条件的相关社会组织进行的一种人

---

① 参见周光权：《新刑法单位犯罪立法评说》，《法制与社会发展》1998 年第 3 期。
② 陈兴良：《刑法适用总论（上卷）》，法律出版社 1999 年版，第 587 页。

格化拟制,正因如此,历来仅由民事法律规范予以调整之法人主体,若想使之成为刑法中的刑事责任主体,少不了一段在社会经济文化环境的催化下所进行的法学理论和规范制度之演变与革新。可以说,法人犯罪制度是近现代经济发展过程中的时代产物。西方古罗马法律对于"法人是否具有犯罪能力与刑事责任能力",始终持否认态度。但十八、十九世纪的工业革命所带来的经济腾飞及社会环境变革使得法人在社会生活中所扮演的角色与承担的任务越发重要。公司、法人在数量与体量上的双重激增在带来经济、社会发展的同时,也更加经常地侵犯国家权益、公共利益、个人权利,此时传统的民事与行政法律规范已经再难完全规制法人行为,在这种情况下,将法人组织认定为刑事犯罪主体,运用刑罚手段对其进行进一步规范约束的需求与呼声愈发高涨。由此,西方各国纷纷展开对法人犯罪制度的理论研究与立法完善。

相较大陆法系国家,英美法系对于法人犯罪制度的立法进程始终走在前列,在这其中又以英国为代表。这其中原因大体有二:一是由于英国是最先全面进行工业革命的国家,其率先具有的经济社会需求是倒逼其进行法人犯罪制度研究与立法的重要因素;二是相比于欧洲大陆其他国家,英国法律对日耳曼法律进行了更加彻底、坚定的继承。公元 5 世纪左右,随着西罗马帝国的衰落,大量日耳曼部落在其领土上逐步建立国家,在其不断地发展过程中,由社会治理需求与文明进步所推动而产生的一套法律体系,被后世谓之"日耳曼法律"。日耳曼法区别于成文、严密且精细的罗马法,大都由部落习惯组成,而它的重要特征便是强调团体责任,团体某一成员的责任可以归责于集体本身,集体中的所有成员对于个体的侵权行为都应承担连带责任。[①]在这种法律传统的影响下,法学理论对于法人犯罪制度的接纳也理应相对容易。最早,英国对于法人刑事责任是以与法人损害公共道路等行为的不作为犯罪为起点的,此后又通过刑事判例对其他有害公共利益的行为予以刑事规制,由此确立了其法人犯

---

① 参见陈丽天:《单位犯罪刑事责任研究》,中国法制出版社 2010 年版,第 2 页。

罪制度的产生。进入 20 世纪，英国的法人犯罪开始逐渐朝着普通法领域发展，法人对其雇员行为承担刑事责任的"转嫁制"也在这一时期被典型判例予以确立。至 20 世纪中叶，同一责任理论被英国法院提出，此理论将法人与其成员统一为一个整体，对法人组织与内部自然人的责任进行同时追究，也基本奠定了英国长期以来在法人犯罪制度中的处罚原则。

美国在法人犯罪制度中的发展历程与英国极为相似，主要原因在于其法律制度本身与英国同宗同源。在其制度产生初期，也是对于部分损害公共利益的不作为行为追究严格责任，后来才逐渐对行为样态与保护法益进行扩展，并逐渐重视对于刑事责任主观方面的研究。20 世纪初，美国相继通过《洲际贸易法》《谢尔曼反托拉斯法》等法律，对联邦内法人犯罪之刑事责任基础进行了更加全面的规定。此后，随着《证券法》与《证券交易法》的实施，雇主责任原则在美国法律制度中被确立。此原则与英国法律制度中法人对其雇员责任的转嫁承担制度极为相似，都是将法人组织中自然人所实施的犯罪行为归责于法人自身的一种严格责任。这种忽视法人主观犯意的严格替代责任在很长一段时间都作为基本方式被运用于美国法人犯罪制度中。直至 1962 年《模范刑法典》诞生，才逐渐被同一视原则所取代。《模范刑法典》所规定的同一视原则基本是对英国同一责任理论的法律移植，但也的确是法人犯罪制度的一大进步，其对法人主观犯意的审查源于对法人刑事责任依据的研究深入。近年来，随着美国商业迅猛发展、法人组织的激增，法人犯罪理论逐渐又衍生出一些新的学说与研究成果。例如强调法人对犯罪预防的法人反应责任论，以及认为法人文化对成员产生影响的法人文化论。

不同于英美两国，德国作为大陆法系国家较为完全地承继罗马法，早期古典学派对于法律体系的严密性构建，对于刑法中基本犯罪能力与责任能力的坚守，使得其很难轻易冲破传统法学理论的框束。在德国刑法理论中，不具有刑事责任能力的法人无论如何也不能成为刑法规制的对象,换言之,如果不能解决其基本刑事责任理论问题,便不能仅仅因为社会需求就对传统刑法理论随意突破。此种观点曾在《巴伐利亚法典》中被明确体现,其中规定的法人不能受到刑法处罚的观点即使在 1871 年德国统一后仍被多数人所坚持。直到第二次世界大战战败后,德国在短暂的衰退后迎来新一轮经济增长,法人组织的迅速涌现加之社会法学派的日益发展,德国理论界与实务界终于开始对法人犯罪理论进行重新研究与考量。但是,德国刑法学界为了尽可能避免对其传统理论中的责任主义根基产生动摇,转而通过一种变通的方式来对法人犯罪予以司法处理,即通过具有行政性质的《违反秩序法》而非《刑法》来对法人犯罪予以相应规制,这样,法人所实施的严重违法行为在规范层面上其实是通过《违反秩序法》中所规定的行政罚款等手段被予以惩治的,而所谓的法人犯罪事实上也已经不再具有"犯罪"之属性。①

对于法人犯罪制度,日本相较于德国展现出更加开放包容的态度。其不仅是大陆法系中最早在立法上规定法人犯罪的国家,在后续对法人犯罪的立法与理论发展上也更为充分。日本最早关于法人刑事责任之内容被包含于 1867 年修改的《国立银行条例》,但该条例仅涉及对银行主体实施犯罪行为之内容,而后,1900 年《有关法人在租税和烟草专卖方面的犯罪的法律》规定:"法人代表、雇用者及其从业人员,在有关法人业务方面对本法规予以违反时,该法规相应惩罚也适用于法人本身。"这也是日本首次法律真正全面地对法人刑事责任予以明确规定。再到后来对法人犯罪采取"双罚制"的处罚方式于 1932 年颁布的《资本逃避防治法》中被确认,②可以说,日本法律体系中关于法人犯罪的规定已经基本完善。第二次世界大战之后,日本甚至已经有超 30 部法律中存在以双罚制对法人犯罪予以处罚的明确规定。

---

① 参见[德]汉斯-海因里希·耶塞克、托马斯·魏特根:《德国刑法教科书》,徐久生译,中国法制出版社 2001 年版,第 931 页。

② 参见黎宏:《单位刑事责任论》,清华大学出版社 2001 年版,第 51 页。

二、我国单位犯罪制度的形成与发展

相较于西方各国，我国在单位犯罪制度上的发展总体呈现出时间较晚、速度较快的特征，同时，和其他各国一样，单位犯罪制度的发展主要是由社会经济发展而产生的法治需求推动的。1949年新中国成立后，单位犯罪理论在我国主要经历了完全否定期、立法过渡期、全面发展期三个阶段。

1. 完全否定期

自新中国成立到改革开放前，无论是我国理论界还是实务界都完全否认法人或单位能够成为刑事责任的主体。1957年出版的《中华人民共和国刑法总则讲义》中曾写到，法人无论于何种情形之下，均不得成为实施犯罪行为与承担刑事责任之主体。由此可见单位犯罪否定的观点在当时的刑法理论中处于无可置疑之地位。究其原因大体有二：其一，受限于传统理论观点。新中国成立初期我国刑法理论基本是对苏联刑法的全面移植，同许多域外刑法理论一样，苏联刑法也认为，由于法人和单位不可能有独立实施行为的能力，因此全面否认其能够成为刑事责任的主体。而我国受限于苏联刑法理论对这一观点的基本态度，便理所当然地得出法人不能作为犯罪主体之结论。其二，缺少现实的社会规范需求。改革开放之前，我国实施传统的计划经济制度，国有经济与集体经济基本是我国全部的经济构成，市场经济的空白决定了我国几乎不存在合法独立私营经济体与法人组织的生存空间。而失去了市场经济与法人组织，当然就不存在规制法人犯罪的现实需求，这是我国改革开放前否认单位犯罪的最主要原因。

2. 立法与理论的过渡期

对单位犯罪的规范需求与理论研究出现在改革开放后，中国特色社会主义的提出与经济体制的变革，在慢慢激活我国市场经济活力的过程中也孕育了越来越多的私营企业与法人组织。随之而来的以法人与单位为主体的犯罪活动,也造就了越发迫切的刑法规制需求。虽然 1979 年刑法由于改革开放初期市场经济尚处于起步阶段,尚未窥见这种现实的规范需求,但在 1985 年由最高人民法院、最高人民检察院公布的《关于当前办理经济犯罪案件中具体应用法律的若干问题的解答》中已初步展现出实务界对于此种现象的司法回应。此外,再结合 1986 年《民法通则》对于法人制度的立法确立,理论界有关法人犯罪的讨论也逐渐增多,对于单位犯罪的态度也从完全的否定逐渐转向对单位犯罪成立合理性与可行性的反思。

立法上正式对于单位犯罪予以确认的是 1987 年公布的《海关法》,其第 47 条规定,企业事业单位、国家机关、社会团体犯走私罪的,由司法机关对其主管人员和直接责任人追究刑事责任;对该单位判处罚金,判处没收走私货物、物品、走私运输工具和违法所得。紧接着,《关于惩治走私、制作、贩卖、传播淫秽物品的犯罪分子的决定》《关于禁毒的决定》等单行法中便相继规定了如受贿罪、走私罪等 60 多个罪名的单位犯罪。这一阶段,实务界已经用上述立法表明了对于单位犯罪的肯定态度。同时,面对逐渐增多的单位犯罪立法规范,越来越多的学者开始基于时代需求与规范要求对单位犯罪予以认可,并力图寻找单位犯罪及单位刑事责任的理论根据,努力化解单位犯罪在理论层面的障碍。目前为止,我们已经可以清晰地看到单位犯罪制度在实务界与立法界,从被完全否定逐步过渡到肯定说占通说的发展脉络。

3. 全面发展期

1997 年《刑法》从总则到分则对于单位犯罪进行了全面的规定,这是我国刑法对单位犯罪的完全接纳,也标志着单位犯罪开始进入全面发展阶段。之后,理论界关于单位犯罪的否定说已基本销声匿迹,取而代之的是对于单位犯罪的细化研究。诸如单位犯罪的主体范围、单位犯罪的定义与判断标准、对单位犯罪的处罚方式等问题,无论在司法实践还是在理论研究中,都存在激烈争议,这为单位犯罪的发展提出了新的方向与要求。直至今日，很多理论与司法实践的热点疑难问题，依然未能完全达成统一，关于具体争议较大的理论与实践问题，将于本书后文进行详述。

第三节　单位犯罪的基本分类

我国目前刑法分则规定的单位犯罪罪名已达 190 个左右，约占我国刑法总罪名数的 40%。面对如此繁多的单位犯罪罪名，理论上可将其进行不同的分类，便于学术归纳研究与司法实践认定。从多种不同的角度对单位犯罪进行分类，对于进一步深化对单位犯罪的认识，以及具体研究不同种类的单位犯罪的犯罪认定问题和刑事责任问题，都具有重要的意义。依据不同的标准，可将我国目前刑法中的单位犯罪分为纯正单位犯罪与不纯正单位犯罪、一般主体单位犯罪与特殊主体单位犯罪、单位故意犯罪与单位过失犯罪。

一、纯正单位犯罪与不纯正单位犯罪

纯正单位犯罪与不纯正单位犯罪，是根据一个具体罪名是仅能由单位主体构成，还是既能由单位主体构成也能由自然人主体构成进行区分的。如果一种具体罪名被刑法规定仅能由单位主体实施，而不能由自然人主体实施，则其应属于纯正单位犯罪。反之，若具体条文规定该罪既能由自然人构成也能由单位构成，则该罪为不纯正单位犯罪。

我国法律中绝大多数单位犯罪均为不纯正单位犯罪，仅有极少数罪名属于纯正单位犯罪。这是因为在我国的刑法分则中，绝大多数单位犯罪是与自然人犯罪共用相同的条文款项对行为罪状进行描述的，对于能够以单位为行为主体的罪名，仅仅在原来适用于自然人犯罪的款项后，对以单位为该罪主体的处罚标准进行特别增列说明。例如，现行《刑法》第 175 条高利转贷罪，其中第 1 款规定的是普通的以自然人为犯罪主体的罪状描述与处罚规定，同时其第 2 款规定"单位犯前款罪的，对单位判处

罚金,并对其直接负责的主管人员和其他直接责任人员,处三年以下有期徒刑或者拘役",此种规定方式即为不纯正单位犯罪在我国刑法中最普遍的规定方式。与之不同,刑法分则中对纯正单位犯罪的规定,往往是在进行罪状描述时,将单位犯罪主体与行为要素进行合并表述,通常以"单位＋行为"的形式出现,例如《刑法》第387条单位受贿罪第1款的条文表述为"国家机关、国有公司、企业、事业单位、人民团体,索取、非法收受他人财物,为他人谋取利益,情节严重的,对单位判处罚金,并对其直接负责的主管人员和其他直接责任人员,处五年以下有期徒刑或者拘役",就属此类。

将单位犯罪分为纯正单位犯罪与不纯正单位犯罪的意义在于,由于纯正单位犯罪仅能由单位主体构成,因此即使个人实施了其条文规定的行为,也不能以此罪认定,这就在一定程度上避免了自然人行为被不当定罪;此外,这种分类标准也为了进一步明晰自然人犯罪与单位犯罪之界限,从而对不纯正单位犯罪与自然人犯罪予以准确区分。

二、一般主体单位犯罪与特殊主体单位犯罪

在探讨单位犯罪的分类时,我们还可以根据刑法对单位犯罪实施主体的不同限制,将其划分为两大类:一般主体单位犯罪和特殊主体单位犯罪。一般主体单位犯罪指的是那些刑法条文中没有特别限定实施主体资格的单位犯罪行为。这类犯罪不要求单位具备特定的条件或资格,只要单位的行为触犯了刑法规定的罪名,就可以构成犯罪。相比之下,特殊主体单位犯罪则是指那些刑法明确规定只有具备特定条件、资质、业务范围或职能的单位才能构成的犯罪。这种类型的犯罪对单位的主体资格设有限制,不是所有的单位都有资格成为该类犯罪的犯罪主体。

相比一般主体的单位犯罪,特殊主体单位犯罪在刑法中的比例并不高,多出现在某些仅由特殊行业能够涉及的罪名中,其表现形式通常为,在对单位犯罪的处罚标准进行单独规定时,对单位种类进行特别强调。

举例来说，《刑法》第 137 条工程重大安全事故罪规定："建设单位、设计单位、施工单位、工程监理单位违反国家规定，降低工程质量标准，造成重大安全事故的，对直接责任人员，处……"该条的构罪主体就仅限于建设单位、设计单位、施工单位、工程监理单位。又如，《刑法》第 327 条非法出售、私赠文物藏品罪，该罪名的构罪主体仅包括国有博物馆、图书馆等单位。而一般主体的单位犯罪例如《刑法》第 190 条逃汇罪，具体条文表述为"公司、企业或者其他单位，违反国家规定，擅自将外汇存放境外，或者将境内的外汇非法转移到境外，数额较大的，对单位判处……"。

特殊主体单位犯罪的涵摄要素具有主体上的附加内容，因此其审查步骤要比一般主体单位犯罪多一步。换言之，在对此类单位犯罪进行判断时，应首先考虑其所涉嫌的单位犯罪是否属于特殊主体单位犯罪。若是，则需审查涉案单位是否具备该罪名所要求的特殊行业、资质、职能、权限等条件，符合的才能继续对该罪的行为要件进行审查，不符合的则直接排除构成该罪的可能性，终止审查。若对于一般主体犯罪，则不用对单位是否满足特殊要求进行判断，直接进行行为审查即可。

三、单位故意犯罪与单位过失犯罪

若根据单位犯罪的主观罪过形式，则可以单位故意犯罪与单位过失犯罪对单位犯罪予以分类。此种分类与自然人犯罪在主观方面的罪过分类基本一致，并不难理解。单位故意犯罪其主观要件为故意，意味着单位对损害结果的主观态度为希望或放任。而单位过失犯罪的主观要件为过失，表示其虽然不希望发生社会危害后果，但并未预见或预见后轻信能够避免，最终导致损害结果的发生。

通常来说，不纯正单位犯罪的主观罪过不需要单独进行判断，由于其是与自然人犯罪共用同一个罪状表述，因此在罪过形式上也理应与对应的自然人犯罪保持一致，例如自然人的集资诈骗罪主观上为故意，那么若单位实施集资诈骗犯罪，就应当属于单位故意犯罪。又如，《刑法》第 229

条第 3 款规定的出具证明文件重大失实罪属于过失犯罪，根据第 231 条的规定单位亦可构成本罪，则单位的主观罪过需为过失。除多数不纯正单位犯罪外，纯正单位犯罪的罪过形式便需要根据具体的法律条文表述进行判断。例如，工程重大安全事故罪的主观罪过为过失，是此类较为典型的过失单位犯罪。

区分单位故意犯罪与单位过失犯罪的意义主要在于，故意与过失在对事实的认识程度与态度上都有所不同，对单位犯罪的认定需要对单位的主观意志进行审查判断，而只有明晰单位犯罪罪过形式的分类与判断方式，才能根据其具体罪名所要求的主观罪过形式对单位意志进行准确认定。

第二章　单位犯罪刑事责任理论

第一节　域外法人犯罪刑事责任理论

　　无论是大陆法系还是英美法系的传统刑法理论都认为,犯罪行为的实施主体仅限于自然人,法人作为法律拟制实体,一无客观行为动作,二无主观心理罪过,因此法人无法称谓犯罪之主体。[①]但随着社会发展带来越来越多难以回避的法人组织危害行为,各国开始被迫考虑用刑事手段对法人予以规制。现实的需求正逐渐倒逼刑法理论在单位与法人的刑事责任上予以论证重构。

　　在此方面,英美刑法理论与大陆刑法理论确有差异。前者偏向于在实用主义的哲学路径引导下,对实体法进行开放式的改造与补充,从不同层面对法人行为与法人意志予以解释,并以此不断为法人承担刑事责任寻找理论根据;后者则在此问题上更似维持一种"保守主义"的姿态,始终难以绕过"近代个人责任主义"的观念,为单位法人寻求刑事责任基础,除日本刑法理论外,多数大陆法系刑法理论对单位犯罪或法人犯罪仍然呈现出或批判或暧昧之态度。

---

　　① 参见储怀植:《形式一体化与关系刑法论》,北京大学出版社 1997 年版,第 180 页。

一、英美法系的法人犯罪刑事责任理论

(一) 传统法人刑事责任理论

早期传统英美刑法是通过法人的代表与雇员的身心去弥补法人缺乏犯意和身体动作之缺陷的,具体是借助如下两个特殊的解释路径对其予以实现:一是主张在自然人承担相应刑事责任之外,法人应对其代理人之行为承担代理责任;二是主张在每个法人中都存在着这样一些人,他们是法人中的"指导性的意志与心灵"。当这些人为公司业务而活动时被视作"公司的化身",这些人的行为与意志应被视作公司的行为与意志,公司并非对其内部人员的行为负责,而是对其自身之行为负责。[①]于此两种解释路径的基础之上,前者逐渐演变成了替代责任理论,后者则成为同一责任理论的前身。这二者均源于民法领域的侵权理论,在本质与结构中有不少同源性与相似之处,其作为英美法系中两种较为基础的法人刑事责任理论,其作用至今仍不可忽视。

1. 替代责任理论

替代责任(Vicarious Liability)与民法领域中的"代理责任"可谓是同根同源,实质内涵也极为相似,替代责任通常来讲是雇主针对被雇佣人在从事与所雇行为相关的业务活动中,因相关侵权行为导致第三人利益受损所替代承担的相应责任。[②]而在民法理论中,代理责任是指一个主体对其他主体行为负责,当代理人在代理期间实施不法行为,第三人因而遭受严重损害的,大部分的代理人明显无法仅依靠自身能力对受损者承担赔偿责任。为了尽可能维护受害人之权利,法律便规定被代理人应对此种情形下的赔偿责任予以替代承担,并且由于雇员往往是为了履行雇佣者所委派之责任,所获利也由雇佣者享有,故其对受害者所承担的替代责任

---

① 参见[英]J.C.史密斯、B.霍根:《英国刑法》,法律出版社 2000 年版,李方贵译,第 205—206 页。

② 王泽鉴:《民法学说与判例研究》(上册),中国政法大学出版社 1997 年版,第 2 页。

被认为是具有正当性的。此即民法理论中的代理责任。①在法人犯罪中引入源于"仆人过错主人负责"侵权法原理的替代责任，目的是扩展法人刑事责任段边界，同时为法人刑事责任承担的正当性寻找理论依据，之后，替代责任也的确成为英美法系中法人为代理人行为承担刑事责任的原则之一。

与民法类似，刑法上的替代责任同样是对法人的归责原则，如果法人之被雇佣者在其代理职务的范围内实施了具体犯罪行为，则应依照法律规定，将其行为视作法人之行为，法人则应基于该行为代替雇佣者承担刑事责任。这一阐述中隐含着以下两种条件：第一，犯罪行为为法人之雇员作出；第二，法人与其雇员之间的雇佣或代理关系需正当合法，且仅限于雇员在其职务范围内所实施的犯罪行为。满足上述条件后，便可依法令雇主法人承担不法行为之后果。在替代责任中，事实上存在着一种法律层面的行为归属转化，即法人通过代理人所实施之行为，应在规范上被视作法人自身的行为。换言之，于法律视角中的雇员客观行为被视作雇主法人的客观行为，雇员的主观犯意被视作雇主法人的主观犯意。因此，所谓的"替代责任"表面上看是法人对其代理人"刑事责任"之替代，实质上是通过对"行为归属"的替代承担，从而间接产生"责任替代"之法效果。

替代责任的优势在于适用时的简单易行，只要单位成员在履行职务过程中具有犯罪行为，法人单位就有被施加替代责任的空间。这在客观上的确有规避法人将犯罪行为转交给员工落实从而转嫁刑事风险的可能。该理论始终认为法人将具体任务委派给其员工，即应当为他们的犯罪行为承担责任。特别是，替代责任在适用时不对法人过错提出要求的特点，接近于严格责任的归罪模式，对惩罚法人单位极其便利。

然而，替代责任同时也具有难以忽视的缺陷。缺陷的根源在于，在替

---

① 童德华：《刑事代理责任理论介评》，《法学评论》2000 年第 3 期。

代责任中,法人的刑事责任是完全依附于自然人刑事责任的。当犯罪需要过错形式时,该过错也只能表现于自然人范围。依此逻辑会出现两种不合理的结果:一是不周全的结果,即如果不存在自然人的过错,则法人必然不会承担刑事责任,而此时的法人却可能是有过错的。因此,它使一部分法人的过错行为因为无法确定自然人的过错,而免去了其应当承担的刑事责任。二是过于泛化的结果,即如果存在自然人的责任,则法人必然承担刑事责任,而此时的法人却可能是没有过错的。上述两种情形可以说都严重违背了责任主义。根据该说,即使法人已制定了明确的政策并发布了预防犯罪行为的明确命令,法人仍应对其已采取一切可能的预防措施后产生的罪行承担责任。然而,如果仅仅因为雇员的独断专行而要求法人承担刑事责任,就很难体现公正。因此,英国刑法理论现在普遍认为,替代责任理论难以为法人犯罪提供一个圆满的正当性解释,理论与判例法实践更加倾向于采用同一责任理论。

2. 同一责任理论

同一责任(Personal Liability)是英美法系中另一种对法人刑事责任的归责原则与理论路径,其产生的很大一部分原因在于应对英国刑法对替代责任的限制,因此出现时间也晚于替代责任。该理论主张,法人机关、法人代表等特定自然人的行为和意志就是法人自身的行为与意志,因而法人理应承担由其自身行为与意志所产生的法律后果与刑事责任。详言之,应从两方面进行理解:(1)同一理论中的所谓"同一",是指特定机关与自然人的行为与法人本身的行为和意志是"统一"或"相同"的,即部分自然人的客观行为和主观意志就应等同于法人本身的行为与意志,雇员在某种程度上几乎等于雇主的"另一个我",也正因如此,自然人的犯罪也就等于法人本身的犯罪。这也就解释了,为何在这里同一责任的英文原文被表述为"Personal Liability",此处的"Personal"即为"法人自身的",此乃法人与自然人的"同一"。(2)并非所有法人中的自然人均能做到与法人之"同一",此处行为与意志之统一主体是具有严格限制的。学者们常引用英国丹宁勋爵大法官之表述用以说明此点："在一个公司里，有些人是雇员或代理人，他们并不代表公司的思想或意志，而只是类似于做工作的手，另一些人则是代表公司的心理和意志并控制其行为的董事和经理，这些董事和经理的意志便代表了公司的意志。"①

与替代责任相比，同一责任对于法人刑事责任的归属显得更为彻底，其通过对行为与意志的"同一"也将其与责任主义原则之间的矛盾进行相当程度的化解。一方面，替代责任是法人由于其雇员实施犯罪而代替他们承担责任，而同一原则是法人为其自身的犯罪行为负刑事责任。当特定自然人的行为与意志即为法人自身的行为与意志时，法人为其自我主体而非其他主体的犯罪行为承担责任时，与责任主义之间的冲突显然不甚强烈。另一方面，同一责任理论中的法人归责不需要借助将代理人行为归属于雇主行为的法律假设，它另行设计了一个更接近现实的法律假设，即特定的自然人行为和思想能够被视为法人本身的行为和意志。因此，将这些自然人限制在一个相对小的群体中（如董事会）是必要的。因为地位、权力和行为的关系，将特定的某些人视为法人本身才是对事实的一个比较准确的反映。根据同一责任，法人几乎可以如自然人一样承担各种刑事责任，当然仍要受法人作为法律拟制之人的特性限制。

英国刑法理论与司法判例在替代责任逐渐式微后便将法人刑事责任归责的重担压在了同一责任理论上。但遗憾的是，在现实生活中想要明确地观察到处于运作状态下能够代表法人本身的自然人，事实上极为困难，特别是在构造庞大复杂的企业中，欲仅从公司外部来判定客观上实施具体犯罪行为的自然人可以说是几乎不可能的。有时候难以取得相应的证据识别与证明那些实际对法人组织具有充足控制或影响能力的自然人。此外，法人的结构可能非常复杂且难以渗透，管理决策归属许多不同

---

① 转引自［英］J.C.史密斯、B.霍根：《英国刑法》，李方贵译，法律出版社 2000 年版，第207 页。

的部门和层级,甚至很难确定在一定领域负责的具体的自然人,"同一"主体界限圈定的模糊与较低的可实施性成为该理论的阿克琉斯之踵。如此一来,便仅仅有极少数公司高管与法定代表人具有此种能够将其行为和意志与法人得以"同一"的地位,但这显然会极大限缩法人自身承担刑事责任的范围,难以实现通过用刑事手段对法人犯罪予以充分规制的初始目的。正因如此,自20世纪以来,在同一责任的影响下英国法人负刑事责任的范围逐渐缩小。根据英国法的原则,对那些要求犯罪心理为其构成要件的犯罪,只有法人的高级职员的行为才能归罪于法人,甚至对于严格责任的犯罪,如果代理人的行为是违背法人的方针政策,从而证明不是法人授权的行为时,英国法律也允许法人以此作为无罪辩护的理由。

(二) 法人刑事责任新理论

近十多年来,专注于法人刑事责任的学者们逐渐意识到,替代责任与同一责任是建立在传统的个人责任原则基础上的,难以充分满足法人刑事责任的理论需求,也绝无可能真正解决法人作为犯罪主体对传统刑法理论带来的矛盾与理论冲击。不仅如此,现代公司的规模日渐扩大、结构日渐复杂,伴随着的是社会结构与经济模式的演变,在公司的意志与行为和个体自然人的意志与行为之间,的确存在产生方式、归责基础等多种维度的差异。因此在为法人的刑事责任寻找理论基础时,便理应采取与自然人不同的视角。因此,当代以美国为代表的一众英美法系国家的刑法学者,又逐步提出了一些较为有影响力的法人刑事责任的新理论。

1. 法人反应责任论

法人反应责任论(Reactive Corporate Fault)由美国学者费希(Fisse)首先提出并倡导,该理论主张从组织体的规模、议事程序、行为目标、预防违法行为以及事后的补救措施等单位自身特征与外在反应来判断单位的固有责任,该理论认为法人存在着不依赖自然人的,来源于上述方面的自身犯罪意思、行为与归责依据。由此，法人组织的犯罪意思是来源于自身政策所体现的内容，它与其内部独立责任人员的意思无必然联系，不可被还原为表征法人意思的法定代表人、高级管理人员与一般从业人员的个人意志。[①]这里的所谓"政策性"应包含事前与事后两个部分。首先，犯罪事实发生之前，法人的政策性一般体现为"预防"与"避免"，如果法人并未采取完善措施对犯罪行为进行有效的预防，从而促使犯罪结果的出现，就可以据此来判定法人存在政策性犯意。其次，在犯罪事实产生后法人的政策性反应更偏重于"制止"与"补救"。按照该理论，如果肯定某一犯罪行为是由法人或其代表实施的，法院有权命令该法人进行自我调查并查明责任人，之后，应对具体责任人员采取相应的惩处措施，并确保今后不再发生此类问题。法人采取上述适当措施后，将不再需要承担刑事责任。

应该说，这种理论的具体处理方式与目前在我国逐步推行的企业刑事合规制度，尤其是事后合规不起诉制度较为相似。赋予法人组织自律监督、监管的机会，能够从源头上遏制法人犯罪，这一方面将很大程度上缓解对公权力资源的过大消耗，另一方面也从理论上为法人承担刑事责任寻找到了又一种较为合理可行的理论依据。

法人反应责任论把追究法人刑事责任的视角从替代责任所倡导的自然人行为和意志，移转至犯罪前法人的预防犯罪措施和犯罪后挽救措施的有效性之上，显然是一个重大的进步。然而，它也存在难以解决的问题。首先，英美法系的同时性原则强调犯罪人的犯罪行为与犯罪意图同时存在，而法人的反应责任原则只强调犯罪前后的相应措施，与这一原则背道而驰。其次，究竟何种事前预防政策与事后反应措施才足以避免法人的刑事责任？法人的所谓策略性犯意的具体细化内容究竟应包含哪些具体内容？法人反应责任论对于这些问题并未进行详细论述，其理论的细化程度显然仍难以支持其具体司法操作。

---

① 黎宏：《单位刑事责任论》，清华大学出版社 2001 年版，第 53 页。

2. 法人文化论

法人文化论(Corporate Ethos Theory)曾在美国被广泛推崇,也有学者将其叫作"法人犯意原则"(Corporate Mens Rea Doctrine)或"政策犯意"(Strategic Mens Rea)。该学说是在法人反应责任论的基础上,深入分析法人策略性犯意的具体内容所得出的理论学说。其具体内涵大致是,若雇主法人中存在能够推动具体雇员实施犯罪活动的所谓"法人文化",便可据此对雇主法人的犯意予以推定。此处的"法人文化"较之日常所说的企业文化更为广义,其内涵包括法人的"组织程序、结构、目标、权力层级的动力"等内容,这些源于法人内部的自身所具有的文化性、结构性内容可以共同作用于内部成员,联合构成允许或鼓励犯罪的法人犯意。如此,法人文化论将法人的责任来源归结于其法人自身所具有的文化内容对其法人成员犯罪行为的影响与控制,确实满足了上述法人反应责任论未能符合的"犯罪主观犯意与客观行为同时存在"之原则;同时,法人文化论直接从法人自身结构上寻求归责依据,也在一定程度上避免了传统替代责任中代自然人承担刑事责任的缺陷,以免受违背责任主义的理论责难。

虽然法人文化论尝试将作为法人固有刑事责任依据的策略性犯意具体内容予以细化,但在实施具体的司法操作过程中,依然很难较为稳定地判断雇主法人的运作模式与文化是否存在严重缺陷,是否已经达到应受谴责之程度。换言之,仅凭借法人的"组织程序、结构、目标、权力层级的动力"等内容是否能够确定并证明法人的犯意,在具体操作上仍然较难解决。美国司法界试图通过调查法人是否制定"法人守法计划"(Corporate Compliance Programme)并被严格执行这种方式,用以判断法人的主观犯意。具体来说,法人对内部成员的守法计划,就是用以确保所有成员都知悉与法人有关的重要法律法规,并保证法人遵守法律。这些计划有些是规范法人行为的一般准则,有些则较为具体,只是与特定罪名有关(譬如串通投标罪)。但是,目前这种方法只被适用于法人犯罪量刑上,即被定罪的法人如果对法人守法计划有较好的执行,所获刑罚量将大大减少,而能否在定罪过程中被妥善适用的问题,仍有待商榷。

3. 自身特性论

自身特性论(The Model of Self-identity)始终秉持着一个理论基础,即法人有表达自身意志与自身特性的机制,无需借助法人组织内部成员的行为与意志进行表达。此理论将法人的自身特性与其股东大会、董事会、高层管理人员与普通成员的特性相区分,认为尽管二者在形成与发展的过程中相互影响,却依然不应混淆。由于自身特性论十分契合对于当今公司规模扩张、层级复杂程度不断加大的发展趋势,因而成为英美法学家近来在法人刑事责任方面的新推崇。

二、大陆法系的法人犯罪刑事责任理论

始终承继于古罗马法的一众大陆法系国家,遵奉以个人责任本位之基础的自由平等价值,将团体责任视为悖理之论,始终坚持任何人只能对根据其自由意志而引起的结果承担责任。因此,与英美刑法相同的是,在其近代刑法理论中始终秉信"法人没有犯罪能力"的基本观念。并且,大陆法系国家也同样会经历资本主义发展、商品经济日趋活跃的发展过程,会面对公司企业在经济活动中的权重地位上升的客观现实,会产生对企业行为进行更有力的法律规制的迫切需求。但是,与英美法系国家不同的是,大陆法系在实用主义与价值主义中始终倾向于后者,如果其无法完全解决法人刑事责任正当性来源等相关法理困境,即使客观上具有对其违法行为的规制需求,也难以妥善放心地将法人犯罪规范落实于司法实践,充其量也只是"无奈"地尾随英美法系的刑事立法。因此,总的来说在大陆法系国家法人犯罪制度目前仍未得到完全的理论认可与司法适用,对法人的刑事处罚整体呈现出保守谨慎之态。

但值得一提的是,在大陆法系国家中,日本在法人犯罪方面算是一个较为特别的存在,其对于法人犯罪理论的态度显得更加接纳。虽然 20 世

纪之前日本刑法对于法人刑事责任也始终持否定态度,但进入 20 世纪以来特别是第二次世界大战后,法人犯罪理论在日本有了长足的发展。这一方面是由于 19 世纪下半叶日本明治维新的全面西化对法律政治方面有所波及,日本的法学理论、法律体制也同样融入部分英美法系的思想与内容,另一方面第二次世界大战后日本的战后恢复主要是受美国的经济援助,其法学原则与法律体制也难免受到其影响,再加上战后日本经济迅速腾飞,公司企业数量的井喷所引发的规范需求,使得日本最终在法人刑事责任理论方面,在整个大陆法系国家中走在前列。考虑此种情况,下文将大陆法系的法人犯罪刑事责任理论分为日本与其他国家,以显区别。

(一) 日本的法人刑事责任理论

1. 过失推定论

第二次世界大战前日本对于法人承担刑事责任的形式采取的是无过失责任,因为在确立两罚制的处罚模式后,如果要求检察官对于业主法人的主观过失进行举证,便会使该模式所具有的行政取缔效果大打折扣,若从处罚效果上看,采用无过失责任的处罚模式确有优势。但是,对行政取缔效果的追求不能违背基本的刑事法理与刑法原则,对法人采用无过失责任,从责任主义原则的立场来看显然欠妥,因此急需一种新理论将行政取缔效果与责任加以协调,这也是后续促使过失推定论产生的动因之一。

过失推定理论最早由美农部达吉博士提出,此种理论认为,在两罚制的规定之下,业主对于从业人员的违法行为,只要不能证明该违法行为不是由于不可抗力引起的,就要因为自身存在未能尽到监督义务的过失责任而受罚。此种见解后来被日本最高法院采纳。[①]因此,若是依据过失推定论,法人之所以要承担刑事责任并非因为法人或是其内部从业人员实施了违法行为,而是因为法人违反了对于从业人员的监督选任责任,换言

---

① 参见黎宏:《单位刑事责任论》,清华大学出版社 2001 年版,第 80 页。

之,法人的刑事责任与犯罪结果之间并无直接关系,法人是通过对从业人员的选任监督行为这个中间环节负担责任的。过失推定论考虑责任主义对于主观罪过的需求,将无过失责任改为对法人的主观罪过加以限制,只是将其证明责任分配给法人被告,这起码表示并非只要法人成员实施了相关犯罪行为,法人就需要承担相应的刑事责任,若是其能够证明自身不存在选任过错,理论上完全可能避免刑事处罚。但对此值得说明的是,过失推定论的基本构架是,将法人的行为二分为代表人的行为和其他从业人员的行为,就代表人的行为而言,法人应承担行为责任,而对于其代表人以外的从业人员行为,仅仅承担监督责任。易言之,就代表人的行为而言,由于其就是法人自身的行为,并不存在免责的余地,但是,就监督责任的场合而言,在能够证明自己没有过失的场合,便可以免责。①

然而,此种过失推定责任的法人刑事责任理论同样具有很多疑问。首先,显而易见的是,过失推定论采将法人主观罪过的证明责任倒置,法人必须证明自己不存在相应过失才能得以免责,一来这在法理上违背了"存疑是有利被告"的刑事原则,明显不妥;二来此种对于自身过错阙如之证明在实际司法操作上也极难实现,过失推定论要求法人对于其从业人员的选任仅具有抽象的注意仍不够,还需要采取具体措施对其结果进行避免,但这种措施对法人的要求颇高,行为人很难做到在整个流程中不出现一点纰漏,因此最终结果是,实践中很难有法人可以顺利证明其不具有过错责任,所谓的免责似乎也仅能止步于理论层面了。其次,现代法人规模不断扩张,内部机关组织架构趋于复杂,法人机关若想始终监督每个工作人员,尽到上述具体详尽的选任职责事实上极为不易,在这种情况下,仍然着眼于法人对于其内部人员的监督责任,其合理性便应该打上一个问号。因此,虽然过失推定看似是从无过失的严格责任向重视主观罪过的过失责任进行转变,将责任主义重新重视起来,但这种"重视"对于具体

---

① 参见黎宏:《日本刑法精义》(第二版),法律出版社 2008 年版,第 103 页。

司法操作的实际意义实在有限,法人代表对于从业人员的违法行为基本只能做到一般的、抽象的遇见可能性,难以实现该学说所设想的"积极具体的措施",如此,在追究法人刑事责任时,从法效果上来看也同无过失责任相差无几。

2. 企业组织体责任论

20 世纪 70 年代,日本刑法理论中又出现了一种尝试跳出自然人责任与法人责任之间依赖关系框架的企业组织体责任论,板仓宏教授提出的这一理论在日本刑法学界和司法实践中获得了广泛的认可和应用。该理论的核心观点是,当公司内部成员的行为与企业的经营活动紧密相关时,这些行为可以被视为企业活动的组成部分,从而被理解为法人自身的行为。根据这一理论,法人应当对其组织活动中违反了客观注意义务的行为承担责任。这意味着,即使在无法明确指出具体责任人的情况下,或者不论企业是否存在过失,法人都有可能被追究刑事责任。①简而言之,这一理论强调了法人在其组织活动中的角色,并将内部成员的行为纳入法人责任的范畴内,从而扩大了法人承担刑事责任的可能性。这种观点为处理复杂的法人犯罪案件提供了理论依据,同时也对法人如何管理和监督其内部活动提出了更高的要求。

该理论虽然也承认法人组织体成员与法人行为之间在一定情况下的代表与关联,但始终也是着力于摆脱传统理论中以个人责任为法人责任的理论藩篱,在企业组织体责任论看来,探究各个自然人行为的刑事责任仅仅作为推论企业组织体责任的手段,关键还是要对组织体行为进行整体考察。这也就意味着,自然人与企业法人的刑事责任并不具有绝对的依托关系,承担企业组织活动的各个行为人的责任需要和企业自身的违法责任分开来论,所以单个行为人的行为即便未能满足刑法分则各条所

---

① 〔日〕板仓宏:《企业犯罪的理论与实况》(1975 年),转引自李文伟:《法人刑事责任比较研究》,中国检察出版社 2006 年版,第 99 页。

规定的构成要件行为,也并不意味着不能追究企业组织体之责任。[①]

不过,板仓宏本人也曾直言,"这种企业组织体责任论,因追求传统逻辑的转换,曾遭到各种观点的批判"。[②]的确,对于企业组织的过失,不像追究个人责任,其不追求"具体的遇见可能性",仅仅提出标准较低的不安感或者畏惧感即可,这是"新过失论"之主张,在主观过失上便极易满足,这样的确满足了对于企业法人的违法行为进行刑事规制的迫切需求,但也同样会带来多种问题。

实际上,企业组织体责任论与英美法系的自身特性理论在核心理念上是一致的,都认为法人的责任应当是最主要的责任,而实施违法行为的个人则处于次要地位,作为协助法人完成犯罪的角色。尽管如此,企业组织体责任论在适用范围上比自身特性理论更具限制性。它不仅关注法人的内在特质,如法人的政策和内部管理规范,还特别强调行为人在法人组织架构中的地位和角色。这种方法在确定法人责任时引入了对个体在法人中权力的考量,这可能导致在实际操作中具有复杂性和难度,比如如何准确评估个体的权力地位,以及如何将个体的违法行为与法人的整体责任相结合。因此,企业组织体责任论在实际应用中需要更为精细的法律解释和评判标准,以确保在追究法人刑事责任时既能体现公正性,又能保证操作的有效性。这种方法的采用要求法律实践者在处理法人犯罪案件时,不仅要考虑法人的集体特征,还要深入分析个体在法人结构中的作用,从而确保法人责任的正确认定。

(二)其他国家的法人刑事责任理论

1. 德国的法人刑事责任理论

奉行个人责任原则的德国,在对法人责任的接纳上便显得尤为困难,无论是理论界还是司法界的主流观点始终对法人刑事责任与法人处罚持否定态度。但 19 世纪中叶以来,刑法理论上也陆续出现了一些对法人刑

---

① 杜文俊:《单位人格刑事责任研究》,黑龙江人民出版社 2008 年版,第 14 页。
② 何秉松主编:《法人犯罪与刑事责任》,中国法制出版社 2000 年版,第 481 页。

事责任承担的学说设想,这其中比较有代表性的是法人拟制说与法人有机体说。

1840年,法人拟制理论首次出现在德国学者萨维尼撰写的《现代罗马制度》中。萨维尼认为,自然人和法人的主体性质完全不同,在法律上不能等同视之。"权利与义务主体应限于自然人",①所以,要使自然人以外的法人成为权利义务主体,只能在法律规范中使其被拟制为自然人。根据这一观点,法人只是法律拟制的主体,其本身并不具有独立的意志和行为,不存在单独实施违法犯罪行为之可能。这看似是对法人刑事责任之否定,却实际为解决法人责任理论问题提供了一种思路,即如果对一定条件下的法人进行法律拟制,使之成为与自然人主体相似的存在,这样,在规范上成为自然人的法人便有承担刑事责任的可能。只是,萨维尼并未继续对此种法律拟制的正当性与具体方法进行论证,因而该说也未能使刑法界对法人责任的主流态度有所改观。

几乎与前述理论同时期,基尔克提出了法人有机体论,对当时的观点进行了挑战。他坚称,法人作为一个社会组织实体,其存在的真实性与自然人无异,都是现实世界中不可忽视的一部分。尽管法人没有自然人那样的个体意志,但它拥有一种独特的集体意志。基于这一点,基尔克认为法人不仅在民法上具备实施不法行为的能力,而且在刑法上也同样具备犯罪的能力。上述观点也同样得到李斯特的认同,李斯特在其教科书中谈道:"应当被我们确信的是,只要社团组织具备相应的行为能力,就应承认法人犯罪;如果其属于独立的法益主体,理论上就能够对其施以刑罚。"②李斯特又形象地举了一个例子,既然法人可以订立合同,那么其当然可以订立一个具有欺诈、胁迫性质的合同,这样民事责任与刑事责任并无实质区别,仅仅是违反的规范内容不同罢了。

---

① 转引自李文伟:《法人刑事责任比较研究》,中国检察出版社2006年版,第101页。
② [德]弗兰茨·冯·李斯特:《德国刑法教科书》,徐久生译,法律出版社2000年版,第178页。

尽管理论上曾有过一些对于法人刑事责任的肯定观点,但在德国的刑事司法实践中并未改变对法人进行刑罚处罚的审慎态度,其刑法典中也缺少对法人责任的处罚规定。当前德国主要是通过认定法人违反秩序法的做法,实现对于法人犯罪的惩治。此种秩序法类似于德国的一种"行政刑法",一般是独立于传统刑法存在的。德国刑法理论认为,一些轻微违法的行为尚未达到应受刑法处罚的程度,便应当以秩序法加以惩戒。①因此,德国采用秩序法对法人违法行为予以规制,无论是从惩治的规范依据还是惩治手段措施上看,事实上更偏向的是一种行政上的制裁,相比较英美法系国家与日本的法人刑事责任立法,仍处于较为初级化、保守化的阶段。

2. 法国的法人刑事责任理论

法国的法人刑事责任理论很大程度上也是受到德国刑法理论的影响,虽然在刑事立法上法国相较于德国显得较为开放,但其具体的学说理论是承继德国的法人有机体说。在此理论的基础上,米修与萨雷提出的法人抽象实在说认为,既然法人真实地存在于现实社会中,其就应当具有独立的法律主体地位。从刑法的角度来说,法人的主体性体现在,主观上具有区别于个人意志的集体意志,客观上能够实施具体犯罪行为。②并且,1994年颁布的《法国刑法典》事实上对"法人是否能够成为刑事责任的主体"这一问题进行了肯定的立法表态,出于对现实需求与刑事立法的双重考虑,法国刑法理论界也开始逐步深化对法人刑事责任理论的研究。

法国同样在近代资产阶级革命中,确立了以自由、平等为内核的个人责任原则。因此,欲论证法人刑事责任的正当性,法国学者首先需要解决的便是法人刑事责任与个人刑事责任之间的关系。19世纪法国的刑法理论,依然未能认同超出个人责任范畴的法人责任,主流观点始终主张,唯有法人代表与直接负责人之刑事责任才应予以追究,而法人自身并不

---

① 王世洲:《德国经济犯罪与经济刑法研究》,北京大学出版社1999年版,第67、68页。
② 蒋熙辉:《单位犯罪刑事责任探究与认定》,人民法院出版社2005年版,第23页。

能被刑法直接追责。但随着时代与需求的转变,理论上也逐渐试图对个人责任原则作缓和性解释,具体的处理方式为,作为个人刑事责任的例外,法人的刑事责任只存在于以下情况:第一,当法律规定某人属于某一群体,或当某人因参与某些集体行为,而应受到刑法惩罚时;第二,某些法律和法院判决规定,企业的主要负责人因企业雇员所犯罪行而应受到追诉和刑法处罚时。①换言之,在法律特别规定的因属于某一集体或者企业的主要负责人而需要承担刑事责任的情形下,允许对于个人责任原则有一定突破,此时可能例外地允许法人刑事责任的存在。

但是正如有观点指出,"法国理论界这种对企业主要负责人刑事责任的论证仍然是一种个人责任",②此种所谓"个人责任的例外"能否负担起为《法国刑法典》中对于法人刑事责任规定的理论背书,仍需要打上一个问号。相比立法上的开放姿态与较为详细的规定,法国的刑事责任理论显然还缺少一些深入、精细的研究成果,其大体理论水平依然远不及英美法系国家。理论上的成熟是规范合理地对实体法进行适用的必要保障,欲实现教义学与刑事政策对于《法国刑法典》相关规定的科学解释,法国学者对刑事责任理论的研究仍任重道远。

3. 意大利的法人刑事责任理论

虽然在意大利曾出现过一种团体行为一体化理论,该理论主张可以将单位自然人实施的行为归属于单位行为,并由单位对其违法行为承担刑事责任,但是,此种观点似乎并未在意大利的刑法学界掀起波澜,主流观点依旧对法人犯罪持否定态度。这很大一部分原因在于《意大利宪法》第 27 条规定,"刑事责任应属于个人",因此在意大利承认法人的刑事责任存在宪法上的障碍。并且,如果追究法人的刑事责任,会由于强行评价犯罪主体的主观意志,最终架空宪法规定的过错责任。③基于该宪法规

① [法]卡斯通·斯特法尼等:《法国刑法总论讲义》,罗结珍译,中国政法大学出版社 1998 年版,第 287 页。
② 蒋熙辉:《单位犯罪刑事责任探究与认定》,人民法院出版社 2005 年版,第 26 页。
③ 李文伟:《法人刑事责任比较研究》,中国检察出版社 2006 年版,第 102 页。

定,学界又对于将法人作为刑事责任主体进行了详细的否定性论证,大体有下述理由:其一,法人自身并不具有辨认与控制能力,因此其难以具有刑事责任所必须具备的主客观要件;其二,在意大利刑罚制裁体系下,多数刑罚均是直接施加于人身的,非自然人主体没有承担该处罚的客观构造;其三,根据意大利刑法的相关规定,若法人代表或成员难以履行被判处的财产刑,企业法人对相关民事责任承担连带责任,由此反证法人无法被刑法承认作为犯罪主体。①

但同其他大陆法系国家面临的问题类似,对法人违法行为的规制需求,使得意大利即使面临教义与理论的困境,也必须寻求应对之法。在无法越过"单位不能成为犯罪主体"之理论障碍的情况下,意大利学者选择了这样一条道路,即通过追究法人单位中代理人与具体责任人刑事责任的办法来限制法人犯罪。详言之,当认为在客观上需要对法人的违法行为进行刑法规制时,不得直接追究法人的刑事责任,需要先确认未能履行刑法规定义务或违反刑法规范的特定自然人,通过对该自然人施加刑罚而达到间接惩戒法人组织的目的。该措施事实上与我国目前处理一些刑法并未规定的"非单位犯罪"的方式有类似之处。但是,究竟能否在所有法人犯罪的案件中都能找到相应的直接责任人,以及此种将法人刑事责任向自然人刑事责任转移的处罚方式能否起到应有的处罚效果,均有待讨论。

三、简评国外法人犯罪刑事责任理论

对比域外不同法系、不同国家之间在法人犯罪刑事责任理论上的演化发展,不难看出,法人犯罪并非传统刑法原理的演绎成果,而是随着社会经济体制模式的发展而被孕育的现实之产物。在探索新事物途中,各国都经历了理论与实践上的双重挣扎,一方面是强烈的社会需求与刑事政策的指引,另一方面也不能不顾忌传统刑法理论、刑法价值的统一与秩

---

① ［意］杜里奥·帕多瓦尼:《意大利刑法学原理》,陈忠林译,法律出版社1998年版,第88—92页。

序。在此过程中,英美法系与大陆法系在某些方面具有理论演进的统一规律与共性,但同样也由于司法传统、价值理念有所区别,在法人犯罪刑事责任理论的发展中表现出诸多差异化和多元化内容。

（一）两大法系法人犯罪刑事责任理论的发展差异

1. 研究路径与论证思路差异

我国有学者曾指出,如果对不同国家与法系的法人犯罪刑事责任理论展开对比,会发现各国在处理法人刑事责任时大致会采用两种路径:一种是从法人本身结构出发,立足于存在论角度,试图论证法人存在独立之客观行为与主观意志,由此说明其具备犯罪能力和刑事责任能力;另一种则是基于功利主义的支撑,立足从价值论角度强调说明刑法的保护机能,法人犯罪既然造成了刑法法益的损害,便理应将其纳入刑法的调整范围。①应当说,上述论述较为妥当地归纳了不同法系之间在法人犯罪刑事责任理论问题上的研究路径与论证思路差异。总体来说,大陆法系国家倾向于前者,从存在论角度对该问题进行研究,力图解决的是一个实然问题,即"单位法人究竟有没有刑事责任能力? 是不是刑事责任的主体?"在此过程中学者们更加重视刑法原理的妥当性与合体系性,如果无法用基本的法学原理对法人刑事责任予以论证则不会向现实需求妥协。反观英美法系国家,则更偏向于后者,立足价值论对法人刑事责任进行研究,其想要回答的是一个应然问题,即"究竟应不应该或者需不需要对单位法人称谓刑事责任主体?"在此种价值论思路的引导下,刑事政策成了格外重要的考量因素,一旦学者们依据社会需求与刑事政策认定应当对法人施以刑罚,剩下的问题便只是为此种结论找到一个"正当的理由"。换言之,大陆法系国家坚持的是"以刑法治理社会",其论证思维方式是"从刑法法理推导出法律政策",因此无论是德国法人有机体论还是日本的企业组织体责任论,都意图从法理上彻底解决法人意志和法人犯罪能力的问题。而英美法系国家采用功利主义刑法,主张"现实的需要是刑法的指南针",

---

① 赵秉志主编:《单位犯罪的比较研究》,法律出版社 2004 年版,第 11 页。

其思维方式是"从社会需求推导出法律政策"。在此种论证思路下,法人犯罪的主要矛盾已经从"正当性"问题转移到了惩处的手段方式选择问题上,换言之,法人需要承担刑事责任已经成为一个无需被证明的前提,需要解决的是如何规定对法人犯罪的惩罚方式,就算现有刑罚体系无法满足该需求,也不会因此否定法人刑事责任的必要性与正当性,在此情形下,改革在所难免。

2. 发展阶段与程度差异

应当说,不同的法律传统与历史背景,造就了大陆法系与英美法系在法人犯罪理论问题上的发展阶段与程度的重大差异。大陆法系以罗马法为渊源,其尊崇"自然人是犯罪的主体"理念,对大陆法系国家的法人犯罪这一问题的发展造成了极大的阻力。相反,普通法系独立于罗马法而发展,深受日耳曼法之影响。日耳曼法认同单位与法人是一个整体,可以独立承担责任。这也在很大程度上解释了英美法系国家为何更容易接受并发展法人刑事责任的相关理论。然而,经过英美法系国家一百多年来对法人犯罪的立法、司法和理论研究,大陆法系国家也正陆续尝试在其立法中规定法人犯罪和法人刑事责任,并进行相关的理论研究。但迄今为止,许多大陆法系国家仍对法人的刑事责任提出质疑和否定。在德国、西班牙等国的法律中,法人不承担刑事责任的观念仍然根深蒂固。因此,就法人犯罪这一问题来说,大陆法系不仅在立法和司法上落后于普通法系,在理论研究上也远远落后于普通法系。[①]

（二）两大法系在法人犯罪刑事责任理论的发展共性

1. 理论研究与实践发展不平衡

与绝大多数刑法理论不同,法人犯罪刑事责任理论研究总体来说要滞后于法人犯罪制度的实践发展,并非在理论研究成熟后对立法与司法实践发挥指导作用。这很大程度上要归因于法人犯罪的起源。最早出现

---

① 杨国章:《单位犯罪刑事责任及实务问题研究》,华东政法大学 2011 年博士论文,第 40 页。

法人犯罪相关司法实践的是英国,这绝非偶然。18世纪最先开始工业革命并迅速完成资本积累,使得英国社会最先迎来了第一波公司与企业的新生潮,随之而来的便是对法人严重违法行为最为迫切的刑事规制需求。此外再加之英美法系长期以来形成以价值论为导向的"功能主义"刑法理念与"法官造法"的普通法系传统,使得法官们在审判时自发地开始考虑以各种理由追究法人的刑事责任。这样,英国在还未形成成熟的法人刑事责任理论之前便已经在司法实践中事实上对法人犯罪予以承认,在这之后,理论界才"后知后觉"地基于现实需求与司法现状,对法人刑事责任理论开展逐步深入的研究。

因此,法人刑事责任理论是典型的由社会发展现实与新的法律规制需求所推动形成的刑法理论,而司法实务对现实需求的反应一般要比理论研究更为敏锐与迅速,由此导致了法人犯罪是先有司法实践探索,后有理论研究跟进。在这一点上,无论是英美法系亦是大陆法系皆是如此,日本的过失推定论与企业体组织责任论,都是在司法实践中确立了法人犯罪的两罚制后所形成的理论学说,《法国刑法典》虽然已经对法人刑事责任进行了全面肯定,但法国理论界却依旧没有形成一套较为系统的理论能够为其实践进行解释指导,德意两国甚至由于无法为法人犯罪寻找到妥当的理论支撑刑事司法运行而干脆否定或直接调整司法模式。可以说,尽管各国学者在多年的不断努力下,对法人犯罪有了较为系统的梳理与讨论,但在具体的法人刑事责任上的理论研究仍然缺乏深度与广度。目前为止,无论是英美法系还是大陆法系国家,均难找出一种理论可以被全面认可,并担起指导法人犯罪司法实践的重任。

2. 法人刑事责任与自然人责任逐渐分离

两大法系在法人刑事责任理论发展上的另一大共性是,在各国学者们论及法人刑事责任时,几乎都经历一个从最初需要借助自然人刑事责任进行解释判断到现在试图从法人自身寻求刑事责任基础的过程,换言之,法人刑事责任与自然人刑事责任的依赖度与相关度正变得越来越低。

作为最早有关法人刑事责任较为成型的理论，英美法系的替代责任论和同一责任论，都是以自然人为中介来探究法人的刑事责任。前文提及，替代责任源于民事侵权领域的"代理责任"，而代理则意味着需要有作为"代理人"的自然人主体与作为"被代理人"的法人主体，脱离了两者之间的代理归属关系，则无法为被代理人的代理责任找到依据，因此，几乎从替代责任的产生之时便决定了其对法人的归责思路，即法人的责任来源必须依据自然人的违法行为。而同一责任论的基本主张是，将法人成员、法人代表等特定自然人的行为视作法人自身的行为，以此来使法人负担由归属于其自身的违法行为所产生的行为责任，这种理念本身就包含着对于自然人行为与刑事责任的依赖，所谓"同一"至少需要包含两个主体，因此如果缺少对特定自然人行为责任的考察，则法人责任也将沦为无源之水、无本之木。

由此观之，早期法人的刑事责任与自然人的行为密切相关，但是继续研究新兴的责任理论，无论是普通法系的法人自身特性论，还是大陆法系的企业组织体责任论，都具有一个共同特点：即不再追求以自然人行为、意志为媒介，而具有直接将法人机关的自身主观过失与违法行为作为责任来源的趋势。这种将法人与自然人之间的刑事责任逐渐剖离的理论模式，主要是为了应对目前法人逐步规模扩张、组织层级愈发复杂的法人发展现状。在此种情形下，一方面如果期待法人组织为规模庞大的自然人成员的复杂行为承担替代责任，则法人将面临不堪其负的刑事责任风险，其日常业务将再难开展；另一方面，法人规模在不断扩张的过程中也逐步形成了一个相对稳定的体质模式，而单个自然人个人对法人组织的影响力也在逐步缩小，如此再将自然人行为与责任作为法人组织的刑事责任依据，其合理性也将重新讨论。因此，理论上将法人刑事责任与自然人责任逐渐分离是具有相当现实必要性的选择。但值得一提的是，该种理论目前也逐渐遇到了一些难以解决的问题，例如其较难理清法人责任与自然人责任的关系，且在具体操作上也暂时缺少理论上的深入与实践中的细化。

第二节　我国单位犯罪刑事责任理论

一、我国的单位犯罪刑事责任简述

我国刑法理论界对单位犯罪刑事责任的深入研究与理论构建,大体始于20世纪80年代末90年代初。1987年,我国《海关法》首次确立了单位走私罪,在这之后,各种附属刑法和单行刑法陆续被颁布,其中规定了单位可以构成的各种犯罪类型。随着立法对单位组织构成刑事犯罪的规定逐渐增多,承认单位拥有犯罪能力、可以作为犯罪主体的声音也日益高涨。在此期间,学术研究的主流方向进行了变更,转为通过对前期单位犯罪否定说的反驳,从而为肯定说找到相应的理论依据。[1]肯定说在驳斥的过程中就必然绕不开对单位刑事责任来源的合理性与认定方式进行解释。与此同时,虽然立法上对单位犯罪予以确认,但在司法实践的规范适用中所遇到的一些单位犯罪基本理论问题却仍未得以解决,这也在一定程度上迫使学界对单位犯罪特别是单位刑事责任的相关问题进行学理化建构。如此,对立法成果的科学论证与对司法问题的妥善解决,此两种需求共同催生出这一时期我国理论界对单位犯罪刑事责任理论的多元塑造。

(一) 人格化社会系统责任论

人格化社会系统责任论最早由何秉松教授首创。该理论的基本观点为:法人是一个人格化的社会系统整体,它具有自己的整体意志和行为,从而也具有自己的犯罪能力和刑事责任能力。因此,不能把法人整体的意志和行为,归结为任何个人的意志和行为,也不能把法人犯罪归结为个人犯罪。[2]换句话说,法人在法律评价上应被视为一个独立于其成员的存

---

① 参见耿佳宁:《单位固有刑事责任的提倡及其塑性》,《中外法学》2020年第6期。

② 参见何秉松:《人格化社会系统责任论——论法人刑事责任的理论基础》,《中国法学》1992年第6期。

在，应当将法人和其成员分别作为两个不同的主体进行法律评价。然而，鉴于法人是由自然人组成的实体，为了有效地防止和遏制法人犯罪，不仅需要追究法人作为一个整体的刑事责任，而且对于那些在法人体系中扮演关键角色并对其犯罪行为负有重大责任的法人成员，也应追究其刑事责任。因此，单位犯罪实际上是一种犯罪（法人犯罪）、两种犯罪主体（法人和自然人）、两种刑罚主体（双罚制）或一种刑罚主体（单罚制）。①

该理论实质是将法人视为独立的社会性系统，基于系统整体性对法人与法人成员之间的关系进行剖析，并为法人刑事责任来源寻找到一条解释路径，可以说是具有开创性与革命性的学说理论。但该理论主张单位犯罪是一个犯罪、两个犯罪主体，此观点并不能被学界所接受，有学者指出，"一个犯罪出现了两个犯罪主体，这两个犯罪主体又都受刑罚，在非共犯的情况下，最终会陷入一事再罚的泥潭难以自拔"。②

（二）连带刑事责任论

连带刑事责任首先是基于对"双罚制"的肯定进行展开的，其同上述人格化社会系统责任论一样认为在单位犯罪时应同时对单位与单位成员进行处罚，但在解释根据上与之不同。这一观点主张，对单位犯罪实行双罚制——即同时追究单位及其直接责任人员的刑事责任——是基于刑事法中的连带责任原则。这种连带责任的概念在民法中已有先例，特别是在法人的民事责任中。当法人成员在履行职务过程中对第三方造成损害时，不仅涉事成员需承担个人责任，法人本身也可能被要求承担连带赔偿责任。这种责任模式在民法中体现了法人与其成员之间的法律责任关联性。在经济法和行政法领域，类似的双罚制也被广泛采用。当公司或企业违反法律规定时，除了直接责任人员受到处罚外，公司或企业作为一个整体也会面临相应的行政处罚或经济制裁。这种做法反映了在这些法律领域中，对于违法行为的惩罚不仅仅局限于个人，还包括了组织实体，以

---

① 参见何秉松：《法人犯罪与刑事责任》，中国法制出版社1991年版，第481页。
② 陈兴良主编：《刑法全书》，中国人民公安大学出版社1997年版，第180页。

此来强化法律责任的全面性和威慑力。这种做法在刑事法中的单位犯罪领域也同样适用,体现了法律对不同主体间责任关系的综合考量。因此,在单位犯罪时,之所以同时惩罚单位及直接责任人员,既不是因为所谓"一个犯罪,两个犯罪主体",也不是自然人与单位实施共同犯罪,而是由于单位犯罪而引起的单位与自然人的连带刑事责任。[①]

连带刑事责任论在理论基础上类似于英美法系的替代责任理论,其都从民事侵权领域为法人犯罪寻求理论依据。不同的是,该理论认为单位犯罪的主体只能是单位自身而不包括单位具体成员,但由于单位成员往往是推动单位犯罪产生的重要因素与基础,所以具体成员才需要承担刑事责任。难以解释的是,为何在民法中具有双重责任主体连带责任,在刑事领域便只能将单位自身作为责任主体?既谓之"连带责任",便意味着需有两个承担责任的主体且彼此的责任之间具有"连带"的特殊关系,而若在单位犯罪中仅承认单位自身一个犯罪主体,便当然无所谓"连带",或言,最多仅有形式的、结果意义上的而非民事法领域中规范意义上的连带责任。

(三)双层机制论

双层机制论的特点是,认为在单位犯罪中同时存在着两个不同层次的主体,一是单位自身,二是作为直接责任人的单位成员。详言之,和自然人犯罪相比,单位犯罪具有独特的双层机制:外是以单位整体为犯罪主体的单位组织体犯罪,这是法人犯罪的表层结构;内是由单位的决策者和执行者个人所构成的共同犯罪,这是法人犯罪的深层结构。在双层机制中,无论是作为表层犯罪人的单位,还是作为深层犯罪人的法定代表人、主管人员和其他直接责任人等,都应当按照罪责自负的原则,需要对自己的犯罪行为负责。从这个角度来说,单位犯罪的双层机制,可为双罚制提供一种理论解释的思路。[②]

---

① 张文、刘凤桢、秦博勇:《法人犯罪若干问题再研究》,《中国法学》1994 年第 1 期。

② 参见卜维义:《法人犯罪及其双层机制与两罚制》,《经济与法》1991 年第 6 期。

该理论认为单位犯罪事实上对应着两个犯罪主体、两个犯罪构成。虽然其创造性地将单位犯罪分为单位犯罪表层结构以及单位成员间构成共犯的深层结构，但值得疑问的是：在以单位整体为犯罪主体的表层结构中，究竟能否对作为单位成员的自然人行为进行评价？若否，则其理论需要回答的是，离开了自然人行为，单位是如何体现犯意、实施罪行的；若是，则再对其以"由单位的决策者和执行者个人所构成的共同犯罪"这一深层结构进行评价，便难逃重复评价之嫌。

（四）一体化刑事责任论

此种理论认为，作为单位成员的直接责任人与单位，在单位犯罪中事实上已经合二为一，互不可分了。二者应当在规范上被视作一个统一的行为与犯罪主体，并共同对刑事责任予以负担。首先，单位与直接负责人员在单位犯罪中属于同一个犯罪主体，此类主体所表现出的特征应是单位的特征而并非自然人的特征；其次，单位犯罪主体是由单位团体和作为单位团体构成要素的自然人彼此异质的两部分组成的复合体；最后，组成单位犯罪主体的两部分在单位犯罪中并非分工关系，而是彼此互相交融与互为表里的关系。①在单位犯罪的构成中，复合主体在统一的犯罪构成中是一个主体，又可以在单位的整体犯罪构成与其直接责任人员的个体犯罪构成的相对区分中，分为两个主体，这也是单位犯罪实行双罚制的根据。②

一体化刑事责任论将单位与自然人在单位犯罪中视作一个特殊的复合主体，似乎巧妙地回避了单位犯罪的主体数量这一问题。但是，如果不理清单位与单位成员之间的关系，并确定单位犯罪主体数量，便始终无法彻底解释直接负责人员与其他责任人为何需要承担责任，无法为"双罚制"提供合理的理论解释。若是既将单位与单位成员视作一个犯罪主体，

---

① 参见娄云生：《法人犯罪》，中国政法大学出版社 1996 年版，第 75 页。
② 参见马长生、胡凤英：《新刑法对单位犯罪的规定》，载丁慕英等主编：《刑法实施中的重点难点问题研究》，法律出版社 1998 年版，第 322 页。

却又认为可以"在单位的整体犯罪构成与其直接责任人员的个体犯罪构成的相对区分中,分为两个主体",难免矛盾。

(五) 组织体刑事责任论

组织体刑事责任论的核心观点认为,尽管在表面上,中国学界将单位视为不依赖其成员的独立实体来探讨单位犯罪问题,但在深层次的法律逻辑构建中,实际上仍然是以自然人作为核心分析对象,而单位则被视为仅仅是其成员行为的载体。这种分析框架的一个主要原因是学术界普遍未能充分认识到单位作为一个整体对其内部成员行为的塑造和限制作用。因此,该理论提出了一种折中的方法,反对单一地从单位或自然人的角度出发来研究单位犯罪,而是提倡将两者结合起来,综合考察单位在客观上是否实施了犯罪行为以及主观上是否具有犯罪意图,以此来评估单位作为一个整体所应承担的责任。

详言之,一方面单位客观上实施具有严重社会危害性的行为是单位刑事责任的前提,在此,界分单位行为与自然人行为的基本标准是该行为与单位自身业务的相关度。另一方面,单位的主观犯意必须依靠单位成员行为被真实地体现,而单位是否具有主观犯意则大体可从两个方面判断:一是单位代表或与单位业务相关度较高之人所作的决定;二是通过单位的文化背景、规章制度、奖惩政策等。此外,单位应采取措施,防止和监督其成员实施不法行为,在其可以采取但没有采取措施,从而对某一特定法益造成严重损害时,便可对单位固有的刑事责任予以重点考虑。这意味着除了确立单位犯罪的必要客观条件外,单位本身也需要有自己的主观意志才能造成这种犯罪行为,单位责任应视为自然人责任与组织责任的复合。如此,这种理论便充分考虑到了单位本身的特点,从而追究单位的固有责任。①

组织体刑事责任论事实上是把传统依赖自然人行为、意志对单位犯罪进行认定的方式与日本企业组织体责任论从单位自身寻求刑事责任依

---

① 参见黎宏《单位刑事责任论》,清华大学出版社 2001 年版,第 327—331 页。

据的方式进行融合,进而形成了一种法人刑事责任理论,其本意是想兼顾两说之长,将责任主义与法人固有责任进行调和。在单位犯罪的主体数量上,该说实际上仅认可单位自身作为犯罪主体,而自然人仅具有辅助判断单位行为与单位犯意之地位。但是,对不同学说进行调和折中的做法,在"采众之长"的同时也将面临"落众之短"的风险,一来组织体刑事责任论究竟能否真能如其所愿在判断法人刑事责任时彻底摆脱对于自然人的依赖,尚待商榷,二来对单位防止、监督义务履行与否进行具体判断的可操作性上,也同企业组织体责任论一样,仍待其给出更加令人信服的结论。

二、对我国单位犯罪刑事责任理论的评述

承接于单位犯罪肯定论与否定论观点争论后的单位刑事责任理论,自诞生伊始就注定是为了回答以下两个问题:一是在单位尚不具有如自然人一般的精神、血肉之实体,无法独自实施客观犯罪行为、生成主观罪过心态的前提下,单位的刑事责任究竟依何而来? 二是如何从学理上为实定法中单位犯罪的"双罚制"——对单位自身和直接责任人同时施以刑罚寻求一个合理的解释并与问题一给出的答案相协调?若继续深入问题实质,上述理论构建需求又将问题的解决直指两个基本争论点:其一,在单位犯罪中,对单位责任的判断究竟是需要以自然人行为或责任为中介,抑或仅从单位自身行为寻找责任依据?其二,单位犯罪到底是一个犯罪主体还是两个犯罪主体? 前一个争论点是单位刑事责任理论构建的基本思路,将极大影响对单位刑事责任来源的解释方式与实践判断:以连带责任理论为代表,选择以自然人行为作为单位刑事责任的归责中介,通常认为单位的刑事责任主要来源于单位成员行为,而单位是因为某种基于法理或刑事政策层面的理由需要被归责;以组织体刑事责任论为代表,认为单位的刑事责任来源于单位自身而无需依赖自然人,通常会着力于对"单位行为"与"单位犯意"详细论述,将单位犯罪并列于自然人犯罪的特殊主

体犯罪形式。后一个争论点事实上是为了对"双罚制"进行理论阐述所难以绕开的先置问题：责任主义要求罪责自负，对刑罚的承担主体原则上就是犯罪主体，既然实定法中采用"双罚制"作为对单位犯罪进行刑事制裁之模式，便理应需要考虑实际刑法承担主体与犯罪主体在数量上的对应关系。在此方面，人格化社会系统理论、双重机制理论主张单位犯罪存在两个犯罪主体，而连带责任理论与组织体刑事责任论则认为仅存在一个犯罪主体。

（一）关于单位责任与自然人之间的关系

本书在论述域外法人犯罪刑事责任时曾指出，从世界范围看，无论是大陆法系还是英美法系都经历了一个从最初需要借助自然人刑事责任对法人责任解释判断到现在试图从法人自身寻求刑事责任基础的过程，法人刑事责任与自然人刑事责任的依赖度与相关度正变得越来越低。事实上这在我国也同样适用，在对单位刑事责任寻求理论依据时，我国也同样存在归责思路上的横向差异与纵向演变。

在 20 世纪 90 年代初肯定论于单位犯罪的论争中取得胜利后，为捍卫并巩固其学术结论，部分学者逐渐转变研究重心，开始着力于回答上文提到的"单位的刑事责任究竟依何而来"的理论问题，其采取的重要方式则是：证明单位与自然人在存在论上的差异可以被弥补。一方面，单位借由其自然人成员行为满足客观行为要件，具体表现借实施违法行为的直接责任人之行为；另一方面，单位通过内部决策者与实行者所具有的意志，从而达成自身在单位犯罪主观方面的要求。[1]此种归责思路的本质在于，通过特定自然人行为与意志之转嫁，为单位组织赋予与自然人相同的主客观要件，以此抹平单位犯罪与自然人犯罪之间在规范意义上的主体差异。本书将这种完全依赖自然人行为与意志为单位赋予规范主体意义的归责思路称为"自然人中介模式"。

但是，有部分观点逐渐意识到，此种完全依赖于自然人行为与意志的

---

[1] 参见李希慧：《法人犯罪刑事立法的反思与重构》，《政法论坛》1994 年第 2 期。

"自然人中介模式"的归责思路，存在对单位刑事责任范围的不当扩大与缩小、对自然人犯罪和单位犯罪与自然人犯罪界限的模糊、在规模庞大结构复杂的现代企业中难以被适用等诸多问题。[①] 正是为了应对上述弊端，组织体刑事责任论等学说逐步被提出并形成了不同于上述归责思路的另一股具有影响力的单位刑事责任理论风格，其逻辑在于："不依托作为单位组成人员的自然人，从单位组织体的结构制度、文化氛围、精神气质等因素中推导出单位自身构成犯罪并承担刑事责任的根据。"[②] 但值得指出的是，虽然该说宣称其"并不依托单位自然人"，但在实际对单位刑事责任的判断过程中，事实上并未彻底切断其与自然人行为的关系，正如前文指出，即使该说认为单位的刑事责任来源于单位自身，但只要在对"单位行为"与"单位犯意"的认定中需要借助自然人行为进行体现，便难说其是完全独立的单位责任判断。因此，本书倾向于将此种归责模式与思维路径称为"缓和的单位固有责任模式"，之所以是"缓和的"，原因便是在对单位进行不法与责任的判断时，其并未做到像美国的"法人文化论"或是日本的"企业组织体责任论"那般，直接由如单位的监督、选任过失等生于体制内部之行为进行归责，而是仍然需要在一定程度上由自然人行为所体现（即使这里的"自然人行为"与作为责任中介之自然人行为的体系地位存在较大区别）。正如有学者一针见血地指出，"诚然，区别于以自然人特定为前提的间接归责，这里的组织体责任体现为直接归责，但持此观点的学者未放弃将组织体责任嵌套进自然人犯罪理论体系当中。在认定单位犯罪时，延续自然人犯罪的'行为责任'范式与'道义'罪责观念"。[③] 事实上，该说未能完全摆脱自然人责任的很大一部分原因是由其在被构建时的理论基础与来源决定的，前文对组织体刑事责任论进行简述时也提到，该说本意是"采彼之长，去彼之短"，于是把传统依赖自然人行为和意志对

---

① 参见黎宏：《单位刑事责任论》，清华大学出版社 2001 年版，第 319—322 页。
② 黎宏：《组织体刑事责任论及其应用》，《法学研究》2020 年第 2 期。
③ 耿佳宁：《单位固有刑事责任的提倡及其塑性》，《中外法学》2020 年第 6 期。

单位犯罪进行认定的方式与日本企业组织体责任论从单位自身寻求刑事责任依据的方式进行融合。也正因如此,其相较于传统的"自然人中介模式"对自然人行为的依赖程度已经大幅降低,且在认定"单位行为"与"单位责任"时充分考虑单位自身对内部成员之影响,已经属于相对独立的归责模式,但仍不彻底,因而仅谓"缓和的单位固有责任模式"。

在我国最早关于单位刑事责任的理论学说中,事实上是缺少如同上文提到的如同美国的"法人文化论"或是日本的"企业组织体责任论"那种"彻底的单位固有责任模式"的,这与我国的刑事立法实际有关。一方面,在我国《刑法》总则中,除了第 30 条、第 31 条之外,并未对单位犯罪予以不同于自然人犯罪的额外详细规定,对诸如单位犯罪的自首、立功、缓刑等内容只能比照自然人犯罪;另一方面,《刑法》分则中对单位犯罪的罪状描述也往往是同自然人犯罪相同,仅对特定单位犯罪的具体刑罚后果作出不同规定。因而,我国学者习惯于认为,单位犯罪与自然人犯罪仅是犯罪主体上的差别,诸如"单位是与自然人并列的一类犯罪主体"等存在论观念在学界处于通说地位。[1]但是,理论界对于单位犯罪刑事责任问题迟迟未能有所突破,使部分学者开始考虑对单位犯罪刑事归责模式进行转向,此外,加之近些年企业刑事合规问题研究热潮的推动,"彻底的单位负有责任模式"也逐步在我国学界漾起波澜。该种归责模式一般将"单位自身所具有的组织管理缺陷"作为单位归责之基础,[2]换言之,欲归咎单位的刑事责任,必须要以单位的组织管理缺陷为基点,结合单位自身文化制度与监督管理模式来考察其是否具有责任承担的可能。[3]不难看出,上述模式实质上就是"企业组织体责任论"的本土化改造,通过对单位组织自身的制度缺陷、选任监督过失等无需借助自然人体现的因素作为责任来

---

[1] 朗胜主编:《中华人民共和国刑法释义》(第 6 版),法律出版社 2015 年版,第 31 页;参见张明楷:《刑法学》(第 5 版),法律出版社 2016 年版,第 134 页。

[2] 参见姜悦:《单位犯罪刑事归责模式的应然转向》,《湖北社会科学》2022 年第 2 期。

[3] 参见邹玉祥:《单位犯罪的困境与出路——单位固有责任论之提倡》,《北京社会科学》2019 年第 9 期。

源。不过，此种归责模式无论在理论界还是司法实践中都仍未取得主流地位，其理论合理性与操作可行性也有待验证。

结合上述对我国相关理论在单位刑事责任与自然人之间关系的分类论述，综合考虑各个归责模式对单位犯罪问题的解决效果与规范现状，本书更倾向于采取"缓和的单位固有责任模式"，既不应将单位的刑事责任完全依托于自然人行为与意志，也不宜彻底放弃单位特定自然人的行为，仅从单位的自身所具有的组织管理缺陷为其寻求刑事责任根据。具体理由如下：

首先，"自然人中介模式"具有无法克服的弊端，难以解决实践中对单位犯罪的认定问题。这主要体现在如下几个方面：(1)部分情况下难以厘清自然人犯罪与单位犯罪的界限。假若如其所说"将单位代表或决策机构所决定的犯罪作为单位犯罪"，那么这种情况实际上与代表或决策人利用单位实施不法行为的自然人犯罪并无区别，唯一的判断方法似乎就仅剩参考分则是否将特定罪名规定为单位犯罪了。而在分则规定该罪行可以由单位构成时，单位自身犯罪与单位代表等自然人犯罪将再难区分。(2)极易使单位与自然人之间产生不当株连。一方面，在单位负责人或少数领导成员决定实行犯罪行为但却违反单位章程、制度与业务准则时，便会因坚持该理论而支持单位对刑事责任的承担，此种判断有致使单位因自然人行为而受到无辜株连、不当扩大单位犯罪外延之风险；另一方面，当单位雇员按照公司内部的规章制度开展业务时，此时若按此理论则无法体现单位意志，便只能对其一般从业人员以自然人犯罪认定，单位犯罪的范围又被不当缩小，无辜的自然人却受其牵连。(3)较难调整规模较大的单位，存在不同单位主体间的定罪概率不均问题。大型企业的决策程序和人事结构比较复杂，单位代表或机关往往不直接干预具体业务，因此，即使单位人员在开展单位业务过程中犯罪，也往往无法识别行为与上层人员的联系，难以认定单位犯罪。在中小企业中，单位代表的权力是十分集中的，其往往会深度参与单位具体业务的决策与执行。因此，同样的犯罪在大型企业和中小型企业被认定为单位犯罪的概率可以说是大相径庭,难谓合理。①

其次,在我国目前的规范基础下,"彻底的单位固有责任模式"无法被充分展开。必须看到的是,以我国现行关于单位犯罪的法律条文为教义对象,的确难以运用法解释方法将"单位刑事责任来源于单位的监督、选任过失"从法律文本中解释出来。这一点,即使是"彻底的单位固有责任模式"的支持者也并不否认,单位固有刑事责任论与我国刑法规定之间的紧张关系主要来自《刑法》第 30 条和分则中与单位犯罪有关的规定款项。②《刑法》第 30 条规定:"公司、企业、事业单位、机关、团体实施的危害社会的行为,法律规定为单位犯罪的,应当负刑事责任。"条文中所述"单位实施危害社会的行为"与该种理论模式所主张的将"监督选任、过失"作为责任来源明显不符。因此,如果在我国采用同日本"企业组织体责任论"一样的单位犯罪刑事责任理论,法教义学已经显得力不从心,必须重回立法层面对问题进行考量。正如有学者认为,如果将单位是否存在监督、选任方面的过失作为追究单位刑事责任的关键性要素,则无法与我国现行的单位犯罪立法相互协调。因此,提倡对刑法的相关条文表述进行立法性修改。③但是,对刑法的修改牵一发而动全身,在理论需求之上仍有如法秩序、法政策、法律体系稳定统一与司法实践运用等诸多问题需要考虑,并且上述修改意见将涉及总则与分则诸多条文表述的大幅修改,在未经过充分论证研究的情况下决不能轻易变动。所以,"彻底的固有单位刑事责任模式"与现实的刑事立法还不能完全契合,不适宜直接解释法律和指导司法,总体上更多地带有务虚和前瞻性质。

(二) 关于单位犯罪主体数量

既谓之"单位犯罪",其当然是将《刑法》第 30 条规定之"公司、企业、

---

① 参见黎宏:《单位刑事责任论》,清华大学出版社 2001 年版,第 319—322 页。
② 参见耿佳宁:《单位固有刑事责任的提倡及其塑性》,《中外法学》2020 年第 6 期。
③ 王志远:《环境犯罪视野下我国单位犯罪理念批判》,《当代法学》2010 年第 5 期。

事业单位、机关、团体"等单位作为犯罪主体，这似乎是一个无可置疑的结论，本不该成为争议点。但之所以学界对单位主体数量问题莫衷一是，是由于我国在部分单位犯罪中实施的"双罚制"处罚模式，即对于一些罪名的单位犯罪，不仅处罚单位本身，而且对其单位的特定自然人（刑法中表述为"直接负责的主管人员与其他直接责任人员"）同时施加刑罚。面对实定法中对单位犯罪特殊的处罚方式，结合费尔巴哈所言"无犯罪则无刑罚"，理论界难免提出疑问：单位犯罪的犯罪主体如果只有单位，那么依据何种理由要对自然人施以刑罚呢？于是便有观点认为，对单位与自然人需要同时处罚的主要原因在于，在单位犯罪中，自然人与单位均属于犯罪主体。如人格化社会系统责任论主张，单位犯罪是一个犯罪中包含单位与自然人两个犯罪主体，这样便能从根本上对双罚制予以理论解释；①双重机制理论同样认为，之所以刑法对部分单位犯罪既处罚单位，又处罚直接责任人，是因为存在两个犯罪主体、两个犯罪构成。②

但本书前已指出，无论是人格化社会系统责任论还是双重机制理论，均存在严重的理论缺陷，事实上这主要是由其对"两个主体"结论的坚持所导致。不仅如此，认为单位与自然人都是单位犯罪主体的观点，至少还具有如下问题：其一，在逻辑上存在重复评价。认为单位犯罪具有两个犯罪主体的学者虽然将单位责任与直接责任人员责任分而论述，却并不否认，由于单位本身既无思想又无行为，作为一种法律拟制之人，其自身行为与意志也需要依赖其自然人（特别是其主管人员与直接责任人员）的行为与意志。这就出现了一个令人困惑的问题，作为单位主管人员与直接责任人的自然人，其犯意与行为究竟是作为自身犯罪主体所表达，还是被用以体现单位意志与单位行为呢？毕竟，按照禁止重复评价原则，同一个行为与犯意仅能因同一事实触犯同一个犯罪，在这个过程中当然也仅能

---

① 参见何秉松主编：《法人犯罪与刑事责任》，中国法制出版社 2000 年版，第 481 页。
② 参见卜维义：《法人犯罪及其双层机制与两罚制》，《经济与法》1991 年第 6 期。

归属于一个犯罪主体。①显然，若是按照"两个主体论"之逻辑，对于主管人员与直接责任人的主观犯意与客观行为，只能在自然人犯罪评价后，又在单位主体中作为主客观要件的外在表现进行二次评价，否则，失去了特定自然人的单位，也只能沦为缺失法律意义的"躯壳"，更遑论作为单位犯罪主体存在了。其二，在规范上与我国刑法相冲突。我国《刑法》第30条明确规定，单位犯罪的行为仅能由"公司、企业、事业单位、机关、团体"所实施，也只有上述主体才能作为单位犯罪行为主体，其中显然不存在自然人作为单位犯罪主体的任何空间。再退一步讲，如果不纯正单位犯罪尚存在自然人犯罪之解释余地，那么刑法分则有关纯正单位犯罪之规定，也同样为"排除自然人作为单位犯罪主体"之结论提供了进一步的司法背书。

原则上讲，刑法中的刑事责任承担主体与犯罪行为实施主体应当是一致的，但在单位犯罪中，作为犯罪主体的单位在构成上属于一种将拟制主体（单位法人）与实在主体（单位内部自然人）相结合的特殊情形，也正因此种特殊构造，对单位的处罚就可能会涉及自然人与单位两个方面。一方面，单位中特定自然人本身便具有承担刑事责任之基础。单位自然人虽从属于单位，但却依然具有相对的独立性，其以独立之人格参与社会活动，在具有意志自由与行为自由的前提下，推动、促使甚至亲自实施违法犯罪行为，同样具有相应的非难之由；另一方面，单位犯罪的构造极其特殊：单位虽然作为犯罪主体，但其自然人是构成单位的核心内容，并且也是单位实施犯罪的内化动因与外在表现之结合。出于刑事政策与刑罚效果的考量，如果仅仅处罚单位自身而不让其内部自然人承担一定的刑事后果，则单位仅作为没有精神的拟制组织体，对于刑罚的惩戒痛苦毫无感觉，如此便绝难起到刑罚本身之惩戒、预防效果。事实上，从我国《刑法》第31条关于"双罚制"的条文本身中也能推导出"事实上承担刑罚的

---

① 参见陈鹏展：《单位犯罪司法实务问题释疑》，中国法制出版社2007年版，第138—139页。

自然人并非作为犯罪主体而存在"的结论。我国《刑法》第 31 条后段规定,在法律另有规定之情况下,可以仅处罚单位主管人员与其他直接责任人员,若是按照"受刑主体一定是犯罪主体"的前提进行推论,则第 31 条后半段岂非成了有关自然人犯罪的相关规定? 这种显然有悖于立法本意的结论无论在理论界还是司法界都难被认同。①因此,本书认为,之所以单位犯罪采用"双罚制",既处罚单位也处罚自然人,主要是出于对自然人刑事责任基础与保障刑罚效果功利性的考量,在此情形下,单位犯罪仅存在一个犯罪主体,即单位自身,自然人仅作为实现刑罚效果之刑罚承担主体而非犯罪主体。

---

① 参见黎宏:《单位刑事责任论》,清华大学出版社 2001 年版,第 280—283 页。

第三章 单位犯罪的具体认定

随着社会主义市场经济的不断发展,中小型企业新兴崛起、大规模企业持续扩张,越来越多的单位主体参与到市场竞争中。我国刑法对单位犯罪的规定绝大部分采用的是总则统摄分则的模式:在总则里肯定了单位也可以构成犯罪的主体,在分则里以"单位犯前款罪的,对单位……"的形式作规定,与自然人主体共用一个罪状,这就导致了同一个行为人的同一个行为,可能体现的是个人行为,也可能代表了单位行为,给实践认定单位犯罪增加了不少司法成本。

因此,以"四要件"的犯罪构成理论为讨论基点,本章将对与自然人犯罪具有共通之处的单位犯罪的客体和主观方面作精简处理,着重剖析主体和客观方面,以有助于司法实践。一方面,结合单位犯罪主体的基本特征,以明晰单位犯罪的性质;另一方面,借助"单位意志"界分单位行为与自然人行为,建立完善单位犯罪与自然人犯罪的区分标准,助推单位犯罪认定的理论发展与实践统一。

第一节 单位犯罪的客体

笼统来说,单位犯罪侵犯的客体是指受我国刑法保护的国家制度和社会关系,主要集中在国家安全、公共安全、社会主义市场经济秩序、公民的人身权利和财产权利以及国家机关的廉洁性等方面。与自然人犯罪相比，单位犯罪涉及的客体内容具有以下几个特点：

第一，严重性。与个别犯罪人或是较为松散的犯罪集团相比，单位主体往往具有严格的组织机构和人员构成。在实施犯罪前，单位一般会制定周密的计划，并且着手后能够提供持续的技术与资金支持，临时起意的情况几乎不存在。因此，比起自然人犯罪，单位犯罪的成功率更大、持续的周期时间也更长。

第二，广泛性和复杂性。单位犯罪侵犯的社会关系通常具有牵连性。比如在生产、销售伪劣商品罪中，单位为了取得伪劣产品的销售许可，通常会编造不实信息欺骗工商管理部门，扰乱商品质量管理制度，在销售后可能会对购买者的身心健康产生不良影响，侵害公民的生命健康权。其中，除了本罪涉及的社会关系以外，还有可能为了拿到销售资格，虚报注册资本。可见，单位犯罪不仅有既定的犯罪客体，在达成犯罪的过程中，可能还会牵连其他的社会关系。

第三，谋利性。大部分的单位犯罪都集中在破坏社会主义市场经济秩序类的犯罪，犯罪目的多为不当缩减成本、谋取非法利益等。"为了单位利益实施犯罪"和"违法所得归单位所有"也是考查单位犯罪是否成立的重要因素，说明大部分的单位犯罪皆具有较强的谋利性。

第二节　单位犯罪的客观方面

一、单位犯罪客观方面的概述

受我国单位犯罪立法模式的影响，除了只能由单位构成的犯罪以外，大部分的单位犯罪与自然人犯罪共用同一个刑法分则的罪状。也即仅就犯罪构成的客观方面而言，大部分单位与自然人犯罪的危害行为方式、对象、所造成的结果以及时间和地点都是一致的，只能从该行为是单位行为还是自然人行为来分辨二者。尽管单位实体现实存在的意义已经得到普遍承认，但在具体社会活动的实施上，还是要落实到单位组成人员个人身上。而作为单位组成人员的自然人,其自身具有独立思想和行为,他在代表单位实施社会活动的同时也完全可以独立处理自己的事务。正是因为单位成员和公民个体的双重身份导致了该成员的犯罪活动既可能是单位整体的单位犯罪,也可能是其个人的犯罪行为。①于是,在单位犯罪的场合中,如何分辨一个犯罪活动是单位行为还是自然人行为就成了认定单位犯罪的关键。

二、单位与自然人犯罪的界分

(一) 单位犯罪与自然人犯罪的界分学说评述

1. "以单位名义"说

持"以单位名义实施犯罪是认定单位犯罪的必要条件(即以单位名义说)"观点的,大多受到最高人民法院在 2001 年 1 月 21 日颁布的《全国法院审理金融犯罪案件工作座谈会纪要》(以下简称 2001 年《会议纪要》)影响,《会议纪要》指出:以单位名义实施犯罪,违法所得归单位所有的,是单位犯罪。②但如果机械地将"以单位名义"理解为单位的名字必须在单位实施的犯罪活动中显露,显然是对《会议纪要》精神的片面化理解。原因如下:

第一,并非所有以单位名义实施的犯罪都是单位犯罪。1999 年《最高人民法院关于审理单位犯罪案件具体应用法律有关问题的解释》规定:盗用单位名义实施犯罪,违法所得由实施犯罪的个人私分的,依照刑法有关自然人犯罪的规定定罪处罚。③该司法解释认为打着单位的名义但实际上是为了谋取个人私利的犯罪活动是自然人犯罪,也就是说,"以单位名义实施犯罪"并不能决定该犯罪是单位犯罪还是自然人犯罪。

第二,不是所有的单位犯罪都是以单位名义实施的。由于犯罪行为

---

① 黎宏:《单位刑事责任论》,清华大学出版社 2001 年版,第 243 页。
② 《全国法院审理金融犯罪案件工作座谈会纪要》法〔2001〕8 号。
③ 《最高人民法院关于审理单位犯罪案件具体应用法律有关问题的解释》法释〔1999〕14 号,第 3 条。

一旦被发现，就会受到刑罚的严厉制裁，所以大多数犯罪都是较为隐秘的。行为人在实施犯罪的过程中都会尽可能采取各种手段隐瞒犯罪行为和真实身份。且部分犯罪行为没有明确的相对关系，没有必要也不能表明该行为来源于单位行为，而不是个人行为，如单位过失犯罪。[①]换言之，并不是所有的单位犯罪都具有"以单位名义实施犯罪"这一特征。

因此，本书认为"以单位名义实施犯罪"只是单位犯罪的部分表象，并非单位犯罪的实质内核。以"以单位名义"说作为界分单位犯罪与自然人犯罪的标准，容易造成认定犯罪的形式化。

2."违法所得归单位所有"说

2001 年《会议纪要》同时指出：违法所得归单位所有的，是单位犯罪。故也有观点主张，以犯罪后的违法所得归属作为单位犯罪与自然人犯罪的界分标识。该观点最主要的缺陷在于并不是所有的单位犯罪都有违法所得。同时，在产生了违法所得但尚未实现时，即出现预备、中止或未遂的情况，案件性质据此也无法得到准确认定。另外，虽然在通常情况下违法所得归单位所有确实是单位犯罪的一大特征，但"在法律意义上，犯罪所得的归属、去向实质上是犯罪既遂后的赃物处理方式，是犯罪的事后行为，对已经发生的犯罪行为的性质不产生影响。正如受贿后将所得财物捐献给公益事业一样，不影响受贿犯罪的性质和受贿罪的成立"。[②]总结而言，违法犯罪所得归单位所有确实是单位犯罪的可视化特点，但不具备普适性，且以事后行为评价犯罪性质的认定逻辑与强调"刑法是行为时法"的法价值取向不符。

3."为了单位利益"说

"为了单位利益"这个概念曾经在 1997 年 3 月 1 日印发的《中华人民共和国刑法（修订草案）》中出现，当时的第 31 条第 1 款规定：公司、企业、事业单位、机关、团体为本单位谋取非法利益，经过单位集体决定或者由

---

① 陈鹏展：《单位犯罪司法实务问题释疑》，中国法制出版社 2007 年版，第 127 页。
② 杨国章：《单位犯罪与自然人犯罪的界分》，《北方法学》2005 年第 5 期。

负责人员决定实施的犯罪,是单位犯罪。但在第八届全国人大第五次会议审议时一些代表提出,前述单位犯罪的定义不够全面,不能囊括分则中规定的所有单位犯罪。因此,当立法机关最终通过它的时候,没有采用原来草案的规定,而是改成了现行刑法规定的形式。即公司、企业、事业单位、机关或者团体具有社会危害性的行为,法律规定为犯罪行为的,应当承担刑事责任。①观察二者,不难发现其中"为单位谋取非法利益"的内容被删除,也就是说立法机关认为该定语确实不够全面。理由可能如下:

第一,"为了单位利益"的表述是站在行为人动机层面去探究行为人的行为性质,但是在实践中行为人的动机往往深藏于心,难以被客观证据所发现,仅仅依照行为人的供述来判断其内心真意的不确定性很强。同时,单位犯罪的犯罪动机并不仅仅是一个行为人的想法,其可能涉及整个管理层甚至是单位全体的意思,其中可能涉及"为自身利益"考虑的部分、"为单位利益"考虑的部分,构成相当复杂,在"自身利益"和"单位利益"一致的时候,二者的界限并不明晰。故即使每一个行为人的意思表示都是真实的,实践中实际的判断操作也难度很大。

第二,并不是所有的单位犯罪都是"为了单位利益"的犯罪。在单位陷入监督过失的责任中时,其本身就没有故意犯罪的意图,往往不存在谋利心理。此时,"为了单位利益"说就不能提供有力的判断角度。

尽管"为了单位利益"说并不能甄别所有的单位犯罪,但其还是揭示了部分单位犯罪与一般自然人犯罪的本质特点,即是"利他行为"而不是"利己行为"。因此,本书认为在建立二者的界分标准时应当体现这一点。

4. "单位业务范围"说

着重分析单位犯罪的客观方面,应当认为绝大部分单位实施的犯罪活动与其业务范围紧密相连,通常是犯罪活动属于单位的业务范围或是利用业务行为直接实施犯罪活动。据此,"单位业务范围"说具有一定的可取之处。但该学说作为界分单位犯罪和自然人犯罪的标准自身使用的

---

① 黎宏:《单位犯罪中单位意思的界定》,《法学》2013 年第 12 期。

概念并不明晰，容易扩大单位犯罪的适用范围。

首先，"单位业务范围"一词的不确定性较大。同一单位的不同部门之间的业务范围存在差别，同一部门不同年度的业务侧重点也是不同的。也就是说，同一单位在不同年度实施同样的犯罪活动，因为业务范围的变更可能就会产生不同的认定结果，以此界分单位犯罪与自然人犯罪较不稳定，与刑法追求的安定性要求不吻合。

其次，部分属于"单位业务范围"的行为应被认定为自然人犯罪。单位是由一个个单位成员构成的，单位业务的执行者也是单位成员。因此，若成员在单位业务范围内为谋取私利实施了犯罪行为，此时如果仍然认为该犯罪属于单位犯罪，不仅不合理地扩大了单位犯罪的适用范围，同样也有违罪责自负原则。

最后，部分超过"单位业务范围"的活动应被认定为单位犯罪。该种情况主要出现在单位的业务范围需要行政许可的情况，在行政许可过期后，单位仍然保持经营活动，司法实践认可该种情况属于单位犯罪。

5."由单位决策机关或者负责人决定"说

"单位的犯罪活动是否由单位决策机关或者负责人决定"是单位犯罪的一个重要特征。一般来说，经过单位决策机关商讨后，成员行为上升为单位行为，单位须对此负责，但这样的模拟语境看似合理，实践中却过于理想化。

其一，在人数规模较小的公司中，难以界分领导人的自然人犯罪责任和单位犯罪责任。中小型企业的权力结构比较集中，甚至在决策程序尚不完善的企业中，单位就是领导的"一言堂"，单位的其他成员往往难以干预决策。此时，如果仅因为"犯罪活动是否由单位负责人决定的"即认定该活动为单位犯罪，就会损害本没有任何主观罪过，也未曾从犯罪中获得任何利益的单位全体的合法利益，不符合责任主义的要求。

其二，在决策程序庞杂的公司中，易于混淆中层职能部门的刑事责任与整个单位的刑事责任。现代化程度较高的公司中领导往往并不深度参与公司项目决策,仅仅只做形式上的审批,每一个对外决策的实权掌控在部门领导手中,那么就有可能出现部门领导为谋取个人利益或者是自属部门的利益,通过瞒报、虚报的方式实施犯罪活动的情形。由此带来的问题是,即便部门领导的行为应当属于自然人犯罪或是单位内设机构的单位犯罪,却因为最后该业务活动是由单位的领导层签字而被认定为整个单位的单位犯罪。相反地,也会存在实际上是单位行为,但领导层为逃避刑事责任而伪装成员工失误或部门责任的现象。以上两种情况同样有违责任主义。

换言之,"由单位决策机关或者负责人决定"说只能在决策程序较为民主且监督程序较为完善的单位中发挥作用,但往往这样的单位也不会选择铤而走险。对此,更符合现实需求的标准有待发掘。

(二)单位犯罪与自然人犯罪的界分标准

如前所述,现存的单位犯罪与自然人犯罪界分标准皆存在不同程度上的短板,主要体现在以下两个方面:(1)从规制单位犯罪本身而言,易于不合理地扩大或者缩小单位犯罪的范围,不能公正地评价其中自然人的刑事责任,纵向上有违罪责自负原则,横向上有违罪刑均衡原则;(2)从利于实践操作的角度出发,部分预设环境理想化,现实性与可执行性不强。因此,在探求新的界分标准时应当以完善这两个方面为目标。

自然人犯罪和单位犯罪,在外在行为上几乎是没有区别的。因为即便是单位行为,也是通过自然人对外的业务活动表现的,所以仅从客观行为上几乎无法判断一个由单位成员通过业务活动造成法益侵害的行为究竟是单位犯罪还是自然人犯罪。所以该行为背后蕴含的是成员意志还是单位意志就成了区别的关键,换言之,当造成法益侵害的行为不是单位的主观意思的体现时,就不能认为该单位需要对此承担刑事责任。

在确定了单位意志是单位对外行为的归责关键后,单位犯罪的发生机制就可以被模拟:在单位故意犯罪中,出于为单位整体谋福利的考量,单位不反对单位成员实施违法活动;在单位过失犯罪中,单位由于没有尽到监督管理责任,使得单位成员的违法行为造成了法益侵害。针对这两种不同的发生机制,运用类型化思维,本书将构建两套界分标准,统称为"单位意志"说。无论是从法人制度的一般原理还是实际的单位活动情况来看,虽然单位是一个实在的个体,具有独立的司法地位,但该组织体意志的形成和表达只能来源于其中自然人的意思活动。那么在何种情况下单位自然人的意思活动可以上升为单位的意思活动就是"单位意志"说意图解决的问题。

首先,在单位故意犯罪中,"单位意志"的评判标准应该包括两个方面:

第一,犯罪活动获得单位决策层的许可。针对处在不同权力层级的单位成员——一个法定代表人和一个普通员工,其须获得的单位决策层的许可程度是不同的。就单位领导而言,其作出的决策和决定原则上能够体现单位意志;在依照单位领导的意思行事而结果上引起了法益侵害的场合,可以要求单位对此承担刑事责任。值得注意的是,关于单位领导的范围有不同的理解。本书认为,能够独立作出代表单位行为无须得到其余决策层额外认可的领导仅包括法定代表人、实际控股人和与之有同等影响力的董事、监事、高级管理人员。这是因为有且仅有这三类人本身就处于公司的绝对决策地位,即便再组成会议投票,实际决定权也掌握在他们手中。但例外地,如果是单位领导自身擅自决策,违反了单位的目标、议事程序、监督机制、习惯等,导致单位的业务活动侵害法益时,由于该种决策不是单位自身的意志而是领导自身的个人意志,那么此时,不需要追究单位的刑事责任,仅需要追究单位领导自身的自然人责任。须指出的是,在作这种判断的时候必须慎重。在单位内部,对单位具有绝对控制力的领导者依据其权限作出犯罪的意思决定时,如果仅以单位内部已然存在防范监督机制为由,就轻易地免除单位本身的责任,只追究单位领导的个人责任,未免有些草率。毕竟即便在存在预防、监督制度的前提下,单位仍然选择实施犯罪,说明在该种情形下,起关键作用的是单位领导而不是单位制度。因此当单位领导的意志和单位本身的意志不一致的情形下,应当具体考量单位内部的权力分配机制和业务运作流程,综合判断本次犯罪发生的原因及抑制犯罪的制度效用,最终确定该行为能不能体现单位意志从而进一步判断是否构成单位犯罪。①

就其余一般的单位员工而言,则需要遵循"员工意志经过决策程序通过决策机构许可上升为单位意志"的逻辑。该"许可"包括事先的许可和事后的许可,包括明示的许可和默示的许可。通常情况下员工对单位整体事宜不具有话语权,大部分时间只是执行单位领导下发的指令,那么这种情况就属于"事先的许可+明示的许可",即员工对外的违法活动本身就是单位领导授权的,员工的意思活动只是领导意思活动的延伸。偶尔也会存在员工自作主张、私自利用业务行为实施犯罪活动的情况,此时,也不能立即简单地将此定性为员工的自然人犯罪。因为也可能存在领导与员工暗通款曲的情形,如最为常见的走私类单位犯罪,单位频繁进口某种货物,单位领导也知道该货物的进口税率,那么当该领导得知下属以明显低于正常税率的税率向海关申报时,就不能以其不知道下属的走私行为为由逃避单位走私的责任;或者是有证人证明单位领导看见过或者经手过虚假报关单证的,就说明单位领导系出于明知,该走私行为即属于单位行为,②这就属于"事先的许可或事后的许可+默示的许可"。

就其中各业务部门领导而言,值得单独强调的是,除了其经决策层审批通过的业务活动当然地体现单位意志以外,原则上,部门领导在授权职能范围内的决策活动也可以视为单位行为,但对于可能超出职能范围外的行为则要具体问题具体分析。如某公司管理部经理为单位利益事先知晓货物的关税税率时,同意代理报关的单位以更低的税率报关,并承诺代理报关单位以货物价值的金额支付代理费。公司认为,该经理操作此业务的行为,事先没有请示,事后没有汇报,是个人行为,不是单位行为;并

---

① 陈鹏展:《单位犯罪司法实务问题释疑》,中国法制出版社 2007 年版,第 4—5 页。

② 陈鹏展:《单位犯罪司法实务问题释疑》,中国法制出版社 2007 年版,第 6 页。

认为公司在领导层施行总经理负责制，内设机构施行经理负责制的管理制度，各内设机构的部门经理均有决策权，公司领导层也授意各部门经理有处理自己部门内部事务的权力，在一般情况下，该经理可以选择向公司汇报或不汇报，但权限仅限于常规性操作，现该经理显然超出了常规性操作，且是重大改变，理应向公司汇报。法院最后认为，公司的说法有推脱责任之嫌，因为走私案件最大的得利者始终是公司，经理本人未获分文私利，认定经理的行为是个人行为实属不妥，经理的行为更符合单位犯罪中获得公司授权、代表公司意志的直接负责主管人员的责任。[1]但陈鹏展教授则认为，该案中法院的判决说理过于粗糙，至少应当在查明该公司的中层管理人员不需要向上汇报就能够自己做主的"常规性操作"的权力范围以后再判断，而不应仅以"本案的最大得利者是公司"为由，就径直断定该经理的行为是单位犯罪。[2]由此可见，在实际的业务活动中，部门领导确实具有一定的决策权，对外能够代表单位行事，但由于职能范围不明晰，导致司法认定结果存在争议，本书建议：就业务内容本身作出实质性变更的应当属于个人行为；除此以外，应当都属于单位行为。这样做的主要原因在于防止单位为了逃脱干系而不顾一切地证明单位内部成员超出了授意的权力范围，倒逼单位内部自觉加强对程序性事项的监督管理，同时也利于规避单位因制度缺陷、管理不当等因素导致内部的自然人犯罪被归为单位犯罪的情形。

第二，犯罪活动是为了单位的利益。在前述"为了单位利益"说的评述中，本书即肯定了"为了单位利益而实施犯罪活动"是区分单位犯罪和自然人犯罪的重要特征。单位犯罪中对自然人的处罚远小于同罪的自然人犯罪也有部分原因是出于当代法哲学对"利己行为"的否定评价要高于"利他行为"，因此，从该意义上说，在界分二者时考虑"为了单位利益"的

---

[1]　《单位犯罪研究》课题组：《上海法院系统审理单位犯罪情况调查》，《华东刑事司法评论》2003 年第 2 期。

[2]　陈鹏展：《单位犯罪司法实务问题释疑》，中国法制出版社 2007 年版，第 7 页。

因素是立法者在立法时暗含在法定刑内的要求。

除此以外，在满足层次一"犯罪活动获得单位决策层的许可"后，针对其中的单位领导层实施的犯罪活动，考虑"犯罪活动是否为了单位利益"有助于排除单位领导个人的不法行为。例如，在一人公司或者是特别庞大的企业中，员工不具备认识、参与、干预单位决定的客观条件，此时，领导层私自决定以单位的名义进行违法交易，违法所得归领导层私分，那么在该种情况下，虽然领导层的决定确实是通过正式的决策程序作出的，将其定性为单位犯罪也是不妥的。

在认识到"为了单位利益"在单位故意犯罪中的重要作用后，只剩下司法实践中的证明难题了。因此，本书建议应当依据层次一中涉及的不同员工权力等级划分不同程度的证明标准，即按照"单位领导—部门领导—一般员工"的顺序，其中单位领导自身对单位的控制权最大，其受到决策层的制约最小，最有机会把单位作为满足一己私欲的犯罪工具，故其在主张"构成单位犯罪"以适用更轻的法定刑时，司法机关对其犯罪目的——究竟是为了单位全体的利益还是个人利益的审查须更为严格。随着单位员工权力等级的逐级下降，对单位的控制权也逐渐减弱，满足层次一检验的一般员工实施犯罪活动是否出于单位利益的审查只要达到一般排除合理怀疑的程度即可。

综上所述，就故意犯罪而言，界分单位犯罪和自然人犯罪的认定标准应当以"员工行为经过决策层认可上升为单位行为"为核心，以甄别犯罪目的是"为了单位全体利益"为辅助。至于在如何证明单位成员行为是出于"单位利益"的考量方面，本书虽然给出了初步的方案，但依然建议司法系统尽快建立起一个可供参考的实践标准，以便法院在适用过程中逐步完善。

其次，在单位过失犯罪中，"单位意志"应作如下理解：单位过失犯罪既然属于过失犯的一种，从犯罪构成理论出发，就应当满足过失犯体系中一般的要素要求，要求单位对构成要件事实具有预见可能性，而关于如何判断行为人具有预见可能性，学界存在新旧过失论之争。①旧过失论主张，过失犯的预见可能性必须是高度具体的。②该标准包括高度和具体两个要求，"具体"是指在行为人对其所可能造成的法益侵害结果的预见必须囊括刑法分则所要求的具体的、现实的结果；"高度"是指行为人认为前述的危害结果发生的可能性很高。相对地，新过失论则认为这样"高度具体"的要求过高，不能适应单位犯罪的现代处罚，只需要达到：（1）行为人对自己的行为会造成刑法所规定的危害结果有大致的预见；（2）行为人预见到自己的行为可能会造成刑法分则规定的危害结果；（3）不要求行为人可以预见到危害结果在何时何地对何人发生，即，不要求对现实发生的结果的具体样态和因果过程有详细预见。③

本书认为，尽管在自然人犯罪中，对行为人本人而言，因为其基于自己的行为习惯或特殊认识，可以认定某种行为和结果间的预见可能性在行为人的个人标准上达到了高度具体的要求，但在单位犯罪中，单位主体难以维持这样的认识。观察现行的刑法条文，刑法规定的单位过失犯罪并不多，主要包括劳动安全事故罪、建设工程质量事故罪、教育设施管理责任事故罪、消防管理责任事故罪和为他人提供书号出版淫秽书刊罪。由此可见，刑法对单位过失的处罚集中在对组织体活动的监督过失方面，无论是缺乏对被监督者行为的直接监督过失还是没有确立安全管理体制所构成的管理监督过失，监督者与犯罪活动之间都存在一定的距离，如果作为监督者的单位主体只有在对犯罪活动认识到像自然人犯罪一样的事实化程度才须对此负责，那么无疑所有的监督管理主体都会以"没有认识"作为抗辩理由。"这意味着，单位管理监督制度越是混乱，企业文化治理结构越是低下，安全教育水平越是缺乏的单位，越容易宣称自己的单位

---

① 聂立泽、胡洋：《单位犯罪中的预见可能性：兼论结果无价值单位过失犯罪论的疑问》，《贵州民族大学学报》2016 年第 6 期。

② 张明楷：《刑法学》，法律出版社 2011 年版，第 263 页。

③ 周光权：《结果回避义务研究——兼论过失犯的客观归责问题》，《中外法学》2010 年第 6 期。

和单位主管人员因为没有形成具体的预见可能性而不构成单位犯罪,但事实上,这种单位整体注意能力低下或监督体制的缺失,恰恰是单位过失犯罪需要的处罚对象。"[1]

因此,就单位的过失犯罪而言,采新过失论与我国目前的刑事处罚方向较为一致。即无论是单位内部的从业员工还是单位整体,只要要求其具有相对具体的预见可能性就可以构成基于监督责任的单位过失犯罪。

第三节 单位犯罪的主体

由于刑法条文对于单位犯罪主体的规定并不明确,导致无论是在理论界还是在实务中,针对部分涉案单位是不是刑法规制的单位犯罪中的"单位"存在争议。根据我国刑法的规定,单位犯罪的主体包括公司、企业、事业单位、机关和团体,其中不仅有法人团体,还有非法人团体。严格意义上说,"单位"一词并非一个法律概念,《刑法》第30条仅对单位的外延进行了穷尽式地列举,但缺少定义式的单位内涵。因此,针对单位犯罪的主体问题自单位犯罪诞生以来便争议不断。本节将从单位犯罪主体的基本特性入手,逐个分析争议较多的单位类型。

一、单位犯罪主体的基本特征

(一) 合法性

"在追究单位责任时单位须是依法成立的单位"基本受到广泛认同。但对于"依法成立"的标准,即到底须具备何种要素单位主体才是"依法成立",各个学者存在不同的见解。在我国传统的刑法理论中,单位的依法成立标准主要围绕着以下两种合法性要素展开:(1)程序合法性要素;(2)实体合法性要素。具备程序合法性要素意味着单位依照法定的流程

---

① 聂立泽、胡洋:《单位犯罪中的预见可能性:兼论结果无价值单位过失犯罪论的疑问》,《贵州民族大学学报》2016年第6期。

获取了单位主体资格,而具备实体合法性要素则意味着单位设立的目的、宗旨合法。①

部分学者主张单位的合法性只需要其是依照法定程序设立即可,只要经过法律程序的确认,单位实体即存在。如陈泽宪教授认为,单位的合法性源于三种设立方式:根据国家法律的规定设立、经批准设立、注册设立,只要符合这三种设立方式就能够认定单位具备了合法性特征。②该种认定方式的优势在于操作性强,判定涉案单位是不是合法单位只需要考察其设立时的手续是否齐全,但易于不合理地扩张单位犯罪的主体范围。譬如,对于设立程序合法但设立目的不正当的单位而言,其参与人数、计划准备与犯罪规模远大于一般自然人,但如果这时候对该种单位适用单位犯罪的法律规范,其受到的刑罚却要小于一般自然人,这显然违反罪刑均衡原则。

于是另一部分学者提出仅仅具备程序性要素并不能完全证明单位成立的合法性,除此以外,单位设立的目的是否正当同样至关重要。如张明楷教授认为,依法成立意味着单位成立的目的与宗旨合法,而且履行了规定的登记、报批手续。③该种主张虽然能够较好解决犯罪集团的问题,但却不利于单位中自然人刑事责任的公正评价。譬如,单位中的直接负责人确实为单位的利益以单位的名义实施了违法行为,但由于单位设立程序存在瑕疵即否定构成单位犯罪,导致该名直接负责人的行为只能被评价为自然人犯罪,此时,作出"利他行为"的自然人承担与一般作出"利己行为"的自然人一样的罪责,也不符合刑法规范价值。

基于此,本文坚持对单位合法性要素的判断应当以实体性要素为必要、以程序性要素为辅助。换言之,单位设立的目的宗旨必须合法正当,

①　聂立泽、高猛:《单位犯罪主体的基本特征研究》,《南都学坛(人文社会科学学报)》2016年第4期。

②　陈泽宪:《新刑法单位犯罪的认定与处罚:法人犯罪新论》,中国检察出版社1997年版,第49页。

③　张明楷:《刑法学》(第六版),法律出版社2021年版,第208页。

而设立的程序违法是否会影响单位犯罪的成立则要具体讨论。这是因为：

第一，将具备实体性要素作为单位合法成立的必要条件既契合法价值取向，也具有司法依据。设置单位犯罪并采用不同于自然人犯罪的刑罚配比的初衷不仅是为了通过规范单位行为从而维护单位参与的市场经济秩序，也是为了公正地评价单位责任之下员工的刑事责任。就我国目前的单位犯罪制度而言，同一罪名认定为单位犯罪会比认定为自然人犯罪的起刑点更高、刑罚更轻。正是因此，在司法实践中不少人假托单位名义实施犯罪行为，如果此时只考察单位成立的程序是否合法，那么极有可能让罪犯钻了法律的空子，得以逃脱相应的、更为严厉的惩罚。同时，根据最高人民法院 1999 年出台的《关于审理单位犯罪案件具体应用法律有关问题的解释》（以下简称"1999 年《单位犯罪司法解释》"）第 2 条规定，为进行违法犯罪活动而设立的公司、企业、事业单位实施犯罪的，或者公司、企业、事业单位设立后，以实施犯罪为主要活动的，不以单位犯罪论处。①因此，判定单位主体的合法性时，单位设立目的、宗旨的合法是必不可少的。

第二，合法程序性要素的缺乏并不必然影响公司实体的运营。其一，纯程序性要素与取得单位主体资格的关系不大。"即便单位主体不具备该类要素，通常也只是影响单位的部分资质、权限，但并不对单位整体资格的评价产生影响。如备案、年检、环保许可、消防审批等，缺乏此类要素，仅仅意味着单位的某种资质、权限尚不满足，不妨碍在其他部门法中认定特定组织形式的单位主体。"②其二，考虑到单位在设立时往往需要依照其他部门法的要求递交材料，经过法定程序审核后宣告其依法成立的做法，故有学者指出："不可能存在在其他部门法上不认定为单位，而在

---

① 《最高人民法院关于审理单位犯罪案件具体应用法律有关问题的解释》法释〔1999〕14 号，第 2 条。

② 聂立泽、高猛：《单位犯罪主体的基本特征研究》，《南都学坛（人文社会科学学报）》2016 年第 4 期。

刑法上却被认定为单位,进而被追究刑事责任的情况。"①因此似乎其他部门法中所规定的相应程序合法性要素即是刑法中单位犯罪主体成立的必要条件。但事实上,无论是民商法还是行政法或者其他部门法,都与刑法将合法的程序性要素作为单位成立门槛的旨趣不同。前者是为了区分不同单位性质,增加单位行为的可预测性,在维护市场稳定的同时促进经济发展,后者则是为了准确评估单位直接责任人员的罪行危害大小,必须将单位直接责任人员的刑事责任置于单位整体责任之下。故出于该种考量,对刑法中单位主体须满足的程序性要素采不同于甚至是宽于其他部门法的标准更利于实现设置单位犯罪制度的目的。譬如,在成立或者设立某一社会团体、组织条件不够格的情况下,即使单位夸大其词,使本不满足法定标准的呈报条件达到了标准,从而骗取了有关机关的批准,但由于其做这些并非出于违法犯罪的目的,而是为了其尽快成立,并且该社会团体、组织成立后主要从事的是正当活动,偶尔实施了犯罪,这种最开始的违法行径也不应当影响单位犯罪的成立。②

综上所述,单位犯罪主体合法性认定的关键在于目的合法。

(二) 独立性

通常学界认为社会组织体需要具备"独立性"要素才能成为单位犯罪的主体,但理论上对"独立性"要素的认识并不一致。有学者主张,"单位的独立性是指单位具有不依附于单位成员的意思能力与行为能力"。③也有学者认为,"单位的独立性特征是指单位拥有独立的、可以自己支配的财产或资金,只有单位具备了独立的财产、资金,单位行为、单位财产方能与个人行为、个人财产区分开来,单位才具有独立的主体资格"。④两者都将独立性要素的关注点放在与自然人主体的区分上,前者着重于单位意

---

① 石磊:《单位犯罪适用》,中国人民公安大学出版社 2012 年版,第 37 页。
② 李希慧:《论单位犯罪的主体》,《中国刑事法杂志》2004 年第 2 期。
③ 石磊:《单位犯罪适用》,中国人民公安大学出版社 2012 年版,第 41 页。
④ 陈丽天:《单位犯罪刑事责任研究》,中国法制出版社 2010 年版,第 102 页。

思的独立表达,后者则聚焦于单位独立财产的重要性,但两者都忽略了单位的独立性要素并非只是对内的独立,更在于对外进行民商事活动的独立。

就第一种观点而言,单位的独立性只能是相对的。因为单位主体本身就是国家便于管理社会经济活动而人为拟制产生的法律主体,其产生与运行的规律均不是"自然的",而是"人造的",既脱胎于自然人存在却也依附于自然人运行。在对外的业务活动中,单位独立的意思表示需要单位成员的贯彻执行方能作出,此时强调单位具有不依附于单位成员的意思能力与行为能力是不现实的。

就第二种观点而言,目前只有法人主体在我国法律制度中拥有独立的财产,采纳该种"独立性"特征,实际上是将单位犯罪限缩至由法人主体实施的犯罪。这样做除了在位阶上混淆了单位与法人两个概念以外,还会导致我国刑法设立的单位犯罪制度的主体范围受到不合理的限制。另外,持该种观点的另一种有力依据是我国单位犯罪设置的罚金刑制度,为了与刑罚适配,犯罪主体的单位应当有可供处罚的一定财产与经费。但我国并非所有的单位犯罪都适用罚金刑制度,也存在只适用单罚制的单位犯罪。换言之,刑罚中的罚金刑制度与单位主体须要拥有独立财产之间并无对应关系,因此该理由也不具合理性。

由上可知,单位的独立性并不在于对其中人员的独立或是对其中财产的独立,而仅在于在一定的范围内,能够以自身的名义对外进行社会活动,其间独立地行使权利和承担义务即可。至于对内的情况——自然人是否会以单位为犯罪工具或是财产是否发生混同,都不是独立性特征需要解决的问题。对此,后文有详细论述。

(三)组织性

刑法上单位主体的意志能力与行为能力分别与单位组织中的决策机构与执行机构相对应。由此可见,单位犯罪主体的组织性特征实际上是单位意志以及将其贯彻执行的表现,即自然人的个人意志通过决策机构上升为单位意志再通过执行机构实现。但并非具有完备的意思决策机构与执行机构就能满足一个单位完整的组织性特征，因为在一些情况下，某些单位直接负责人员可能会滥用自身决策地位，作出超越本职范围的意思决定以谋私利，那么此时适用自然人犯罪的刑法规定对该类人员作出处罚更为合适。故此，将单位成员的职务权限、单位的议事程序、执行程序以及利益范围等要素纳入组织性特征的考察范围同样重要。

（四）整体性

单位的"整体性"特征与独立性特征、组织性特征密切联系。正是因为组织结构可以抽象成一个整体，通过这个整体可反映单位的形象与文化，以至于形成独立的单位人格。对于一个单位主体而言，在对外的活动中，不可能单位成员全体出动，但无论出席的是普通业务员还是法人代表，相对方皆认为是与单位主体交易而非与自然人个体交往；在对内的管理中，员工与岗位匹配，岗位组成部门，部门组成单位，虽然是由自然人组成，但由上而下的领导、由下而上的反馈，都内含在单位的组织体框架中，脱离了这个整体框架，领导与被领导、监管与被监管的关系都不复存在。

二、单位犯罪主体的特殊类型

在理论与实践中，通常对以下四种主体是否为单位犯罪的主体存在讨论空间：

（一）一人公司

一人公司能否成为单位犯罪主体的争议焦点集中在公司权力与股东权利高度混同，导致"当公司的决策机构与单位成员的利益趋近一致的时候，在司法实践中就无法界定二者的不同，在构成要件上也欠缺单位犯罪'单位意志整体性'的要求"。[①]因此，否定论者主张，司法上应当直接将一人公司经营中的犯罪活动定性为自然人犯罪，更利于有效地规范公司行为，

---

① 魏东、章谷雅：《论法人犯罪的犯罪构成与刑罚配置之完善》，《中国刑事法杂志》2004年第2期。

以此警醒单一股东在享受一人公司规章制度的便利时,仍需要做到切实地自我监督,防止自身滥用优势地位。①与之相反,本文持肯定的观点,符合单位犯罪主体基本特征的一人公司的主体地位应当得到刑事司法的认可:

第一,《公司法》承认一人公司的法人人格地位。《公司法》第 60 条规定"只有一个股东的有限责任公司不设股东会",由此可见,一人公司是法定的民事主体,具有法人资格。"既然公司法确实认可一人公司的法人地位,说明在大多数的场合,一人公司的意志可以独立于股东的意志。这就意味着,原则上一人公司的意志是独立自由的,只是在例外的场合下一人公司的意志依附于股东,而这就涉及法人人格否认制度在刑事司法领域内的运用,不过并不影响一人公司独立人格地位的成立。"②其中关于"法人人格否认制度"的理解与运用将在本节的最后详细探讨。

第二,从整体预防单位犯罪的角度出发,将越多的单位主体纳入其中,越利于规范单位主体的风险内控制度。在多种所有制经济制度蓬勃发展的背景下,越来越多的一人公司参与到市场中,其中也不乏具备相当资金规模和组织机构的实体企业。在这种情况下,将一人公司纳入单位犯罪的主体范围内利于公司主动建立健全合规制度,更好地集中落实刑事政策。

第三,一人公司的犯罪活动并非意味着犯罪行为只能由单一股东行使。赵秉志教授担忧的是:从民商事的角度去区分公司法上公司财产和个人财产是可能的,但从刑法的角度出发判断一人公司的犯罪行为是为公司整体谋利还是为满足股东个人的私欲却是十分困难的事情。③这样的担忧并非无道理,但须指出的是:首先,该问题的提出在于在公司法上一人公司确实具有法人地位,因此一人公司的单位主体资格进入刑事司法领域具有正当性,导致了在司法实践中可能出现的证明难题。但能否

---

① 赵秉志、侯帅:《当代公司犯罪争议问题研讨》,《现代法学》2014 年第 7 期。
② 魏远文:《论单位犯罪的"单位"与单位人格否认》,《北方法学》2019 年第 4 期。
③ 陈丽天:《单位犯罪刑事责任研究》,中国法制出版社 2010 年版,第 102 页。

判断"为公司谋利还是为股东个人谋利"是刑事诉讼法抑或是证据法要解决的问题，刑法要解决的问题则是，当判断结果出现后该公司的犯罪行为如何定性，如果因为证明存在难度而放弃刑法的本职工作，反而是本末倒置；其次，一人公司的犯罪活动并非只能由单一股东行使。实际上，否认一人公司在刑事司法领域内的单位犯罪主体地位是将单位犯罪的责任人员直接等同于单一股东，反而忽略了单位犯罪也有可能是公司内部的其他管理层或者普通工作人员实施的。

因此，在刑事司法领域内承认一人公司的单位犯罪法人人格地位，具备部门法的支撑，对规制一人公司本身的单位活动以及其中负责人和普通员工的行为皆有意义。即便在特定情形中确实发生了法人人格混同的现象，也可以利用法人人格否认制度补足。

（二）单位的内设机构

单位的内设机构通常以单位的名义代表单位进行活动，其行为应当被视为所在单位的单位行为。但目前，也存在内设机构独立对外进行活动的情况，在现有的市场经济体例下，如果不把它独立地当作单位犯罪的主体，无论是把它作为所在单位的单位犯罪还是内设机构代表的个人犯罪，都不能准确地评价其主体性质。①最高人民法院在2001年《会议纪要》表示：以单位的分支机构或者内设机构、部门的名义实施犯罪，违法所得亦归分支机构或者内设机构、部门所有的，应认定为单位犯罪。故单位的内设机构作为单位犯罪主体既符合现状也于法有据。

（三）国家机关

国家机关的组织体形态具有政治属性强，实施国家、集体预算的特点，将其纳入单位犯罪主体主要有两个弊端：（1）国家机关关联着政府乃至国家形象，对其作出犯罪判决会影响国家声誉；（2）国家机关代表国家行使公权力，只要采取刑罚措施，就必然影响其发挥正常的职能，影响其

---

① 陈兴良：《单位犯罪：以规范为视角的分析》，《河南省政法管理干部学院学报》2003年第1期。

对社会的正常管理。①陈兴良教授评价：在设立单位犯罪制度初期，将国家机构作为单位犯罪的主体加以处罚主要是因为在以往计划经济体制下，国家机构直接介入经济活动的情况较为普遍。在这种情况下，认可国家机构作为单位犯罪的主体地位是有意义的。但随着经济体制改革的深入发展，政企逐渐分开，目前国家对经济活动实行宏观调控，不再直接地介入经济活动。在这种情况下，国家机构实施的单位犯罪将会随之减少，乃至于最后消亡。②换言之，将国家机关视为单位犯罪主体是符合当时的经济背景的。但是随着国家逐渐退出市场经济的舞台，国家机关作为单位犯罪主体的必要性也将逐渐减弱。因此，就《刑法》制定的背景与规定的内容而言，本书主张应当肯定国家机关的单位犯罪主体地位，并建议在立法上逐渐限制其犯罪主体地位直至完全废除。

（四）单位变更或注销后的原单位

自然人死亡，刑事责任即消灭。由此，有学者认为，单位也是如此，其变更或者注销后，原来的组织体就不复存在，此时再追究其刑事责任，缺少执行基础。③本书认为，就变更和注销两种情形，应当分别讨论。

（1）在单位组织体发生变更时，应当追究原单位的刑事责任。单位在发展过程中发生并购、分立或重组等情形都是组织体变更的表现，其人员和财产都可能有不同程度上的继承。这说明，新单位与原单位并非毫无联系，司法解释也肯定在单位发生合并的情况下，审理时仍应当以原单位为诉讼主体，对被告单位应列原犯罪企业名称，但注明已被并入新的企业，依法追究原犯罪企业及其直接负责的主管人员和其他直接人员的刑事责任，④因此，此时要求新单位在继承范围内承担有限的连带责任，于情于法实属合理。

---

① 周道鸾：《刑法的修改与适用》，人民法院出版社 1997 年版，第 121—122 页。
② 魏远文：《论单位犯罪的"单位"与单位人格否认》，《北方法学》2019 年第 4 期。
③ 陈丽天：《单位犯罪刑事责任研究》，中国法制出版社 2010 年版，第 109 页。
④ 1998 年《最高人民法院研究室关于企业犯罪后被合并应当如何追究刑事责任问题的答复》。

（2）在单位组织体发生注销后,应当追究原单位的直接责任人员或其他责任人员的刑事责任。单位组织体注销后,单位主体承担刑事责任的基础确实消灭,但是对于原单位的直接责任人员或其他责任人员而言,其刑事责任并没有随之消灭。[1]依照最高人民检察院的批复,涉案单位被撤销、注销、吊销营业执照或宣告破产的,对该单位虽然不再追诉,但应当对其中实施犯罪行为的该单位直接负责的主管人员和其他直接责任人员追究刑事责任。[2]也就是说,虽然单位注销后单位犯罪已然不复存在,但考虑到行为人行为时确实是"为了单位利益",认定为自然人犯罪会不合理地加重责任人员的罪责,审理时应当把直接责任人员或其他责任人员放入单位犯罪的框架中考虑,援引单位犯罪的条文对其定罪量刑。

三、单位犯罪人格否认制度在单位犯罪主体认定中的适用

法人人格否认制度（Disregard of Corporate Personality）最初起源于民商法中的公司法律制度,该制度肇始于 1905 年的美国诉米尔沃基运输公司一案（United State v. Refrigerator Transit Co.）。在该案中,桑伯恩法官认为:"公司在无充分反对理由的情形下,应视为法人。但是,如果公司的独立人格被用以破坏公共利益,使不法行为正当化,袒护欺诈或犯罪,法律则应将公司视为多数人之组合而已。"[3]需要指出的是,尽管法人人格否认制度源自民法理论,但对于刑事司法领域也有着十分关键的借鉴意义。民事领域的法人人格否认并不是完全否认其作为民事主体的地位,而是站在法人债权人的角度,暂时性地否认了其法人人格地位,进而

---

① 黎宏:《刑法总论问题思考》,中国人民大学出版社 2016 年版,第 206 页;田立文:《河南省三星实业公司集资诈骗案［第 72 条］》,最高人民法院刑事审判庭编:《刑事审判参考》（总第 10 辑）,法律出版社 2000 年版,第 15—24 页。

② 2002 年《最高人民检察院关于涉嫌犯罪单位被撤销、注销、吊销营业执照或者宣告破产的应如何进行追诉问题的批复》。

③ 朱慈蕴:《公司法人格否认法理研究》,法律出版社 1998 年版,第 101 页。

债权人即可绕开法人主体,直接追究法人背后的股东的责任。同样,刑事
领域的法人人格否认也不是全然否认法人的刑事主体资格,而是认为在
特定场合须否定或者阻却其承担刑事责任。①本部分将剖析自然人主体
利用单位主体逃避自身刑事责任的现实原因以展现在我国承认单位犯
罪人格否认制度的必要性,引入"法人人格否认"制度夯实理论基础,并
进一步探究其在我国刑事司法领域的适用问题,在助推我国单位犯罪
制度理论完善的同时,为域外法人人格否认制度在刑事层面的讨论提
供中国素材。

（一）承认单位犯罪人格否认制度之必要性

1. 制度诱因

在我国,之所以存在自然人主体利用单位主体逃避自身刑事责任的
现象,很大程度上是因为刑法就同一罪名对单位犯罪与自然人犯罪设置
了悬殊的追诉标准和法定刑配置。②具体表现在定罪和量刑两个方面。

在定罪上,单位犯罪的起刑点相较于相应的自然人犯罪更高。根据
最高人民检察院、公安部《关于公安机关管辖的刑事案件立案追诉标准的
规定（二）》,对非国家工作人员行贿案,个人行贿数额在 3 万元以上的,单
位行贿数额在 20 万元以上的,应予立案追诉。再如出版、印刷、复制、发
行严重危害社会秩序和扰乱市场秩序的非法出版物,构成非法经营罪的,
个人非法经营数额在 5 万元以上的,单位非法经营数额在 15 万元的,应
当立案追诉。可见单位犯罪的追诉标准要远高于自然人的追诉标准。也
就是说,在很大的一段数额范围内,相较于自然人犯罪,单位是不需要承
担刑事责任的。

在量刑上,单位犯罪的处罚相较于相应的自然人更重。第一,对单位
适用的法定刑幅度更低。以《刑法》第 175 条规定的"高利转贷罪"为例,
自然人犯该罪的,存在两个量刑档次:个人违法所得数额较大的,处 3 年

---

① 魏远文:《论单位犯罪的"单位"与单位人格否认》,《北方法学》2019 年第 4 期。
② 庄劲:《论单位人格否认之法理》,《国家检察官学院学报》2004 年第 1 期。

以下有期徒刑或者拘役，并处违法所得一倍以上五倍以下的罚金；数额巨大的，处 3 年以上 7 年以下有期徒刑，并处违法所得一倍以上五倍以下的罚金。而单位犯该罪的，只有一个量刑幅度，即对单位判处罚金，并对其直接负责的主管人员和其他直接负责人员，处 3 年以下有期徒刑或者拘役。第二，对单位犯罪中自然人适用的法定刑低于相应自然人犯罪的法定刑。在生命刑和自由刑的配置上，以受贿为例，单位犯罪的，以单位受贿罪对其直接负责的主管人员和其他责任人员处 3 年以下有期徒刑或者拘役；情节特别严重的，处 3 年以上 10 年以下有期徒刑，但自然人受贿的，根据受贿罪的规定，最高可判处死刑；在罚金刑的配置上，以虚报注册资本罪为例，对自然人犯本罪的处 3 年以下有期徒刑或者拘役，并处或单处虚报注册资本金额 1% 以上 5% 以下罚金，但对单位犯罪中的直接责任人则仅规定 3 年以下有期徒刑或者拘役。

另外，刑法在追究单位犯罪中自然人的刑事责任时，只限于直接负责的主管人员和其他直接责任人员，换言之，在其余参与单位犯罪的人员中，对犯罪进程起到间接作用的人员是无需承担刑事责任的。

综合评估单位犯罪和相应自然人犯罪的定罪量刑标准后，不难发现，两者在定罪层面存在罪与非罪的差异，在量刑方面存在罪轻罪重的差异，正是这些差异的存在使得企图逃脱法律制裁的不法分子有机可乘。

2. 域外困境

域外的法人人格否认产生的很重要的一个原因在于股东担心公司的利益遭受损害。我国刑事领域尚没有单位成为"被害人"或者"替罪羊"的意识，这与我国大多数的法人为中小企业有关，企业的经营者即为所有者，很难从观念上认为这会损害公司这一实体本身的利益。但是，随着经济社会的发展，我国企业格局与经营治理结构在未来必将发生根本性的变化，大型企业和治理结构完善的企业会成为社会的中坚。随着所有者与经营者的分离，单位可能因为经营者的日常经营或者破坏，成为实际受害者，从而间接影响实际所有者即股东的利益。届时就会与域外遇到的问题相似,即所有者反对单位犯罪的成立。①

（二）单位犯罪人格否认制度适用的理论基础

公司法人制度的确立是法人人格制度形成的前提,而学界对公司法人制度的成立基础却存在理论之争,厘清这一基础纷争有助于正确理解法人人格制度乃至法人人格否认制度在单位犯罪中的运用。争论的缘由是,尽管法人和自然人都是法律上的主体,但法人毕竟不是"人",从生物生命体意义上,它和"人"存在着根本的区别。因此,就"法人的存在基础"这一问题,自18世纪以来,形成了两种主要学说,即法人拟制说和法人实在说。

1. 法人拟制说

法人拟制说认为,法人是通过法律手段被赋予类似于自然人的法律地位,但并非实际存在的实体。这一观点源自早期的法律思想,特别是个人主义的影响下,认为只有自然人才能作为法律的主体。在这种观念中,集体或社团不被视为法律主体,除非国家通过其至高无上的权力明确授予它们这样的地位。根据这一理论,法人的法律人格完全是法律技术上的创造,是一种拟制的结果,它在现实中并不存在。通过这种拟制,社团被视为一个真正的自然人,从而能够在法律上进行行为。然而,尽管使用了"法人"这一术语,法人拟制说实际上并不承认法人具有独立的法律主体资格。这种理论观点由日本学者我妻荣进一步阐述,他认为法人拟制说是通过将法人拟制为自然人来赋予其人格的理论。②在严格意义上,这实际上是对法人人格的一种否定。长期以来,法人拟制说在一定程度上限制了法人人格理论的发展,因为它未能充分认识到法人在现代法律体系中的重要作用和独立地位。随着时间的推移,法学界逐渐发展出更为现代和全面的法人理论,以适应社会和经济发展的需要。

2. 法人实在说

近代以来,社会结构经历了从强调个人主义到重视法人实体的转变。

① 魏远文:《论单位犯罪的"单位"与单位人格否认》,《北方法学》2019年第4期。
② [日]我妻荣:《新法律学词典》,中国政法大学出版社1991年版中译本,第871页。

在这个过程中,国家的治理对象不再局限于独立的个体自然人,而是扩大到了数量庞大的法人组织。传统上,法人拟制说认为法人只是法律上的一种虚构,这种观点逐渐与社会发展的实际需求脱节。为了更好地适应现代社会的需要,法人实在说提出了新的理论框架。根据这一学说,法人被视为具有真实存在的社会实体,其机构和代表人所采取的行动,在法律上被看作是法人本身的行为。这意味着法人在法律和社会活动中扮演着与自然人相似的角色,具有独立的行为能力和责任承担能力。[①]尽管法人实在说内部因为对社会实体的理解不同还分为法人有机体说和法人组织体说,但是两者都肯定法人是超越法人成员个体的实际存在。法人单位依赖于内部成员的自然人意志,但又绝对不同于自然人意志,其内在的意识和决定都是独立的。其中,法人组织体说进一步阐明了法人单位与内部成员之间的关系:法人不仅拥有通过其内部机构形成的集体意志,而且其成员在执行职务时所采取的行动,只要与企业的业务相关,并且是作为企业整体运作的一部分,这些行动就被认定为法人的行为。这表明,这些行动不应被孤立地看作是个别成员的个人行为,也不应将其与法人整体的行动分割开来,相反,应当将它们视为法人作为一个统一体的连续行为。这样的理解有助于清晰地界定法人的法律责任,因为它承认了法人在法律上的独立性和完整性,以及其在社会和经济活动中作为实体的地位。法人组织体说对法人整体和内部自然人个体关系的把握揭示了法人实体的客观运行规律并赋予其法制规范意义,因此为较多国家所接受。

在法人实在说背景下,公司法人区分法人和其股东的责任承担,也就是说,法人行为法人负责,其自身是承受责任非难的主体,股东只需要在有限的范围内承担责任。但随着公司法人制度的确立,特别是"公司独立人格"和"股东有限责任"两大原则的普及,一些股东开始利用这些制度的

---

① 陈兴良:《单位犯罪:以规范为视角的分析》,《河南省政法管理干部学院学报》2003 年第 1 期。

特性从事不法行为,如交易欺诈、非法转移资金、创建虚假公司等。当债权人试图追回欠款时,他们发现这些公司实际上缺乏偿还债务的能力。然而,按照公司法的规定,股东不对公司的债务承担个人责任,从而导致股东规避债务。为了保护市场交易的公正性,美国在1905年的一个著名案例中首次引入了"法人人格否认制度"。随后在1912年,学者沃姆瑟创造了"刺破公司的面纱"这一术语,进一步在学术上阐述了公司人格否认的概念。这一理论的核心在于,在公司独立人格被滥用的特定情况下,法律可以无视公司与其股东之间的独立性,以及股东的有限责任,迫使股东直接对公司的债权人或公共利益承担责任。这样做的目的是纠正不公正的结果,防止公司法人制度被用于逃避法律责任。法人人格否认制度很快被德国、日本等大陆法系国家所接受,"刺破公司的面纱"的概念在我国公司法领域也广为运用。

(三)法人人格否认制度在单位犯罪中的具体适用方案

尽管法人人格理论起源于民商事领域,但同理,刑法中对单位主体的处罚也以单位主体的独立性为前提。因此,当在刑事领域也出现单位人格被滥用或是其他使单位人格丧失独立性的现象,刑法制度同样也可以沿袭民商法的处理路径,引进法人人格否认制度,刺破公司的面纱,转而追究背后股东的刑事责任。

1. 主要内容

由于我国单位犯罪制度所用的单位概念与法人人格理论中的法人概念并不完全一致,且我国单位犯罪制度相较于域外的法人制度也有其自身特殊性,故在引入法人人格否认制度这一问题上,虽在法理上有一定的同源性,但内涵和外延都有必要重申。法人人格否认制度在中国刑法单位犯罪制度中的适用(以下简称"单位犯罪人格否认制度")主要包含以下三个方面。

(1)单位犯罪人格否认制度以单位犯罪人格独立制度为前提。须指出的是,与单位犯罪否认论不同,单位犯罪人格否认制度不是否认单位这一概念可以构成犯罪的主体资格，①恰恰相反，其是对刑法设立单位主体这一制度的补足。换言之，单位犯罪人格否认制度是以肯定全体单位的刑事责任能力为原则，以否认个别单位的刑事责任能力为例外。

（2）单位犯罪人格否认制度的内容是指在特定的刑事法律案件中，某个单位被剥夺其作为犯罪主体的资格。单位犯罪人格否认制度对个别单位刑事责任能力的否认也不是全盘否定。即使具体某个单位在某起案件中不被认定为犯罪主体，这并不排除它在另一案件中可能被追究单位犯罪的刑事责任。②比如，如果某人未经授权使用单位的名义进行犯罪活动，并将违法所得据为己有，在司法解释规定的此种情形下，③被盗用名义的单位主体不构成单位犯罪，但不影响被盗用名义的单位构成其他的单位犯罪。当然，也存在某些情形下，单位在所有刑事法律关系中的主体资格都被否认，比如，司法解释规定单位设立的初衷就是为了犯罪，那么无论是根据单位主体特征的实体合法性要求还是司法解释的规定，这些犯罪活动都只能以自然人犯罪定罪论处。④换言之，单位犯罪人格否认制度是以否定其在某一特定刑事法律关系中的主体资格为原则，以否认其在全部所涉刑事法律关系中的主体资格为例外。

（3）单位犯罪人格否认制度旨在揭露并追究那些隐藏在单位背后，操控犯罪行为的自然人或其他单位的法律责任。这一制度允许司法机关在特定情况下，超越单位本身的法律地位，直接针对那些实际参与犯罪策划和实施的个人或团体进行追责，确保其不能假借单位这一法律实体来逃避应有的刑事责任。在前述"盗用单位名义实施犯罪"及"为实施犯罪而设立单位"的情形中，单位人格被否认后，紧接着就应当依照刑法有关规定对盗用单位名义或设立犯罪机构的自然人或其他单位定罪处罚。因

① 娄云生：《法人犯罪》，中国政法大学出版社1996年版，第17—23页。
② 庄劲：《论单位人格否认之法理》，《国家检察官学院学报》2004年第1期。
③ 1999年《最高人民法院关于审理单位犯罪案件具体应用法律有关问题的解释》第3条。
④ 1999年《最高人民法院关于审理单位犯罪案件具体应用法律有关问题的解释》第2条。

此，就人格否认的法效果而言，刑法与其他部门法不同——后者如行政法，单位主体资格一旦被关闭或者撤销，则再也不能从事任何的民事或行政活动，而刑法上，否认单位人格并非最终目的，其是为了揭示隐匿在单位背后的犯罪实施者的手段。相应地，即便某一单位在某一刑事案件中的单位人格被否认，其刑事主体失格，也并不意味着该单位一并失去了其在民事、行政或者其他刑事法律关系中的主体资格。

2. 适用情形与条件

单位犯罪人格否认制度包含以下两种适用情形：

第一，单位成立初始单位人格即被否认。在此情形下，现实的单位实体并不存在。该种情形主要指的是单位设立的初衷就是为了犯罪，或者单位设立后没有主营业务，主要活动就是实施犯罪的。此时，由于单位不满足单位犯罪主体依法成立要求的实体合法性要素，即便其确实是一个违法业务有序运行的组织体，刑法意义上的单位并未成立。

第二，单位成立后出现了人格否认的事由导致单位人格被否认。在此情形下，又存在两类情形。其一是指在成立初期单位确实依法经营了一段时间，但随后便投身于长期的犯罪活动中。《法国刑法典》规定：法人被转移了经营目标而实施犯罪行为，其所犯重罪或轻罪对自然人可处5年以上监禁者，法人予以解散。该种情形与单位成立初始人格即被否认的情形具有一定的类似性，都是因为单位成立的目标、宗旨已不复存在，现实的单位实体随之消灭。但值得注意的是，由于单位不是只实施了不法行为，对于其正常运营期间所涉的犯罪活动仍然应当肯定其单位犯罪的主体资格，对于其所为犯罪活动远超过单位业务时的主体资格予以否认。其二是指正常营运的单位出现了欠缺犯罪能力、缺乏形成独立的犯罪意志、不能控制自身行为的情况，[1]部分学者称之为"单位人格形骸化"。[2]"形骸化"顾名思义——在犯罪中单位的外壳还在，实体却荡然无

---

① 庄劲:《论单位人格否认之法理》,《国家检察官学院学报》2004年第1期。
② 陈丽天:《单位犯罪刑事责任研究》,中国法制出版社2010年版,第140—141页。

存,取而代之的是背后的实际行为人操纵单位行为实现自身犯罪意志。注意这里的实际行为人可以是自然人主体也可以是另一单位主体。此时,单位变成了犯罪工具,是实际行为人意识动作的延伸,丧失了独立决策、行为的能力,因此单位人格被否认。该种情况最为典型,是单位犯罪人格否认制度的重点适用区。

在分析了单位人格否认主要出现的情形后,不难发现,这些情形本质上都是单位变成了行为人实施犯罪活动的工具,因此,有学者指出刑事领域的法人人格否认可以用大陆刑法中的间接正犯理论加以解释,[1]即单位是"被利用的、无犯罪故意的工具",而刑法真正要处罚的是"工具的利用者"。通常,间接正犯理论主张,利用者才是对犯罪实施过程具有决定性影响的关键人物或核心角色,对犯罪事实具有支配性,[2]而被利用者则不了解犯罪事实,无法形成抑制违法行为的反对动机。[3]相对应地,在单位犯罪人格否认制度中,实际行为人即处于支配性地位的利用者,而单位则因为受控于行为人,缺乏独立形成犯罪意志或是反对犯罪意志的能力,从而成了被利用者。因此,本书认为,借助间接正犯理论,不仅可以在传统刑法理论中找到单位犯罪人格否认制度的落脚点,同时可以进一步归纳演绎单位犯罪人格否认制度的适用条件:

第一,实际行为人处于犯罪支配地位。实际行为人主观上具备犯罪故意,客观上使受刑法保护的法益受到侵害,其在整个因果关系流转上起支配作用,往往体现在对单位财产、业务和人事的支配上。

第二,单位在整个犯罪过程中并无实质介入。尽管单位可能涉及犯罪行为,但如果其在犯罪中的参与并未加速因果关系的发生或扭转因果关系发生的方向,实际上就从侧面反映出在整个犯罪过程中,是自然人占据了实际控制和主导的地位。换句话说,即使单位名义上参与了犯罪,真

---

[1] 魏远文:《论单位犯罪的"单位"与单位人格否认》,《北方法学》2019 年第 4 期。
[2] 张明楷:《刑法学》,法律出版社 2016 年版,第 401 页。
[3] 黎宏:《刑法学总论》,法律出版社 2016 年版,第 270 页。

正推动犯罪发生并决定其走向的仍然是背后的自然人,他们的行为对犯罪的产生和发展起到了关键作用。

3. 法律后果

单位人格否认于刑法的直接意义在于找到犯罪真正的实施者并加之以刑罚规制。由于隐匿在单位背后的实际行为人可以是自然人也可以是另一单位主体,针对不同的主体特性,在追究行为人的刑事责任时,与之相对的具体处罚也不同。

第一,实际行为人是自然人。在此种情况下,应当(1)追究全体参与犯罪人的刑事责任。单位犯罪制度只处罚直接主管人员和其他责任人员,而单位人格被否认后,单位主体消灭,其中无论是直接责任人员或是间接责任人员,只要参与了犯罪都须承担刑事责任。(2)对全体参与者,以自然人触犯的罪名定罪。因为在部分犯罪活动中,刑法对自然人和单位设立了不同的罪名,如行贿行为,假借单位名义作出的行贿行为应当以行贿罪定罪处罚,而非单位行贿罪。(3)适用共同犯罪理论以正确评价全体参与者的刑事责任。实际行为人是多人的情况下,对其中在操纵单位形成犯罪意志实现法益侵害起主要作用的人以主犯论处,剩余参与者以从犯论处。若多个行为人已然构成犯罪集团,对犯罪集团的首要分子要求承担集团的全部罪行。

第二,实际行为人是单位。在此种情况下,应当(1)在实际行为人只有单位时,追究单位主体的单位犯罪责任。虽然原单位人格被否认,但幕后单位可以适用单位犯罪制度的,仍然应当适用单位犯罪制度。(2)在实际行为人是单位,但原单位主体消灭后,还有其他参与犯罪的责任人员时,单位和其他责任人员构成共同犯罪,以各自罪名定罪量刑,对实际行为人单位和其他起主要作用的参与人以主犯论处,剩余参与者以从犯论处。(3)若隐匿在单位背后的单位依然存在单位人格被否认的情况,则须再次否认幕后单位的主体资格,直到真正的实际行为人显现出来为止。

第四节　单位犯罪的主观方面

一、单位犯罪主观方面的概述

无论采何种学说，世界上大部分国家包括我国在内，大都承认单位主体抑或是法人主体具有独立人格，也即单位承担刑事责任不再是因为内部成员刑事责任的转移，而是单位对其自身罪过的承担。既然恪守罪责自负原则，单位主体的主观罪过也应当具有单位特征，是单位主体整体性的体现。值得指出的是，讨论单位犯罪的罪责形式时并非考虑的是单位能否实施故意犯罪或者过失犯罪，而是针对具体发生的犯罪活动，单位要负故意的责任还是过失的责任。

二、单位犯罪主观方面的罪过形式

在 21 世纪初，单位犯罪的主观方面是否包括过失还颇具争议。部分学者主张"单位犯罪主要表现为经济犯罪，其中包含着非常明显的牟利目的。谋取非法利益是经济犯罪活动的根本动因，因而直接追求这种目的的罪过，就只能是故意形式而不可能是过失形式"。[①]但随着现代单位类型增多，涉及的犯罪类型不只限于经济犯罪；即使是在经济犯罪中，也要考虑到，单位内部，尤其是公司企业规模扩张，经营模式愈发复杂、权力下放的情况出现，如今的单位犯罪，除了事先预谋的故意情形，也有不少监督过失情形；另外，在现行刑法条文中明确规定了单位过失犯罪，如第135 条的重大劳动安全事故罪、第 229 条出具证明文件重大失职罪等。基于以上理由，单位犯罪的主观罪过形式中应当包含过失。

（一）单位故意犯罪

一般认为，单位对经由决策层作出的、为了单位全体利益的犯罪活动

---

① 高西江主编：《中华人民共和国刑法的修订与适用》，中国方正出版社 1997 年版，第156 页。

承担故意的责任。这里的故意在实践中主要分为两种情况,第一种是事先的指挥与命令,如公司的总经理要求财会部门做假账以达到偷逃税务的目的;第二种则是事后的默许与支持,如虽然财会部门做假账用以偷逃税务的行为是部门成员的个人行为,但总经理在查账得知后,不但没有阻止反而放任甚至是鼓励该行为,那么在这种情况下,单位同样也承担故意的责任。在两种情况下,单位与内部具体实施犯罪活动的成员在主观上都追求或者放任危害结果的发生。

（二）单位过失犯罪

前述单位对犯罪承担故意责任的情况不难理解,这部分的罪名在现行刑法中占主导地位,是改革开放后应对市场经济起步阶段的立法产物,能够满足当时的时代需求。但这同样也导致了在进入 21 世纪很长一段时间内,我国刑法界对单位过失犯罪视角的缺位。

我国目前刑法对单位过失犯罪的规定局限于单位直接参与犯罪活动的情况,如单位主体明知设备有危险而不排除,仍然组织作业,最后造成重大伤亡的。在该种情况下,单位与内部成员也是一心同体的,与单位故意犯罪的模式相同,即内部具体实施犯罪活动的成员对危害结果持过失的心态,同样单位也不希望危害结果的发生。

但如今,在庞杂的单位机构内部,下级成员实施了某一单位犯罪,但单位主体却毫不知情,即单位与其内部成员的主观方面存在不一致的情形。对于该种情形,如果依照刑法明文规定判定单位主体应当承担刑事责任,无疑会不当处罚确实兢兢业业工作的单位;但如果一律按照自然人犯罪处理,又会使单位抱有侥幸心理,企图犯罪后将责任推脱至内部成员身上以逃避被追责,最终导致设立单位犯罪制度的初衷落空。

因此,本书认为,有必要在我国现行刑法,尤其是单位犯罪中,确立监督过失制度,即该单位犯罪的发生往往是因为单位没有采取有效的监督制度,因此单位须承担在此方面的失职而造成的后果。而监督过失制度的确立方式可以是在《刑法》第 15 条之后直接增设一款监督过失条款,也可以是在分则中涉及监督过失的罪名之后增设具体的条款。值得说明的是，单位的监督过失责任并不意味着一旦单位内部成员进行了刑法所定义的单位犯罪行为，单位就必须无条件承担责任。如果能够证明单位已经对其成员的行为实施了充分的监督，并且履行了相应的监管职责，那么在这种情况下，单位可以免于刑事责任的追究。这意味着，单位只有在未能履行合理的监督义务时，才会因其成员的犯罪行为而承担相应的法律责任。

第二编
单位犯罪的刑罚论内容

第四章　单位犯罪的处罚制度

第一节　单位犯罪的处罚原则

单位犯罪的处罚原则在学理上存在双罚制和单罚制的分类。双罚制是指，单位构成犯罪的，既要对单位判处刑罚，还要对单位的组成人员判处刑罚；单罚制是指，单位构成犯罪的，仅对单位判处刑罚，或者仅对单位内部决策、组织以及实施具体单位犯罪行为的自然人判处刑罚。单罚制还有转嫁制和代罚制的区分。所谓转嫁制，源自民法组织成员侵权处理规则，对于组织成员在其职权范围内实施的行为侵犯了他人合法权益的，由该自然人所属的组织承担侵权责任。具体到单位犯罪中，单位成员以单位名义、为了单位利益所实施的犯罪行为也应当由犯罪单位来承担刑事责任。此时，只需要对单位判处刑罚，而不需要对单位内部成员判处刑罚。代罚制则正好相反，其源自"主人有罪，仆人受过"的古老原则，单位如果构成犯罪的，仅需要针对单位内部的成员判处刑罚，单位本身则不需要判处刑罚。我国《刑法》第 31 条规定明确了我国采取"以双罚制为原则，单罚制为例外"的单位犯罪处罚原则。①

---

① 《刑法》第 13 条规定："单位犯罪的，对单位判处罚金，并对其直接负责的主管人员和其他直接责任人员判处刑罚。本法分则和其他法律另有规定的，依照规定。"

一、双罚制

我国刑法规定的双罚制是指，以单位名义，实施的单位犯罪行为，既要对单位判处刑罚，也要对单位内部的决策人员和具体负责实施的人员判处刑罚。即处罚单位自身的同时，直接责任人员和其他直接责任人员也需要受到处罚。所谓的直接负责的主管人员也就是在单位内部进行决策、组织实施单位犯罪行为的人员，而其他直接责任人员则是负责具体实施的人员。有学者认为，我国的双罚制属于大陆法系刑法中的三罚制，许多大陆法系国家刑法规定的双罚制是指处罚单位和单位内部具体实施犯罪行为的自然人，不包括组织、策划的法定代表人、董事、经理等。[①]但我国刑法理论并没有再进一步细分三罚制和双罚制，所以只要既对单位内部成员判处刑罚又对单位判处刑罚，就属于双罚制。

为何双罚制既要处罚单位又要处罚内部责任人员？单位犯罪到底存在几个犯罪主体，需要承担几份刑事责任？本书认为，单位犯罪只有单位一个犯罪主体，但是刑事责任则由单位和内部的责任人员共同分担。单位承担刑事责任的原因是单位属于拟制的人，其内部决策机构作出决策拟制为单位的意志，而单位成员负责实施具体的犯罪行为，是单位意志支配下实施的单位犯罪行为。在此种法律拟制人的理论下，单位承担刑事责任符合责任自负的原则。单位内部的责任人员承担刑事责任的原因是单位犯罪具有特殊性，单位内部成员既有附属于单位的一面，又有独立于单位的一面。在讨论单位犯罪处罚原则时，绝不能只重视单位内部自然人的附属性，忽略了单位犯罪的独立性。单位内部的责任人员虽然受到单位决策机构决策的影响，受到单位体制的影响，但是仍然能够独立判断行为的性质、意义与后果，在明知的前提下实施了犯罪行为，其本身也就存在了承担刑事责任的基础。

刑法理论界还提出了诸多不同理论去解释双罚制的根据，但本书认

---

① 参见黎宏：《完善我国单位犯罪处罚制度的思考》，《法商研究》2011 年第 1 期。

为都存在诸多缺陷和不周延之处。有学者主张连带责任理论,其认为在单位犯罪中,单位主体和内部的责任人员属于连带责任关系,需要对单位犯罪共同承担刑事责任。①但是这种观点显然曲解了民法连带责任的本质,民法中的连带责任是指无论权利人向哪一个连带责任人主张权利,连带责任人都要承担责任。以这种理论作为双罚制的根据,完全可能存在单位承担全部责任后单位成员却并未承担责任,或者单位成员承担全部责任而单位不承担任何责任的情况,这显然和双罚制的基本理论不相符。有学者主张的双层机制理论认为,存在两个犯罪主体,一个表层犯罪主体,即单位;另一个深层犯罪主体,即单位内部的责任人员。②但是这和我国刑法的相关规定明显不符。我国《刑法》第 30 条明确规定,"公司、企业……实施的危害社会的行为",单位犯罪的主体是公司、企业等组织,并没有包含内部的责任人员。同理,其他主张存在两个犯罪主体的理论学说都不可取。

综上所述,本书认为,单位犯罪只存在单位一个犯罪主体,只有一份刑事责任,但是由单位和内部成员共同分担。单位分担的部分是因为内部自然人从属性的体现,自然人行为转变为了单位行为;单位成员分担的部分是因为内部自然人独立性的体现,责任人员认识到行为性质仍决意实施犯罪行为。我们在认定单位犯罪刑事责任时,要综合单位内部责任人员的从属性与独立性两方面,只有这样才能准确界定单位主体与单位内部责任人员的刑事责任。

二、单罚制

我国刑法规定的单罚制是指,单位犯罪仅处罚单位直接负责的主管人员和其他直接责任人员。③在我国单位犯罪中,单罚直接责任人员的情

---

① 参见张文、刘凤桢、秦博勇:《法人犯罪若干问题再研究》,《中国法学》1994 年第 1 期。
② 参见狄维义:《单位犯罪及其双层机制与两罚制》,《经济与法》1991 年第 6 期。
③ 参见杜文俊:《单位犯罪立法模式研究——以〈刑法修正案(六)〉为终结》,《河南师范大学学报(哲学社会科学版)》2008 年第 5 期。

形主要有三类：其一，以单位的名义实施犯罪行为，但是却最终损害了单位的利益。其二，司法机关追诉时，单位已经注销、合并，单位主体已经终结。其三，单位虽然构成犯罪，是犯罪的主体，但是单位内部员工、股东等人的利益仍然需要保护，对单位判处刑罚会损害无辜之人的利益。[①]单罚制和双罚制的区分关键在于是否需要对单位判处罚金，若判处则属于双罚制，若不判处则属于单罚制。刑法理论对于单罚制存在诸多的疑问，如为何认定单位构成犯罪，但是对单位却不定罪处罚，而仅对单位内部的成员定罪处罚。还有学者进一步认为，既然只处罚单位内部的责任人员，而不处罚单位，那就没有必要将这种只规定了责任人员承担刑事责任的刑罚法规视作单位犯罪的处罚规定，而是应当直接作为自然人犯罪来理解。

本书认为，单罚制的存在有其历史必要性。首先，从刑罚的功能和目的角度，单罚制是为了更好地发挥刑罚对于特定单位犯罪的预防功能。对单位处以刑罚是为了剥夺其再犯罪的能力，实现刑罚特殊预防的目的。我国刑法中规定的仅处罚单位内部责任人员的单位犯罪，诚如学者所言，大多是政治性犯罪、渎职犯罪、非贪利性犯罪，并非走私犯罪、非法经营等贪利性犯罪，[②]仅处罚单位内部的责任人员足以实现刑罚的预防目的。例如，《刑法》第135条规定的重大劳动安全事故罪，[③]劳动安全事故之所以发生，大多是公司管理人员渎职导致的，对渎职的管理人员判处刑罚就可以实现预防再次发生相同事故的目的，与其对于单位判处罚金刑，不如让犯罪单位改善劳动环境，赔偿事故的伤亡者。其次，在部分单位犯罪中，单位本身就是受害人，没有必要对受害单位再判处罚金刑。例如我国《刑法》第396条规定的私分国有资产罪，被私分的财产本属于单位所有的财产，私分的后果是单位所有的财产总量减少，没有必要对受害单位再

---

① 赵秉志：《单位犯罪比较研究》，法律出版社2004年版，第167页。

② 参见高珊琦：《论单位犯罪单罚制之弊端及矫正》，《甘肃政法学院学报》2008年第3期。

③ 《刑法》第135条："安全生产设施或者安全生产条件不符合国家规定，因而发生重大伤亡事故或者造成其他严重后果的，对直接负责的主管人员和其他直接责任人员，处三年以下有期徒刑或者拘役；情节特别恶劣的，处三年以上七年以下有期徒刑。"

判处罚金刑。①再次,对于犯罪单位一律判处罚金刑,显然会损害单位内部的无关股东和员工的利益,在国家促进、鼓励民营经济发展的大背景下,单罚制更能同保护民营经济的刑事政策相衔接。我国正在进行企业刑事合规改革,其初衷就是让不合规的民营企业能够存活下来,其中一种方式就是通过免除单位的罚金刑,仅对单位内部责任人员判处刑罚,以保存单位实力,推动更多的就业和经济发展。单罚制的处罚方式可以同企业刑事合规有效衔接,以此保护民营企业的持续经营。

虽然本书认为单罚制的存在具有历史必要性,但也难以否认单罚制有诸多的缺陷。第一,单罚制单位犯罪同罪责自负原则相违背。我国刑法理论界对于单位犯罪的概念有不同的主张,有论者认为犯罪是违反刑法规定,应当受到刑罚处罚的行为。也有论者认为犯罪是严重危害社会,违反刑法规定应当受到刑罚处罚的行为。虽然理论界对于犯罪概念的界定有诸多不同的观点,但是学者们均认为"应受刑罚处罚性"是犯罪的基本特征之一,均认为犯罪是应当受到刑罚处罚的行为,并且应当罪责自负。此外,本书认为单位内部责任人员的刑事责任基础在于其自由意志。当单位内部责任人员在了解单位犯罪事实的情形下,仍然决意实施单位犯罪,在此前提下,单罚制认为单位是犯罪主体,但单位却无须受到刑罚处罚,而内部自然人作为刑事责任分担主体却需要承担刑事责任,显然不合理,同"没有刑罚就没有犯罪"的刑法基本原则相违背。在单罚制下,单位犯罪同单位内部自然人犯罪的界限也很模糊,据此有论者主张应当将单罚制单位犯罪取消,将其直接规定为自然人犯罪。②第二,单罚制会造成刑罚的不公平,单位犯罪毕竟是由单位这个整体实施的犯罪,作为犯罪主体的单位无须承担刑事责任,但是作为单位组成部分的责任人员却需要承担责任,有违刑罚的公平性。

---

① 参见李希慧主编:《刑法总论》,武汉大学出版社 2008 年版,第 216 页。
② 参见杨国章:《关于我国刑法中的"单罚制单位犯罪"的疑问与立法建议》,《法律适用》2011 年第 4 期。

综上，固然单罚制存在诸多弊端，我们不应当一味地批判或取消单罚制，而是更要看到单罚制同合规制度相适应的一面。除了法律明文规定适用单罚制的罪名，我们还要为规定双罚制的罪名提供适用单罚制的空间，附条件地免除企业责任，推动社会经济的稳定发展。

第二节　单位犯罪中受处罚的自然人范围认定

根据我国《刑法》第31条的规定，单位构成单位犯罪的，原则上应当对单位判处罚金，对单位内部的直接主管人员和其他直接责任人员判处刑罚。虽然1997年刑法明确了单位犯罪的处罚原则，但仅仅作出了总括性规定，并未对直接负责的主管人员和其他直接责任人员作出进一步的界定。2001年《会议纪要》明确指出："直接负责的主管人员，是在单位实施的犯罪中起决定、批准、授意、纵容、指挥等作用的人员，一般是单位的主管负责人，包括法定代表人。其他直接责任人员，是在单位犯罪中具体实施犯罪并起较大作用的人员，既可以是单位的经营管理人员，也可以是单位的职工，包括聘任、雇佣的人员。应当注意的是，在单位犯罪中，对于受单位领导指派或奉命而参与实施了一定犯罪行为的人员，一般不宜作为直接责任人员追究刑事责任。"①

2001年《会议纪要》虽然并不是司法解释，不具有法律效力，但其由最高人民法院发布，对于司法实践认定直接责任人员有着非常重大的影响，为单位犯罪案件的处理和刑事责任的认定提供了指导。但2001年《会议纪要》仍然存在着几个问题：其一，不当缩小了直接负责的主管人员的范围。2001年《会议纪要》将直接负责的主管人员限定为"在单位犯罪中起决定、批准、授意、纵容、指挥等作用的人员"，但忽略了在许多监督过失的单位犯罪中，负有监督职责的人员也可能成为单位直接负责的主管人员。例如《刑法》第131条规定的重大劳动安全事故罪，单位中对于生

---

① 《最高人民法院关于印发〈全国法院审理金融犯罪案件工作座谈会纪要〉的通知》。

产设备质量负有监督职责的管理人员,未履行其监督职责,致使发生重大
事故的,应当认定为直接负责的主管人员;其二,对于其他直接责任人员
和非责任人员的界限不明。单位犯罪涉案的人员可能众多,出于功利性
的考量,2001年《会议纪要》试图限缩单位犯罪内部成员的处罚范围,对
其他直接责任人员予以了限缩解释,除了前述起决策主导作用的直接负
责的主管人员,仅处罚单位内部积极参与实施单位犯罪行为的人员,将那
些受单位领导指派或奉命而参与实施了一定犯罪行为的人员排除出处罚
范围。①2001年《会议纪要》的初衷是值得肯定的,但是其提供的标准不清
晰,会造成司法实践的紊乱。其他直接责任人员显然也是受到单位领导
的命令或指派才会去具体负责实施单位犯罪行为,若将是否受到领导的
指派作为区分其他直接责任人员和非责任人员的标准,那么单位就不存
在所谓的其他直接责任人员了。单位成员只要是受指派参与了单位犯
罪,都可以认定为非责任人员。

本书认为,应当建立一个更为明确的标准来具体区分直接负责的主
管人员和其他直接责任人员。有论者认为,直接负责的主管人员和其他
直接责任人员都是对单位犯罪负有"直接责任"的人员。所谓"直接负责"
其实就是指直接责任,直接负责的主管人员属于单位内部责任人员,自然
负有直接责任,之所以立法将其以"直接负责"区分,是因为其具有管理职
权,但其内涵同直接责任并无差别。②另有学者也主张,单位犯罪直接负
责的主管人员,应当是对单位犯罪负直接责任的人员。直接负责的主管
人员具有直接责任特征和主管人员特征。直接责任可以作为划分责任人
员和非责任人员的一个标准,而直接负责的主管人员和其他责任人员则
可以根据其在单位犯罪中所起的作用以及具体的身份等因素来加以
区分。③

---

① ② 参见王良顺:《论单位犯罪中直接责任与直接责任人员的认定》,《法商研究》2007年
第2期。

③ 参见石磊:《论单位犯罪的直接责任人员》,《现代法学》2006年第1期。

一、直接负责的主管人员的认定

直接负责的主管人员是在单位犯罪过程中,决策、领导、组织单位犯罪行为,或对单位负有监督职责却怠于履行监督职责致使单位实施过失犯罪行为,并在单位犯罪中起重大作用的管理人员。首先,直接负责的主管人员需为在单位享有决策、领导、监督职权的高级管理人员。例如单位的法定代表人、董事、经理等,这些人员均有权限对单位事务作出决策,并有能力组织单位实施犯罪行为。其次,直接负责的主管人员需要对单位犯罪发挥较大作用。有观点认为,单位的法定代表人就必定是单位直接负责的主管人员。①这种观点过于强调"主管人员"的身份要件,却忽略了直接责任要件。只有法定代表人等拥有管理监督职权的管理人员直接参与到了单位犯罪的决策、组织、领导行为或怠于履行监督职责致使单位犯罪发生,才有可能将其认定为直接负责的主管人员。这些管理人员的行为还需要对单位犯罪发挥较大作用,并非所有的拥有管理监督职权的管理人员都属于责任人员。例如某单位决策实施犯罪行为,其中参与决策的人员存在话语权大小的区别,只有具有较大话语权,对推动这次决策作出有较大作用的管理人员,才属于直接负责的主管人员,其他人员并非单位犯罪的责任人员。

二、其他直接责任人员的认定

对其他直接责任人员的认定范围也存在争议。有观点认为,其他直接责任人员是指主管人员以外的直接参与到单位犯罪的具体实施,并在单位犯罪中发挥了较大作用的单位一般成员。②另有观点认为其他直接责任人员是指参与到了单位犯罪实施中的全部人员。对比两种观点,可知前一种观点同 2001 年《会议纪要》限缩单位犯罪处罚范围的精神相符

---

① 参见勾传增:《查处法人犯罪问题初探》,《检察理论研究》1995 年总第 16 期。
② 参见余秋莉:《走向扩张的单位犯罪及其应对——基于〈刑法〉第 30 条立法解释的分析》,《刑法论丛》2018 年第 2 期。

合,而后一种观点明显违背了刑法的谦抑性,将单位犯罪的处罚范围扩张得太大。本书也认为,其他直接责任人员的范围应当被限定,其是指起组织、策划、领导作用的单位主管人员以外的,单位内部积极参与实施单位犯罪,并在单位犯罪过程中发挥了重大作用的单位一般成员。

首先,其他直接责任人员应当为主管人员以外的单位一般成员。单位其他直接责任人员的职能是听从单位主管人员指示,并负责具体实施单位犯罪,其一般为单位各职能部门的具体工作人员。例如财务部门的会计、法务部门的法务等。其次,其他直接责任人员应当积极参与单位犯罪并发挥重大作用。并非所有参与单位犯罪的企业员工都属于其他直接责任人员,正如有学者所言,在单位犯罪的实施过程中作为一个普通单位员工从事自己的日常性工作同具体实施单位犯罪行为是存在本质区别的。具体实施单位犯罪行为需要以完成单位犯罪为目的,而单位内部的普通工作者只是根据上级领导指示简单地完成自己每日的工作任务。[①]例如,企业领导层集体决策生产某一种假药销售,身处单位底层的制作药品的员工依据领导层的指令生产假药,如果对全部起到"螺丝钉"作用的员工追究刑事责任,那显然过于浪费司法资源,也不切实际。最后,其他直接责任人员主观上应明知其参与了单位犯罪。单位一般员工众多,许多员工可能在不知情或在主管人员隐瞒的情况下参与到了单位犯罪中,若单位一般员工不明知自己实施了犯罪行为,就不应当将其认定为其他直接责任人员,这是刑法责任主义的要求。

第三节　单位犯罪处罚制度的完善

一、完善单位犯罪罚金刑的规定

我国《刑法》对单位犯罪主体仅设置了罚金刑,但有的条文中不仅规

---

① 黎宏:《论单位犯罪中"直接负责的主管人员和其他直接责任人员"》,《法学评论》2000年第4期。

定了单位的罚金刑，还规定了单位内部责任人员的罚金刑；还有的条文仅规定了单位的罚金刑，并未规定责任人员的罚金刑。所以我们可以得知单位犯罪罚金刑设置存在差别，我们可以将其区分为双罚金制与单罚金制。前者是指对单位与责任人员都要判处罚金；后者则指仅对单位判处罚金。但是这种差异性的规定并不符合罪刑均衡原则。

罪刑均衡原则要求对被告人判处的刑罚应当同其所犯罪行相适应，需要指出的是，在立法阶段，该原则也发挥着重大作用。罪刑均衡原则要求立法者对于法定刑的设置应当同该行为的社会危害性相当。具体到单位犯罪罚金刑的设置，对于那些规定在同一章节、侵犯同一法益的罪名，有的采用单罚金制，有的采用双罚金制，这违反了罪刑均衡原则。例如，我国《刑法》第 205 条规定的虚开增值税专用发票、用于骗取出口退税、抵扣税款发票罪，就仅规定单位的罚金刑，对于责任人员未设置罚金刑。但是《刑法》第 205 条之一规定的虚开发票罪则既设置了单位的罚金刑，又设置了责任人员的罚金刑。第 205 条之一规定虚开发票罪是指虚开《刑法》第 205 条规定以外的其他发票，并设置了低于第 205 条的法定刑。这说明，较之虚开第 205 条规定以外的发票的法益侵害性要低于虚开增值税专用发票、用于骗取出口退税、抵扣税款发票，但是对于一个法益侵害程度较低的行为采用了双罚金制；对于法益侵害程度较高的行为，却仅需对单位判处罚金，这显然在法定刑的设置上有违罪刑均衡原则。除此以外，罚金刑具体是采纳倍比罚金制、限额罚金制，还是无限额罚金制，这在我国刑法分则的具体规定中也存在着混乱。例如我国《刑法》在第 207 条规定的非法出售增值税专用发票罪中，结合第 211 条的规定，对单位设置无限额罚金刑，而对责任人员设置了限额罚金刑。同章节第 210 条之一持有伪造的发票罪则对单位和责任人员均设置了无限额罚金刑。

综上，我国单位犯罪罚金刑的设置存在一定的混乱，本书认为，对于单位犯罪，应当统一设置罚金刑，尤其是设置在同一章节、侵犯同一法益的行为，更要注意罚金刑设置的合理性，不能存在重行为设置单罚金制而轻行为设置双罚金制的不合理立法,立法者应当以罪刑均衡原则为指引,妥善设置单位犯罪罚金刑。

二、增加单位犯罪刑罚种类

《刑法》对于单位的处罚方式仅规定了罚金刑一种,但仅对单位主体规定罚金刑的方式难以实现刑法的预防目的。《刑法》应当进一步考虑增加单位犯罪刑罚种类,以应对司法实践中各种不同具体情况的单位犯罪,以更好发挥刑罚特殊预防与一般预防的功能,更好地实现刑罚的预防目的。

（一）增设单位资格刑

资格刑是以剥夺或限制犯罪人赖以从事某种活动的权利能力和身份象征的诸刑种的合称。[①]资格刑有广义与狭义之分,狭义资格刑主要是指一定期限或者永久地剥夺行为人担任某一公职的权利,或者是一定期限或永久剥夺行为人选举权、被选举权等宪法或者其他法律规定享有的公权利的刑罚。[②]本书所指的资格刑也是采取狭义的资格刑,其具有刑罚的性质。具体到单位犯罪,单位犯罪的资格刑就是通过剥夺单位进行某种行为的资格,使其不具备从事相关犯罪的能力。例如通过取消单位的营业资格,注销单位,使得单位主体归于消灭。再如可以限制单位一定期限内参与到某一领域的生产经营活动,以剥夺其再犯罪的能力,并且可同企业刑事合规制度相关联,通过这段限制经营期间的企业规章制度的整改,判断是否要对其恢复经营资格。

（二）增设行为刑

所谓行为刑,是指要求犯罪单位在一定时间内、在某一具体地点,为了社会公益或其他目的,无偿地实施某一行为。例如单位滥伐林木被判处刑罚的,除了传统的罚金刑,还可以通过判处该企业在一定时期内种植

---

① 曾粤兴、于涛:《刑罚的伦理分析》,《法治研究》2011 年第 8 期。
② 曾粤兴、何静:《法人资格刑制度研究》,《法治研究》2012 年第 7 期。

一定数量的树木，以实现对已经被侵害法益的挽救。

三、统一单位犯罪与自然人犯罪的入罪和量刑标准

我国刑法分则中规定的单位犯罪有纯正的单位犯罪与不纯正的单位犯罪。前者指只能由单位主体构成的犯罪，例如《刑法》第 396 条规定的私分国有资产罪；后者指单位主体与自然人犯罪均能够独立构成的犯罪。我国刑法分则中大量存在先明确具体的罪状与法定刑，再增设单位犯罪的处罚规定，例如《刑法》第 391 条第 1 款规定了对单位行贿罪的具体构成要件与法定刑，该条第 2 款则明确了对单位行贿罪既可以由自然人构成，也可以由单位构成。但是，我国立法与司法实践对于不纯正的单位犯罪，在入罪标准与法定刑设置等方面，存在区别对待自然人犯罪主体与单位犯罪主体的现象。

第一，在立法方面，自然人和单位均构成同一罪名，但对自然人规定的法定刑重于对直接责任人员和其他责任人员规定的法定刑。例如《刑法》第 180 条规定的内幕交易、泄露内幕信息罪，自然人犯本罪的，存在两个法定刑幅度，情节严重的，处五年以下有期徒刑或者拘役，并处或者单处违法所得一倍以上五倍以下罚金；情节特别严重的，处五年以上十年以下有期徒刑，并处违法所得一倍以上五倍以下罚金。而单位犯本罪的，对单位判处罚金，但对单位内部的责任人员，无论犯罪行为是否有特别严重情节，都只能判处五年以下有期徒刑或者拘役，并且对于犯该罪的责任人员不能判处罚金刑。如果说本罪在情节严重的范围内，法定刑尚且属于公平，那么《刑法》第 390 条之一就完全使得法定刑失衡。《刑法》第 390 条之一规定了对有影响力的人行贿罪，自然人向有影响力的人行贿，情节严重的，或者使国家利益遭受重大损失的，处三年以上七年以下有期徒刑，并处罚金；情节特别严重的，或者使国家利益遭受特别重大损失的，处七年以上十年以下有期徒刑，并处罚金。但是对于单位行贿者，无论情节严重还是情节特别严重，对单位内部的直接负责的主管人员和其他直接责

任人员都只能判处三年以下有期徒刑或者拘役。该罪将单位犯罪内部责任人员的法定刑较之自然人的法定刑降低了一个幅度。这就造成了立法设置的刑罚法规的不公平。

第二,最高司法机关出台的部分司法解释,为单位犯罪设置了高于自然人犯罪的罪量标准,提高了单位犯罪的入罪门槛。[①]大陆法系国家的刑法典一般采取"立法定性,司法定量"的二元模式,在刑法具体的构成要件设置中,并没有量的规定,只是规定了行为方式、结果等构成要件要素。同德、日等大陆法系国家不同,我国采取的是"立法定性定量"的一元模式,在构成要件的设置中,不仅规定了行为类型,还规定了罪量要素,也即我国未达刑法规定罪量程度的行为不值得刑罚处罚,而是应该予以行政处罚。具体到单位犯罪与自然人犯罪的罪量要素,我国刑法并未区分予以规定,而是通过"单位犯前款罪"的形式予以明确,也即我国刑法确认的单位犯罪的罪量要素应当与自然人犯罪的罪量要素统一,但是却存在司法解释对单位规定了更高的罪量标准的情况,造成了处刑的不均衡。例如,最高人民法院、最高人民检察院于2014年发布的《关于办理走私刑事案件适用法律若干问题的解释》(以下简称《走私案件解释》)中对于自然人和单位走私普通货物物品分别规定了不同的罪量标准,该解释第16条规定自然人偷逃应缴税额10万元以上不满50万元的属于数额较大,50万元以上不满250万元的属于偷逃应缴税额数额巨大。该解释还在第24条规定单位的入罪数额为20万元以上不满100万元。这种罪量规定不一致的司法解释,违反了刑法面前人人平等原则,并且还造成自然人与单位共同走私普通货物物品,仅符合自然人犯罪罪量标准时,难以处理单位的处罚难题。[②]

综上,我国立法和司法解释存在自然人与单位区别对待的现象。入

---

① 参见于志刚:《法条竞合视野中数额犯入罪标准的统一化》,《中国刑事法杂志》2010年第5期。

② 参见王强、胡娜:《罪量要素的价值属性在共犯中的作用》,《中国刑事法杂志》2012年第12期。

罪标准方面,单位较之自然人具有更高的入罪门槛;法定刑方面,单位内部责任人员的法定刑轻于自然人的法定刑。既然 1997 年《刑法》明文规定了单位犯罪,那么单位犯罪主体应当同自然人犯罪主体适用同样的入罪标准和法定刑标准,否则不仅违背公平原则,还违反罪刑法定原则。退一步讲,单位具有人员组成与独立的财产,较之自然人实施同样的犯罪更具有组织性,单位与自然人犯同种罪行,显然单位犯罪的社会危害性要远远大于自然人犯罪的社会危害性,对于社会危害性更大的单位犯罪却设置更为轻缓的法定刑与更高的入罪门槛,显然是不合理的。所幸,最高立法机关与司法机关也已经发现这一问题,并逐渐对刑法条文与相关司法解释作出修正。2007 年之后发布的解释一方面将单位与自然人不一致的罪量标准予以修正,将其予以统一;另一方面,对于过往尚未进行解释的单位犯罪,最高司法机关秉持平等原则,对单位与自然人配置了相同的罪量标准。①例如,2004 年最高人民法院、最高人民检察院《关于办理侵犯知识产权刑事案件具体应用法律若干问题的解释》第 15 条规定:"单位实施刑法第 213 条至 219 条规定的行为,按照本解释规定的相应个人犯罪的定罪量刑标准的三倍定罪量刑。"2007 年最高人民法院、最高人民检察院《关于办理侵犯知识产权刑事案件具体应用法律若干问题的解释(二)》第 6 条、第 7 条将知识产权犯罪的罪量标准同自然人犯罪相统一。但是仍然有一部分单位犯罪仍然存在前述问题,最高立法机关与司法机关应该通过修正相关法律规范与司法解释的方式,尽快实现单位犯罪与自然人犯罪入罪标准与法定刑的一致。

---

① 赵能文:《单位犯罪与自然人犯罪的处罚标准宜统一》,《法学》2015 年第 1 期。

第五章　单位犯罪刑罚裁量制度

1997 年刑法承认了单位的犯罪主体资格，实现了从一元犯罪主体向二元犯罪主体的跨越。但这一步跨越却显得非常仓促，我国《刑法》在二元犯罪主体的立法模式下，在诸多方面仍然维持以自然人为核心的刑法典模式。就刑罚制度方面，集中表现为仅规定了自然人刑罚制度，并没有为单位犯罪主体设置相应的刑罚制度，并未明文规定单位自首、立功、累犯等制度。我国《刑法》第 65 条至第 68 条的相关规定中，仍然使用犯罪分子、犯罪嫌疑人、被告人、罪犯等明显具有自然人色彩的词汇，忽视了在刑罚裁量时对单位适用相关规定的需求。本书拟通过讨论单位累犯、单位自首、单位立功以及单位缓刑等单位刑罚制度问题，探讨我国现行立法是否存在与单位犯罪相匹配的单位刑罚制度。若不存在单位刑罚制度，则我国是否有必要构建相应的单位刑罚制度。

第一节　单位累犯制度

一、单位累犯的存与否

累犯在刑法理论中有广义累犯和狭义累犯的区分。广义累犯是指初次犯罪后，再次犯罪的情形；狭义累犯则是指法律明文规定了累犯限制条件的情形，我国刑法进一步将狭义累犯区分为一般累犯和特别累犯。《刑法》第 65 条第 1 款规定："被判处有期徒刑以上刑罚的犯罪分子，刑罚执行完毕或者赦免以后，在五年内再犯应当判处有期徒刑以上刑罚之罪的，是累犯，应当从重处罚，但是过失犯罪和不满十八周岁的人犯罪的除外。"那么《刑法》第 65 条的规定是否包含了单位一般累犯？这个问题在刑法学界存在肯定说和否定说之争。

（一）单位一般累犯的存与否

肯定说认为，单位犯罪主体可以成立一般累犯，其主要理由是：第一，1997 年刑法已经将单位作为同自然人相互并列的犯罪主体，那么适用于自然人主体的累犯制度也应当适用于单位，否则违反刑法面前人人平等原则，自然人和法人在刑罚裁量时均有适用累犯制度加重处罚的可能；第二，在我国单位犯罪的处罚原则下，单位犯罪刑事责任由单位自身和单位内部的责任人员共同分担，单位犯罪所受刑罚是单位和内部责任人员的整体，完全符合我国刑法累犯的刑度条件；第三，累犯制度设立的目的就是对那些具有较大再犯可能性的犯罪主体加重处罚以实现特殊预防。单位主体具有自己独立的意识，其内部组成人员依据其整体意志实施犯罪，当然有特殊预防的必要性，有适用累犯制度从重处罚的必要。单位犯罪主体属于法律拟制的刑法主体，仍然是由自然人组成的，我们无法确保一个犯罪的自然人不会再犯罪，同样的道理，我们也不能笃定一个实施了单位犯罪行为的单位不会再实施犯罪。事实上，单位实施犯罪行为后再犯罪的可能性客观存在，那么这就完全符合累犯制度的底层逻辑，单位累犯应当得到认可。[①]

否定论者则认为，单位犯罪主体不能成立一般累犯，主要理由在于：第一，1997 年刑法虽然确立了单位犯罪主体，但并未将其他条文与单位犯罪作出协同修改，以至于仍然存在立法漏洞，单位累犯属于立法漏洞而不是法律适用问题；第二，单位犯罪仅设置了罚金刑，并不符合单位犯罪的刑度条件。《刑法》第 65 条规定了一般累犯，要求前罪和后罪均须为判处有期徒刑以上的犯罪，但是单位犯罪，刑法仅规定了罚金刑，

---

① 王玉杰：《单位累犯制度之提倡及立法建议》，《甘肃政法学院学报》2004 年第 2 期。

并不符合第 65 条一般累犯的规定。并且刑法通说认为单位犯罪的主体仅仅只有单位自身,并不包含单位内部的自然人。假如我们为了适用累犯制度,抛弃犯罪主体(单位)的刑罚(罚金刑)不予考虑,牵强地适用刑罚分担主体(单位内部负责人员)的刑罚,显然不恰当;①第三,单位犯罪具有法定性,只有刑法分则明文规定,才能构成单位犯罪,认定单位构成累犯从重处罚也应当遵循法定刑,若无刑法明文规定,不宜认定成立单位累犯。

综合肯定论者和否定论者两派的观点,单位累犯问题的核心在于我国立法是否存在单位累犯制度和我国有无构建单位累犯制度的必要性。肯定论者和否定论者的分歧存在于第一个方面,肯定论者认为可以通过教义学的解释来解决单位累犯的问题,而否定论者则认为这属于立法漏洞,应当交由立法来解决。对于第二个方面,两派均主张确有设置单位累犯制度的现实需要。即便是大多数否定论者,也主张我国虽然不存在单位累犯制度,但仍有建立单位累犯制度的必要性。仅有少数否定论者认为,单位较之自然人存在易变性,犯罪单位很可能和另外一个单位合并,成为未犯罪单位的一部分,合并后的单位再次犯罪是否能够适用累犯存在不确定性,因此少数否定论者主张我国刑法不存在单位累犯,也不必设置单位累犯。本书赞同多数否定论者的观点:

第一,实然层面,我国《刑法》不存在单位一般累犯。罪刑法定原则要求禁止类推,将适用于自然人的一般累犯制度直接适用于单位属于类推解释,超出了《刑法》第 65 条可能文义的范围。第 65 条的"犯罪分子"适用"判处有期徒刑以上刑罚"的修饰语,实际上就排除了单位主体适用该条的可能性。我们不能把单位犯罪的整体刑罚视作单位被判处的刑罚,二者存在区别。刑法通说认为单位犯罪中,存在一个犯罪主体,由单位和责任人员共同分担刑事责任。但责任人员之所以要承担刑事责任,不仅因为其是单位的一部分,更是因为其独立性的特征。责任人员能够认识

① 王玉杰:《单位累犯制度之提倡及立法建议》,《甘肃政法学院学报》2004 年第 2 期。

到自己行为的内容、性质、法律后果，但为了单位利益，仍决意实施犯罪行为，因此责任人员需要对自己的行为承担刑事责任。[①]完全具备刑事责任能力的单位内部的责任人员根据其自由意志实施单位犯罪行为，这是其应当分担刑事责任、受到刑罚处罚的根本原因。[②]所以，单位和内部责任人员需要共同承担实施单位犯罪带来的刑罚后果，但责任人员的刑罚和单位的刑罚却是相互区分的，单位只可能被判处罚金。肯定论者简单地将责任人员的自由刑视作单位所承担的刑罚，并以此为由主张单位符合刑度条件显然不合理。

第二，应然层面，我国刑法确有必要建立单位一般累犯制度。除了前述否定论者提出的诸多理由，本书还认为单位累犯能够和企业合规制度改革相互衔接。近年来，在最高人民检察院的推动下，我国正在开展企业刑事合规的改革，学界虽对合规模式仍然存在较大争议难以达成一致，但无论是企业事前采取合规以免除刑责还是企业犯罪后进行合规管理以获得从宽处理，其根本目的在于消除企业的初犯可能性和再犯可能性。尤其是事后企业合规，企业在犯罪后之所以能够获得从宽处理甚至是不起诉，都是因为通过合规管理消除了其再犯罪的可能性。这也从侧面表现了企业当然具有同自然人一样的再犯可能性，存在设立单位累犯制度的现实基础。在单位实施犯罪后，犯罪单位如果进行健全的合规管理，那么可以从宽处理，但若没有进行合规管理，不仅不能从宽处理，该单位再犯罪时将可能构成累犯从重处刑，这会给予犯罪单位更大的激励去进行企业内部的合规改革，也符合我国宽严相济刑事政策的要求。

（二）单位特别累犯的存与否

《刑法》第 66 条还规定了适用条件较之普通累犯宽松的特别累犯。特别累犯放宽了一般累犯的刑度条件和时间条件，不再要求前罪后罪均

---

① 参见黎宏：《论单位犯罪中"直接负责的主管人员和其他直接责任人员"》，《法学评论》2000 年第 4 期。

② 参见向朝阳、周长军：《法人犯罪案件中责任人员的罪责根据新论》，载杨春洗、高格主编：《我国当前经济犯罪研究》，北京大学出版社 1996 年版，第 677 页。

判处有期徒刑以上刑罚,也取消了五年的时间限制,并且只有严重危害国家安全、严重破坏社会秩序的危害国家安全犯罪、恐怖活动犯罪、黑社会性质的组织犯罪的犯罪分子,才能够适用认定条件更为宽缓的特别累犯制度。那么我国现行立法是否存在单位特别累犯制度? 在《刑法修正案(八)》颁布以前,特别累犯适用范围仅仅局限于前罪后罪均为危害国家安全罪的犯罪分子。当时有学者主张,单位犯罪具有法定性的特征,只有刑法分则明文规定,才能够成立单位犯罪,而我国刑法分则并未在危害国家安全犯罪中设置单位犯罪,所以单位绝对不可能构成单位特别累犯。[①]但是《刑法修正案(八)》生效以后,特别累犯还能适用于恐怖活动犯罪、黑社会性质的组织犯罪的犯罪分子,并且《刑法》第 120 条之一第 3 款规定了单位可以作为帮助恐怖活动罪的犯罪主体,前述主张在刑法变动的情形下已经难以成立。

基于现今的立法现状,本书认为我国存在单位特别累犯制度。例如,某单位因帮助恐怖活动罪被判处罚金,在罚金刑执行完毕以后,该单位再犯帮助恐怖活动罪。此种情形同我国《刑法》第 66 条规定相吻合,应当认定成立特别累犯对该单位从重处罚。或许有反对者会主张第 66 条规定的是"犯罪分子",这一概念仅指代自然人。但是刑法用语存在相对性,同一用语结合上下文语境可能会是相同含义,也可能是不同含义。《刑法》第 61 条规定:"对犯罪分子决定刑罚的时候,应当根据犯罪的事实、犯罪的性质、情节和对于社会的危害程度,依照本法的有关规定判处。"在现今二元犯罪主体的立法模式之下,不仅要对犯罪的自然人决定刑罚,还要对犯罪单位决定刑罚,所以第 61 条的"犯罪分子"包括犯罪的自然人和单位。[②]第 66 条的"犯罪分子"也没有像第 65 条一样,使用了"判处有期徒刑"的指代自然人的修饰词,所以可以认为其含义也包含了自然人和单位。

[①] 参见于改之:《单位累犯否定新论》,《法学评论》2007 年第 2 期。

[②] 卢勤忠:《单位立功的若干疑难问题研究》,《法学评论》2007 年第 2 期。

总之，本书认为，现行刑法虽然不存在单位一般累犯，但存在单位特别累犯。既然现行刑法存在单位特别累犯，那么单位一般累犯也有构建的必要。

此外，另有学者主张，即便认为刑法总则没有单位特别累犯的规定，但是刑法分则中存在着单位特别累犯的相关规定。[①]《刑法》第 356 条规定："因走私、贩卖、运输、制造、非法持有毒品罪被判过刑，又犯本节规定之罪的，从重处罚。"《刑法》第 347 条第 5 款规定了单位可以作为走私、贩卖、运输制造毒品罪的犯罪主体，单位可能构成毒品再犯而被从重处罚。那么第 356 条是否属于累犯制度？

对于第 356 条的性质问题，学界存在毒品再犯说与毒品累犯说之争。毒品再犯说认为，从构成要件出发，毒品再犯显然和特别累犯不同。第一，二者的罪质条件不同。特别累犯对于前罪与后罪的范围相同，要求前罪与后罪均为危害国家安全犯罪、恐怖活动犯罪以及黑社会性质的组织犯罪。毒品再犯将前罪限定为走私、贩卖、运输、制造毒品罪以及非法持有毒品罪，而后罪可以是第六章第七节的任何一种毒品犯罪，前罪与后罪的范围不一致。第二，从时间条件来看，特别累犯虽然未设置五年的期限，但仍然要求后罪是在刑罚执行完毕或赦免以后实施。毒品再犯仅要求犯前罪被判刑，再犯后罪，二者存在显著的差别，例如被告人被判处缓刑，缓刑期满不再执行刑罚，即便事后再犯罪也不可能构成累犯，而毒品再犯，即便是被判缓刑，仍然属于被判过刑，缓刑考验期满再犯刑法第六章第七节规定的犯罪，应当从重处罚。[②]所以该学者认为毒品再犯不同于特别累犯，不能成为单位特别累犯存在的依据。第三，若认为第 356 条为毒品累犯，则对于不符合一般累犯条件但符合毒品再犯条件的犯罪分子，也不得适用缓刑和假释。在第 356 条和第 66 条规定存在差别，在第 356

---

① 参见于志刚：《论累犯制度的立法完善》，《国家检察官学院学报》2003 年第 2 期。

② 参见黎宏：《论单位犯罪中"直接负责的主管人员和其他直接责任人员"》，《法学评论》2000 年第 4 期。

条适用条件更为宽缓的情形下,若将该条视为毒品累犯的规定,显然不利于被告人。①毒品累犯说则认为,第 356 条同第 66 条的规定存在着实质上的一致性,只是一个被规定在刑法总则中,一个被规定在刑法分则中,二者并无区别。

本书认为,第 356 条的规定属于广义的累犯,但不属于狭义累犯中的特别累犯,不能成为单位特别累犯存在的论据,但是能够为构建单位累犯制度提供支撑。既然单位可以成立认定条件更为宽缓的毒品再犯——更为广义的累犯,那么立法者完全可以对单位设置适用条件更严格的一般累犯和特别累犯制度。

二、单位一般累犯制度的成立条件

如前所述,一般累犯、特别累犯、毒品再犯,这三者存在适用范围大小和适用条件严格程度的不同。一般累犯适用范围最广,刑法分则绝大多数故意犯罪都可以成立一般累犯,但其适用条件也最为严格;特别累犯和毒品再犯则适用范围小,仅针对特定的犯罪,但是适用条件较之一般累犯更为宽松。既然我国刑法针对特定犯罪设置了适用条件更宽松的单位特别累犯和单位毒品再犯,那么我们完全也有可能针对刑法分则的全部单位故意犯罪设置适用条件更为严格的一般累犯制度。并且,司法实践也存在抑制单位再次犯罪的现实需要,现今展开的刑事合规制度也说明了单位犯罪后若没有进行合规建设,那么犯罪单位的再犯可能性较大,我国确有必要构建单位一般累犯制度。但如何构建? 是完全比照自然人的一般累犯制度,还是应当同自然人一般累犯制度相区别?

本书认为,单位犯罪主体和自然人犯罪主体有诸多不同,不宜直接套用自然人一般累犯的相关规定,应当在参照自然人一般累犯制度的基础上,建立独立的单位累犯制度。本书将从单位一般累犯制度的主体条件、主观条件、刑度条件、时间条件以及处罚后果等方面来入手,探讨如何建

---

① 袁登明:《毒品再犯制度适用研究》,《法律适用》2014 年第 9 期。

立完备的单位累犯制度。

（一）单位一般累犯的主体条件与主观条件

根据《刑法》第 30 条的规定，我们可以判断出单位累犯的主体也应当为公司、企业、事业单位、机关、团体等单位犯罪主体，并且在主体性判断时，还需要符合本书前文所述的单位犯罪的主观条件和客观条件。对于相关解释规定的按照自然人犯罪来处理的情形，应当适用自然人的累犯制度。

关于单位犯罪的主体条件理论争议较少，但对单位累犯的主观条件的争议较大。有学者认为应当同自然人累犯相一致，要求单位的前罪与后罪均为故意犯罪。[①]另有学者主张对于单位犯罪的主观条件可以采取更为宽缓的态度，前罪与后罪也可以是过失犯罪。该学者认为我国刑法将自然人累犯的主观条件设置为前罪后罪均为故意犯罪是因为想要限缩累犯的适用，以彰显刑法的重点打击对象是故意犯罪。但是也有许多国家对于自然人累犯并不限于故意犯罪，也可以是过失犯罪，例如《瑞士刑法典》第 67 条规定："前罪与后罪不论是故意犯罪还是过失犯罪，均从重处罚。"这意味着成立累犯并不一定限于故意犯罪。该学者进一步认为，单位过失犯罪往往是后果非常严重，社会影响非常恶劣的犯罪，其社会危害性并不小于自然人的故意犯罪，将过失犯罪也加入单位累犯的适用范围，有利于推动单位建立合规管理制度以预防严重后果的发生。[②]

本书认为，单位累犯的主观条件应当同自然人累犯相一致，也即前罪与后罪均须为故意犯罪。虽然单位犯罪主体有其自身的特殊性，但刑法面前人人平等的原则要求我们在构建单位累犯制度时既要考虑单位犯罪的特殊性，也要考虑刑法的公平性。此外，对过失犯罪按照累犯处理并不符合累犯的基本法理，对累犯加重处罚的根本目的是因为其具有很大的再犯可能性，而过失犯罪往往是违背犯罪主体意愿的犯罪，很难得出单位

---

① 参见沙君俊、刘孟骐：《论法人累犯》，《人民检察》1997 年第 4 期。
② 马荣春：《论单位累犯》，《河北法学》1999 年第 1 期。

具有需要加重处罚的较大再犯可能性的结论，因此单位累犯仍应以故意犯罪为条件。

（二）单位一般累犯的刑度条件

刑度条件如何设置是单位一般累犯制度的核心争议焦点。但本书主张单位犯罪"一个犯罪主体，两个责任分担主体"的观点，这就为单位一般累犯刑度条件的设置带来了障碍，单位累犯到底是根据单位内部的责任人员的自由刑来设置刑度条件，还是根据单位被判处的罚金数额来设置刑度条件，抑或二者都需要考虑？有学者认为，单位累犯应当根据单位内部的责任人员的自由刑来设置刑度条件。无论是前罪还是后罪，都无需考虑单位判处的罚金刑，只需要考虑内部责任人员被判处的自由刑，这样有助于统一自然人累犯与单位累犯的刑度条件，更符合平等原则的要求。前罪与后罪，单位内部责任人员均需被判处有期徒刑以上刑罚。[①]也有学者认为，应当承认单位犯罪与自然人犯罪的差异性，单位累犯应当以单位被判处一定数额的罚金刑为刑度条件。该学者进一步认为，罚金数额大小的确定涉及单位累犯适用的范围大小，应当在刑法两大机能中寻求平衡，不能过高或过低，秉持谦抑性的同时也要注重社会效果的实现。[②]还有一种观点则认为，单位累犯的刑度条件要同时考虑单位内部责任人员的自由刑和单位被判处的罚金刑。

本书认为，单位累犯的刑度条件应当为一定数额的罚金，根据单位内部责任人员的自由刑来判断单位是否构成单位累犯存在重复评价的风险。单位构成累犯，内部的责任人员并不一定构成累犯；单位不构成累犯，内部责任人员也可能构成累犯。前者表现在单位内部的主管人员和直接责任人员发生变动的情形，如单位犯前罪时是张三在经营管理单位，后张三离职，李四接手单位事务，单位在李四的任职期间再犯新罪。在这种情形下，单位无论是按照罚金标准或是责任人员自由刑的标准都构成

[①] 杨凯：《新刑法中单位累犯之认定》，《云南大学学报（法学版）》2001 年第 3 期。

[②] 苏彩霞：《现行累犯制度的不足及其完善》，《法学》2002 年第 4 期。

累犯，但前罪与后罪的责任人员都只犯了一罪，其不成立累犯。后者如张三于 2020 年因犯盗窃罪被判处 2 年有期徒刑，于 2022 年刑满释放，2023年张三所在的 A 公司被法院认定为生产、销售假药罪，张三作为 A 公司的责任人员也要被判处刑罚。在此例中，A 公司只犯了一罪，而张三则犯了前后两罪，符合自然人一般累犯条件，应从重处罚。

根据上述两种情形，我们可以获知单位和责任人员累犯的认定是相互分离的两个部分，不是一个整体的判断。假如单位犯前罪与后罪，内部的责任人员未发生变动并符合自然人累犯的一般条件，则单位和内部责任人员有可能同时成立累犯。但如前所述，单位累犯的认定和自然人累犯的认定有区分的必要，也即单位和责任人员是否构成累犯要根据各自的适用条件加以判断，要相互区分。在此前提下，单位累犯只能根据单位被判处的罚金数额来判断是否符合刑度条件，若以责任人员的自由刑为标准，或将单位被判处的罚金数额和责任人员被判处的自由刑作为共同标准来认定单位构成一般累犯，又认定责任人员也构成一般累犯，对单位和责任人员都从重处罚，则显然将责任人员需被判处一定自由刑以上刑罚的事实作了两次评价，属于重复评价。也即责任人员被判处一定刑期以上的自由刑不能既作为认定自然人累犯成立的条件，又拿来作为认定单位累犯成立的条件。除此以外，如果需要根据责任人员被判处的自由刑为标准判断是否构成单位累犯，那么单位累犯的独立设置就毫无意义。

综上，对于单位的刑度条件应当设置为一定的罚金数额，要求单位前罪后罪均被判处一定数额以上的罚金，不能考虑责任人员的自由刑。

（三）单位一般累犯的时间条件

单位一般累犯的时间条件应当为单位罚金刑执行完毕、赦免或免除之日起五年内。根据我国《刑法》第 53 条的规定，罚金可以一次缴纳也可以分期缴纳，并且单位若因为遭遇不能抗拒的灾祸等原因缴纳确实有困难的，经人民法院裁定，可以延期缴纳、酌情减少或者免除。如果单位因特殊原因无能力缴纳罚金，人民法院裁定免除单位罚金，自该

裁定生效之日起五年内,该单位再犯罪并符合其他条件的,应当认定为
单位累犯。

（四）单位累犯的处罚后果

单位累犯,对单位当然发生从重处罚的法律效力,而对于直接负责的
主管人员和其他直接责任人员需要按照自然人累犯的规定判断是否构成
累犯,也即单位累犯的效力仅及于单位主体,并不对单位内部责任人员发
生效力。单位犯罪主体有其特殊性,无论是采纳组织体刑事责任理论还
是传统的替代责任理论或同一视责任理论,都认为单位内部自然人实施
了一个违反刑法的行为,存在一个不法事实,才能追究单位刑事责任,也
即自然人刑事责任是单位刑事责任的前提。在此基础之上,对于单位累
犯的加重处罚就涉及是仅加重处罚单位主体,还是应当对直接负责的主
管人员和其他直接责任人员也一并加重处刑。有观点认为,要根据刑法
分则规定的单位犯罪的类型来判断,刑法分则规定双罚制的单位犯罪,若
构成累犯,单位内部责任人员也应当从重处罚;刑法分则规定为单罚制的
单位犯罪,则对单位内部责任人员从重处罚。根据我国单位犯罪的处罚
原则,不存在单位构成累犯,只对单位主体从重处罚的情形。[1]这种观点
认为内部责任人员是否构成累犯不需要单独进行判断,只要单位构成累
犯,其效力扩张至内部责任人员。但正如前文所述,对于单位再次犯
罪,但内部责任人员发生变动的情形,此时单位若符合单位累犯的构成
条件,但后罪的责任人员仅实施了一次犯罪,此种情况下,若将单位累
犯的效力扩张至内部责任人员,对仅实施过一次犯罪的责任人员加重
处罚,显然背离了刑法设置累犯的目的。本书也主张单位累犯的刑罚
后果仅适用于单位犯罪主体,而对于内部的责任人员仍须根据刑法有
关自然人累犯的相关规定进行判断,这更符合公平正义的理念,更符合
罪责刑相适应原则。

---

[1]　杨凯:《单位普通累犯理性研究》,《浙江社会科学》2001年第6期。

第二节　单位自首制度

一、单位自首存与否

《刑法》第 67 条规定了自首制度,但是 1997 年刑法并未修改与之衔接的刑罚裁量制度,仍然沿用了自然人犯罪主体的立法用语和模式,致使理论界和实务界对于单位犯罪主体能否成立自首仍然存在争议。否定论者认为,《刑法》第 67 条采用了"犯罪分子、犯罪嫌疑人、被告人、正在服刑的罪犯"等词汇,这些词汇具有强烈的自然人色彩,《刑法》第 67 条属于自然人自首的规定,单位犯罪主体不能适用。[1]另有学者主张,我国单位犯罪的处罚方式是罚金刑,并且刑法分则设置的多是无限额罚金刑,并没有明确的区间。如果认为单位构成自首,可以对其从轻或减轻处罚,那么便没有一个明确的罚金幅度提供比照。《刑法》第 62 条、第 63 条明确规定,从轻是在法定刑幅度内从轻;减轻则是在法定刑幅度以下判处刑罚,有数个量刑幅度,在法定量刑幅度的下一个量刑幅度内判处刑罚。我国刑法分则中有关单位犯罪罚金刑的无限额规定并不能提供一个明确具体的量刑幅度与标准,不具有实操性。[2]此外,还有学者认为,单位犯罪主体并不具有独立的意志,自首是在自由意志支配之下,自动投案、如实供述自己的罪行。单位犯罪主体并不具有自己独立的意志,所以无法自动投案。

肯定论者则认为单位犯罪主体当然能够自首,本书对于单位犯罪自首也持肯定态度。首先,我国立法以及司法解释承认单位犯罪自首的存在。2002 年,《关于办理走私刑事案件适用法律若干问题的意见》(以下简称《走私意见》)第 21 条[3]与 2009 年《关于办理职务犯罪案件认定自

---

[1]　参见薛进展:《单位犯罪的刑罚的适用与思考》,《法学》2002 年第 9 期。

[2]　参见马荣春、关立新:《论单位犯罪的自首制度》,《河北法学》2004 年第 1 期。

[3]　最高人民法院、最高人民检察院以及海关总署联合发布的《关于办理走私刑事案件适用法律若干问题的意见》第 21 条规定:"在办理单位走私犯罪案件中,对单位集体决定自首的,或者单位直接负责的主管人员自首的,应当认定为单位自首。"

首、立功等量刑情节若干问题的意见》（以下简称《职务犯罪意见》）①都明确承认了单位犯罪自首以及给出了具体认定的条件，表明了最高司法机关对于单位犯罪自首持肯定态度。此外，还有学者主张我国《刑法》第164条第4款是单位自首制度的立法体现。该条文规定，"行贿人在被追诉前主动交代行贿行为的，可以减轻处罚或者免除处罚"。那么该条文和第67条是何关系？本书认为第164条第4款属于注意规定。刑法上的注意规定是指根据现行刑法规定与刑法理论，即便删除该条文也会得出相应处理结论的，对司法人员仅起提示作用的规定。②该条文设置了"在被追诉前"的时间条件，"追诉"是指公安立案侦查、检察院审查起诉、法院依法审判的全过程。"在被追诉前"应当指国家尚未开启追诉程序、公安机关尚未立案侦查之前，也即案件尚未被发觉，犯罪人就自动投案，如实供述了自己的行贿事实。该条第3款明确规定了非国家工作人员行贿罪的行为主体包括单位犯罪主体，那么第4款的行贿人就应当包含行贿的单位，行贿的单位在被追诉前自动投案，如实供述行贿行为的，也可以减轻或免除处罚，这实际上是在刑法分则中规定了单位犯罪自首制度。

其次，从刑法解释的角度出发，理论上存在文义解释、体系解释、历史解释、目的解释、合宪性解释等诸多解释方法。对于刑法条文的解释不能拘泥于条文的字面含义，而是要结合各种解释方法来探寻其真意。根据历史解释和体系解释，既然《刑法》第30条确立了单位犯罪主体，在分则中又规定了诸多的单位犯罪，那么第67条的犯罪分子、犯罪嫌疑人、被告人就不仅仅指代自然人。在一元犯罪主体模式向二元犯罪主体模式跨越

---

① 最高人民法院、最高人民检察院《关于办理职务犯罪案件认定自首、立功等量刑情节若干问题的意见》明确规定："单位犯罪案件中，单位集体决定或者单位负责人决定而自动投案，如实交代单位犯罪事实的，或者单位直接负责的主管人员自动投案，如实交代单位犯罪事实的，应当认定为单位自首。单位自首的，直接负责的主管人员和直接责任人员未自动投案，但如实交代自己知道的犯罪事实的，可以视为自首；拒不交代自己知道的犯罪事实或者逃避法律追究的，不应当认定为自首。单位没有自首，直接责任人员自动投案并如实交代自己知道的犯罪事实的，对该直接责任人员应当认定为自首。"

② 吴学斌：《我国刑法分则中的注意规定与法定拟制》，《法商研究》2004年第5期。

的大背景下，单位当然能够成为刑事诉讼的犯罪嫌疑人、被告人，也能够成为自首的主体；根据目的解释，刑法之所以设置自首制度，是为了节约司法资源，以最少的力量实现社会的最大和谐，这是自首制度的功利目的。单位具有高度集中的人力、物力、财力，较之自然人犯罪，单位犯罪的社会危害性可能更大。为了实现自首的功利目的，我们就有必要给予单位自首从宽的机会。

再次，从罪刑法定原则出发，即便认为《刑法》第 67 条是关于自然人自首的规定，但是将其类推适用于单位犯罪主体也并不违背罪刑法定原则。罪刑法定原则的内涵被简要地概括为成文的罪刑法定、事前的罪刑法定、确定的罪刑法定以及严格的罪刑法定。①严格的罪刑法定要求法官禁止类推解释以保障人权。刑法学界曾对于《刑法》第 3 条有两点论和一点论之争，但现今绝大多数学者都认为不能将罪刑法定的保障机能和刑法的机能相混同。刑法具有保护法益和人权保障两大机能，这是通过整部刑法典来体现的，并不是每一个条文都必须反映出刑法的两大机能。罪刑法定原则的根本目的就是保障人权，限制国家刑罚权的发动，所以严格的罪刑法定要求我们解释刑法不能脱离刑法条文可能的文义范围，禁止类推解释，但是同样为了保障人权，当类推解释适用相关条文对被告人有利时，可以进行类推解释。例如《刑法》第 389 条第 3 款规定"因被勒索给予国家工作人员以财物，没有获得不正当利益的，不是行贿"。但是在第 164 条规定的对非国家工作人员行贿罪中并没有同样的规定，但是学者使用类推解释，认为被非国家工作人员勒索而给予财物，未获得不正当利益的，也不构成此罪。同样的道理，即便认为我国刑法并未规定单位自首，但是自首制度可以给予犯罪人宽缓的处理，那么也可以将其适用于犯罪单位。

最后，单位具有自己的独立意志，并且能够根据自己的独立意志来决定是否自首。诸多否定论者以单位不具有独立的意志作为不支持单位自首的理由。但是正如前述，单位犯罪和自然人犯罪区分的最重要因素是

---

① 参见张明楷：《刑法学》（上），法律出版社 2021 年版，第 59 页。

单位意志,而单位意志又可以通过管理机构集体决策、负责人员直接决定等要素来判断。单位犯罪主体存在区别于内部自然人主体的独立意志。既然单位具有独立意志支配犯罪行为,那么单位也就具有独立的意志在犯罪后决定是否自首。

综上所述,无论是从现行立法、司法解释的规定以及法律解释的角度,还是从刑法原则和单位犯罪基本理论的角度出发,单位犯罪主体都能够作为自首的主体。单位主体若在犯罪后自动投案,如实供述自己的犯罪事实,也可以获得从宽处理的机会。

二、单位一般自首的成立要件

无论是单位自首还是自然人自首,二者都属于我国的自首制度。二者有共同的特点,但也因为单位主体的特殊性而存在较大的差异。无论是采取传统的拟制说,还是采取单位主体实在说,单位犯罪的认定都离不开单位内部自然人的意志和行为,单位意志是内部决策机构或是决策人意志的体现,单位犯罪行为是由单位内部自然人实施的。同理,单位犯罪自首的认定也难以脱离单位内部自然人的意志和行为。[①]下文将从单位自首的主体、单位自动投案、单位如实供述以及单位独立的自首意志四个方面来论述单位自首成立的条件。

(一) 单位自首的主体

单位犯罪的自首主体在理论上一直存在争议,单位犯罪行为是单位内部自然人具体实施的,那么单位自首也是由单位内部的自然人具体实施,单位行为是单位内部自然人行为的一种转嫁。既然如此,单位内部何者的自首行为可以转嫁到单位? 首先,单位的法定代表人可以代表单位自首。法定代表人是指依照法律和公司章程代表公司从事各项活动的总负责人。法定代表人还需要依法进行登记并对外公布,是公司明面上的最高代表人。法定代表人能够代表单位整体意志,这是法律赋予的权利。不论

---

① 沈新康、曹坚:《论单位自首的认定》,《政治与法律》2004 年第 5 期。

其对单位犯罪事实是否知情，均不影响其代表地位。[1]若法定代表人参与到了单位犯罪中，那么他作为直接负责的主管人员当然可以代表单位进行自首；若法定代表人未参与到单位犯罪中，不属于单位犯罪的直接负责的主管人员，法定代表人作为公司的总代表，也可以代表单位自首。当然，若是法定代表人的自首行为被董事会、股东大会集体决策否决，那么其自首行为就不再是单位自首，若其参与了单位犯罪，可以认定其构成自然人自首。[2]

其次，单位直接负责的主管人员也能够代表单位进行自首。《走私意见》以及《职务犯罪意见》都认可直接负责的主管人员能够代表单位进行自首。单位直接负责的主管人员对其职权范围内的事务有决策权，其在职权范围内实施的行为均代表了单位的意志。但是并非全部主管人员都能代表单位自首，有权代表单位自首的主管人员限于"直接负责的主管人员"。公司事务繁多，诸如法律、财会、行政等诸多部门都有主管人员，但是相关部门的主管人员实施的单位犯罪，其他部门的主管人员显然无权代表单位自首，我国刑法中的"直接负责的主管人员"是指实际参与到单位犯罪的主管人员。[3]其他未参与到单位犯罪中的主管人员是否能够代表单位进行自首应当根据单位是否明确授予代表自首的权利来判断，若没有授权，则无代表自首的权利。

最后，其他直接责任人员在单位明确授权的情形下可以代表单位自首，否则只能成立自然人自首，而不成立单位自首。单位的其他直接责任人员是指积极地直接实施单位犯罪行为并对单位犯罪起主要作用的单位成员。[4]其他直接责任人员虽然在单位犯罪中发挥了主要作用，但并非组织、策划的人员，其往往是负责具体实施单位犯罪行为的人员，并没有代表单位的资格，只是作为单位的手脚去实现直接负责的主管人员下达的指令。

---

① 李翔：《单位自首正当性根据及其认定》，《法学家》2010 年第 4 期。

② 杨辉忠：《论单位自首的类型及其认定》，载李洁等主编：《和谐社会的刑法现实问题》（上卷），中国人民公安大学出版社 2007 年版，第 421 页。

③ 参见沈鸢：《论单位自首》，《中国地质大学学报（社会科学版）》2003 年第 4 期。

④ 参见石磊：《论单位犯罪的直接责任人员》，《现代法学》2006 年第 1 期。

综上所述,单位自首也需要通过一定自然人的行为来体现。自然人代表单位去投案并如实供述罪行,可以是源于单位的明确授权,也可以是根据单位的内部规定,还可以是单位的委托。①本书认为,单位的法定代表人无论是否参加单位犯罪均有权代表单位自首,法定代表人以外的高级管理人员只有参与单位犯罪才能代表单位进行自首,未参与单位犯罪的主管人员以及单位犯罪的其他直接责任人员只有在单位有明确授权的情形下,才能代表单位进行自首。

（二）单位应自动投案

明确了自首主体,那么势必需要讨论客观的投案行为,下文将从单位犯罪自首的投案对象、投案时间以及投案的方式三个方面来探讨单位犯罪主体的客观投案行为应当如何认定。

1. 自动投案的对象

根据最高人民法院发布的《关于处于自首和立功具体应用法律若干问题的解释》（以下简称《自首与立功解释》）②规定,自然人自首的对象除了司法机关以外,还包括所在单位、城乡基层组织以及其他有关负责人投案。司法机关作为投案对象无论是实务界还是理论界均无异议,但是所在单位、城乡基层组织能否作为单位自首的投案对象,理论界仍存在争议。首先,所在单位有作为单位犯罪自首的投案对象的可能。2001 年《会议纪要》明确指出单位犯罪主体可以是单位内部的分支机构或者内设机构、部门,③在此种情况下,该机构、部门向其所在单位投案便是可行

---

① 高明暄:《论单位犯罪的自首》,《公民与法》2011 年第 2 期。
② 最高人民法院《关于处理自首和立功具体应用法律若干问题的解释》规定:"犯罪事实或者犯罪嫌疑人未被司法机关发觉,或者虽被发觉,但犯罪嫌疑人尚未受到讯问、未被采取强制措施时,主动、直接向公安机关、人民检察院或者人民法院投案";"犯罪嫌疑人向其所在单位、城乡基层组织或者其他有关负责人员投案的,应当视为自动投案。"
③ 最高人民法院 2001 年 1 月 21 日《全国法院审理金融犯罪案件工作座谈会纪要》:"以单位的分支机构或者内设机构、部门的名义实施犯罪,违法所得亦归分支机构或者内设机构、部门所有的,应认定为单位犯罪。不能因为单位的分支机构或者内设机构、部门没有可供执行罚金的财产,就不将其认定为单位犯罪,而按照个人犯罪处理。"

的。其次，城乡基层组织也可以作为单位自首的投案对象。有反对意见可能会认为城乡基层组织只是基层自治管理机构，并不具备对犯罪人强大的控制力。但是自动投案强调的是自动性，也即自愿受到投案对象的控制约束，配合投案对象并按其要求移交司法机关处理。这需要自首单位积极自愿地配合，而对于投案对象，并不要求其具有控制能力。所以，即便城乡基层组织不具备控制犯罪人的能力，但只要犯罪人愿意积极配合其移交司法机关，那么就可以作为投案对象。最后，自首的功利目的决定了投案对象的广泛性。自首的目的是鼓励犯罪的单位或自然人在犯罪以后自动归案，以节约司法资源。这就意味着对于投案对象，我们需要作一个更为宽泛的理解。只要犯罪单位自愿处于投案对象的控制之下，并同意将其转交给司法机关处理，那么就应当认定为自首。无论是向司法机关，还是行政机关，甚至是被害人或被害人的家属投案，都可以认定为自动投案。

2. 自动投案的时间

单位自首的投案时间是犯罪行为实施以后、抓捕归案以前。所谓"犯罪行为实施以后"是指投案行为要发生在犯罪行为之后；所谓"抓捕归案以前"是指下列三种情形：第一，犯罪事实尚未被发觉；第二，犯罪事实已经被发觉，但犯罪单位尚未被发现；第三，犯罪事实和犯罪单位均已经被发现，但单位的直接负责的主管人员或其他直接责任人员尚未被采取强制措施。[①]总之，只要犯罪单位在司法机关采取强制措施之前，向司法机关、城乡基层组织或者其他相关单位、负责人投案的，都属于自动投案。

但是还存在一种情况，即单位集体决策决定自首，但单位内部的自然人逃跑的。对于犯罪单位认定为自首，而对于出逃的直接负责的主管人员或其他直接责任人员则不认定为单位自首，也即单位自首的效力并不当然扩张至单位内部全部的自然人。

本书认为，若单位经集体决策决定自首，直接负责的主管人员或其他直接责任人员不反对，并且在司法机关侦查、起诉、审判时积极配合，如实

---

① 参见吴占英：《坦白制度研究》，武汉大学 2015 年博士论文。

供述其所参与的单位犯罪的,其虽未自动投案,但也可认定其成立单位自首。若单位经集体决策决定自首,直接负责的主管人员或其他直接责任人员出逃的,即便事后抓捕归案,也不构成单位自首。若出逃期间该自然人悔悟,自动向有关的部门或人员投案的,符合自然人自首条件的,可以作为自然人自首来认定。

3. 自动投案的方式

犯罪单位自动投案,原则上应当由单位的法定代表人、主管人员或获得公司授权的一般工作人员向司法机关直接投案,这是亲首。但是若存在特殊情况,也可以委托本单位法定代表人、主管人员或获得公司授权的一般工作人员以外的其他自然人或单位代表犯罪单位先行投案,这是委托他人代首。此外,相关司法解释对于自然人自首的投案方式予以了列举,类似的情况对于单位是否同样构成自首,则仍然需要区分情形讨论。

结合相关司法解释,本书认为,单位自动投案的方式还有如下几种:第一,单位直接负责的主管人员因实施其他一般违法行为,被行政机关、司法机关采取行政拘留、司法拘留、强制戒毒等行政司法措施期间,主动交代了本单位的犯罪事实的。如前文所述,单位直接负责的主管人员有权代表单位自首,那么其在被采取行政司法强制措施期间,主动交代单位犯罪事实的,也属于自首;第二,单位委托内部员工(非直接负责的主管人员)或者其他单位或自然人自首的,在该自然人或单位尚在赶往有关机关的过程中,相关的单位犯罪的负责人被公安机关采取强制措施的,也应当认定为单位自首;第三,罪行未被发觉,犯罪单位在相关部门的突击检查下,单位负责人主动供述了本单位的犯罪事实,应当认定为单位自首。

(三) 单位应如实供述

最高人民法院《自首与立功解释》规定:"如实供述自己的罪行,是指犯罪嫌疑人自动投案后,如实交代自己的主要犯罪事实。"首先,供述应当如实。如实是指犯罪人作出与客观事实符合一致的供述。[1]当然并非要

---

[1] 参见陈兴良:《刑法适用总论》(下卷),法律出版社 1999 年版,第 476 页。

求犯罪人作出的供述与客观事实没有任何差别。在现实生活中，犯罪人很可能因为环境、身体、心理状况等因素，难以作出与客观事实完全一致的供述。如实供述只要求犯罪人不编造、捏造犯罪事实，其所作出的供述与客观犯罪事实没有质的差别。即使部分供述与客观犯罪事实不相符，只要犯罪人所供述的内容不影响定罪量刑，并且供述内容主要部分与客观事实达成一致，就属于如实供述。单位犯罪主体也是如此，单位自首是由单位内部的自然人代表单位实施的，既然是自然人在代表单位供述，就可能会存在部分供述和犯罪客观事实并不完全一致的情况，此时只要代表单位自首的自然人所供述的内容与单位犯罪事实大体上相似、近似，就可以认为单位如实供述。当然也可能存在代表单位自首的自然人仅知道本单位的部分犯罪事实，此时该自然人以单位名义供述了其所知道的全部单位犯罪事实，则就该部分犯罪事实成立单位自首。若结合单位内部其他成员的供述可以知悉单位犯罪的全部犯罪事实的，则单位就其全部犯罪事实构成自首。

其次，单位成员代表单位自首，除了其所参与的单位犯罪事实，还应当供述其所知道的其他单位成员所参与的单位犯罪事实。单位犯罪和共同犯罪有本质上的区别，但也有相似之处。单位犯罪是为了单位利益，单位内部的成员共同策划、指挥、实施的犯罪；而共同犯罪是二人以上基于共同故意实施的犯罪。二者都具有人与人的共同参与性质，只是单位犯罪中，每一个单位成员基于单位意志所实施的行为都归属于单位。

《关于处理自首和立功具体应用法律若干问题的解释》规定："共同犯罪案件中的犯罪嫌疑人，除如实供述自己的罪行，还应当供述所知的同案犯，主犯则应当供述所知其他同案犯的共同犯罪事实，才能认定为自首。"既然共同犯罪中的犯罪嫌疑人自首有供述同案犯共同犯罪事实的条件，那么同样具有人与人共同参与性质的单位犯罪是否要有类似的条件？本书认为，若代表单位自首的主体参与到了单位犯罪中，那么他应当将其所知道的其他成员实施的单位犯罪事实一并供述,否则虽然结合其他单位成员的供述可以获悉全部单位犯罪事实,单位可以成立单位自首,但是隐瞒其他成员负责实施的单位犯罪事实,应当认为该单位成员不成立自首,不能够给予其宽缓的处理。当然,这并不是要求必须供述全部的单位犯罪事实,而是就其所知道的全部事实,无论是自己实际参与的,还是其他单位成员负责组织、实施的,都属于如实供述的范围。

最后,单位如实供述的时间为一审判决之前。单位自动投案后,应当在一审判决前如实供述自己的主要犯罪事实;单位自动投案后,在二审中如实供述的,属于酌定从宽量刑情节。

（四）应以单位的名义

单位犯罪认定的一个条件是单位内部的自然人以单位的名义实施单位犯罪。若单位内部负责人以自己的名义实施单位犯罪,即使实施犯罪的是单位的法定代表人、主管人员等有权代表单位的自然人,且犯罪所得归单位所有,仍然认定为自然人犯罪。单位自首也是如此,若不是以单位名义自首,而是以单位内部自然人的名义自首,那么只能构成自然人自首,而不构成单位自首。即便是本书前文所述的有权代表单位自首的主体,也必须以单位名义自首。也有论者认为,单位自首并不要求以单位名义作出,"这是将单位自首与实施单位犯罪的人员自首割裂开来认定,不符合单位犯罪中单位与单位成员一体化认定的原则,忽视了单位自首与单位犯罪成员自首之间的依存关系"。[①]这种观点强调单位犯罪和单位犯罪成员的一体化,但是忽略了单位犯罪成员的独立性。若要抽离单位犯罪成员的独立性,使其成为单位大机器内部的一个小零件,那么内部成员必须以单位名义实施自首行为,这样才具有一体性,单位成员的自首行为才能转变为单位自首行为。

总而言之,单位自首,除了自首主体要适格,还要求该主体以单位名

---

① 沈新康、曹坚:《论单位自首的认定》,《政治与法律》2004年第5期。

义投案自首。

三、单位准自首的成立要件

《刑法》第 67 条第 2 款规定："被采取强制措施的犯罪嫌疑人、被告人和正在服刑的罪犯，如实供述司法机关还未掌握的本人其他罪行的，以自首论。"该条是关于自然人准自首的规定，对于单位而言，是否也能适用这一规定而构成自首？

本书认为，单位也可以构成准自首。准自首的主体为"被采取强制措施的犯罪嫌疑人、被告人"以及"正在服刑的罪犯"。如前文所述，犯罪嫌疑人、被告人、罪犯虽然均为具有自然人色彩的词汇，但是在自然人—单位二元立法模式中，这些词汇也包含了单位犯罪主体。但刑法条文中使用的同一词汇可能内涵并不完全一致。本条文中"犯罪嫌疑人、被告人"的修饰词是"被采取强制措施"，此处的"强制措施"指公安机关、人民检察院和人民法院在刑事诉讼过程中，为了保证诉讼的顺利进行，依法对犯罪嫌疑人、被告人以及现行犯采取的在一定期限内暂时限制或者剥夺其人身自由的法定强制方法，并在《刑事诉讼法》中有专章规定，包括拘传、取保候审、监视居住、拘留和逮捕五种类型。[①]此处的强制措施具有人身约束性，只能针对自然人实施，并不能针对单位实施，所以本条的犯罪嫌疑人、被告人仅仅指自然人。"罪犯"的修饰词是"正在服刑"，除了指自然人正在监狱、看守所内服刑，还包括单位的罚金刑尚未执行完毕的情形。我国刑法规定罚金刑可以分期缴纳，或者单位没有财产可供执行的，法院发现其有可供执行的财产时，应当及时追缴。这就意味着单位被判处罚金到单位缴纳完全部罚金的期间，就属于单位的服刑期间。若在这一期间，单位向司法机关如实供述其还未掌握的其他罪行，就可以成立准自首。

---

① 卞建林：《我国刑事强制措施的功能回归与制度完善》，《中国法学》2011 年第 6 期。

第三节　单位立功制度

一、单位立功应以单纯量刑情节为限

我国刑法规定了四种类型的立功,分别为单纯量刑情节的立功、主要针对军人的战时立功、作为一般减刑情节的立功以及作为死缓减刑情节的立功。[①]这四种类型的立功,由于刑法分则对于军人违反职责罪并未规定可以成立单位犯罪,并且单位只可能被判处罚金而不可能被判处死刑,所以单位不可能成立战时立功以及死缓减刑立功。此外,一般减刑情节的立功,或称刑罚执行阶段的立功,根据《刑法》第78条的规定,针对的对象是被判处管制、拘役、有期徒刑、无期徒刑的犯罪分子,而单位不可能被判处自由刑,所以单位也不可能成立刑罚执行阶段的立功。本书认为,单位只可能成立单纯量刑情节的立功。所谓单纯量刑情节的立功是指,《刑法》第68条规定的,犯罪分子在投案后或抓捕归案后、法院作出判决前,犯罪分子揭发他人犯罪行为经查证属实的或提供重要线索,从而侦破其他案件的情形。

当然,即便是单纯量刑情节的单位立功的存与否,在理论界也有肯定说和否定说之争,其争议焦点和双方的主要观点同单位自首存在与否的论争相差无几。否定单位自首的学者同样会以刑法的自然人属性用语为由否定单位立功,肯定单位自首的学者也会认为自然人可以立功并获得从宽处罚的机会,单位同样可以立功去获取从宽处罚。更为具体的争议本节不再论述,仅提出几点理由。

首先,虽然我国刑法并未规定单位自首制度,但是最高司法机关发布的司法解释中明确指出单位可以成为自首主体。同理,我们完全可以通过解释的方式认同单位立功的存在。正如有学者所言,单位自首和单位立功在量刑制度上有相似性,在主体确认的障碍上有同一性,单位自首的

① 龙洋:《规制犯罪中单位立功问题研究》,《江西社会科学》2008年第9期。

确认能够作为单位立功的依据。[1]

其次,从刑事政策的角度出发,如果立功主体仅限于自然人,这将同我国宽严相济刑事政策相违背。[2]立功制度和自首制度一样,均是为了节省司法资源,提高司法效率。尤其在单位犯罪频发的大背景下,否定单位立功制度意味着需要付出更多的司法资源去弥补,这显然是得不偿失的。

最后,单位能够将单位内部成员的行为转嫁为单位犯罪行为,那么单位成员以单位名义实施的立功行为,当然也可以由单位主体来享受。

二、单位立功的成立要件

(一) 单位立功的主体条件

同单位自首相类似,单位不能直接实施立功行为,只可能授权单位成员实施,而单位成员的权限存在区分。法定代表人(无论其是否参与单位犯罪)以及直接负责的主管人员,法律明确其有代表单位的权限,即便未经单位决策程序,其以单位名义作出的立功行为可以认定为单位立功行为,有权代表单位立功;单位的其他成员,无论其是否为单位犯罪中的其他责任人员,都必须要有单位的明确授权。此外,单位立功行为和自然人立功行为也应当加以区分,区分的标准为"该立功行为是否获得单位授权并以单位名义提出"。若直接负责的主管人员,以自己的名义立功,则只能认定自然人立功;若其他直接责任人员,无单位授权或并未以单位名义立功,那么也只能认定为自然人立功。

(二) 单位立功的时间条件

单位立功的起始时间为"犯罪单位到案"。最高人民法院《关于处理自首和立功具体应用法律若干问题的解释》第5条明确规定,立功的起始时间为犯罪分子到案以后。也有观点认为,立功的起始时间可以提前,在犯罪分子实施犯罪行为以后、主动或被动归案之前实施了《刑法》第68条

---

[1] 卢勤忠:《单位立功若干疑难问题研究》,《法学评论》2007年第2期。
[2] 孙国祥:《犯罪单位立功若干问题辨析》,《人民检察》2007年第15期。

规定的行为,就可以在审判时认定为立功。①但是基于适用刑法平等原则,自然人立功的起始时间为自然人到案以后,那么在认定单位立功时,也应当采用同一起始时间,否则会导致不公正。

对于"单位到案"的理解,有学者认为应当以直接责任人员到案的时间为起算点。②但是较之自然人的人身约束性不同,单位是单位成员和财产的集合。所以单位到案不能简单和自然人到案等同,不能仅根据单位直接负责的主管人员或其他责任人员是否被讯问或被采取刑事强制措施来判断,还可以根据单位是否被采取相应的司法、行政强制措施,其经营活动是否受到限制和约束来判断。

单位立功的终止时间为法院作出生效判决。自然人立功的时间为到案以后、刑罚执行完毕以前,但如前所述,单位不能成为刑罚执行阶段立功的主体,只可能成立单纯量刑情节的立功。

(三) 单位立功的实质条件

根据《刑法》第68条的规定以及最高人民法院《关于处理自首和立功具体应用法律若干问题的解释》的规定,个人立功的实质条件主要有如下几种情形:检举、揭发他人犯罪行为,经查证属实;提供侦破其他案件的重要线索,经查证属实;阻止他人犯罪活动;协助司法机关抓捕其他犯罪嫌疑人(包括同案犯);其他有利于国家和社会的突出表现,应当认定为立功的。有学者认为基于单位的特殊性,单位立功的实质条件同自然人立功并不完全一致,只可能构成其中几种情形。本书则认为,前述五种立功实质条件,单位均可能符合。

1. 检举、揭发他人犯罪行为

首先,单位检举、揭发他人,必须经单位决策机构决策,体现单位的整体意志,才属于单位的检举、揭发行为,如果检举之人同时为单位犯罪的

---

① 参见黎宏:《刑法总论问题思考》,中国人民大学出版社2007年版,第203页。

② 参见杨永勤、薛莉萍:《单位立功的正当性及认定问题研究》,《中国刑事法杂志》2013年第10期。

责任人员,那么就属于个人立功行为,若是单位其他未涉案人员,那么就属于普通的检举、揭发行为。

其次,检举、揭发的既可以是共同犯罪中同案犯的其他犯罪行为,也可以是单位内部责任人员的其他犯罪行为,还可以是单位内部其他未涉案人员的犯罪行为。单位可以同其他单位、单位外其他自然人成立共同犯罪,所以检举、揭发同案单位或自然人的其他罪行,当然属于立功行为。单位内部的责任人员相互之间虽然不是共犯关系,但也是一种类似共同犯罪的关系,司法实务中甚至直接将单位内部责任人员按照共同犯罪来划分刑事责任,所以单位检举、揭发责任人员单位犯罪以外的犯罪行为也属于单位立功行为。

2. 提供重要线索

重要线索是指为司法机关提供便利,帮助其寻找犯罪嫌疑人的藏匿位置、主要犯罪事实、犯罪直接证据等能够证明犯罪嫌疑人构成犯罪,并对案件事实的还原、案件的侦破起到至关重要作用的线索。重要线索必须同侦破重大案件存在直接的因果关系,要发挥其实际的效用,否则不能认定为立功行为。例如虽提供了重要线索,但是公安凭借其技术已经侦破案件,抓捕了犯罪嫌疑人,则该线索未发挥效力,就不能认定为立功行为。此外,司法解释还明确限制了重要线索的来源,若重要线索属于非法线索,也不构成立功。

3. 阻止他人犯罪行为

自然人犯罪主体无论是在刑罚裁量阶段还是执行阶段,均可能阻止他人犯罪,认定为立功行为而获得从宽处理或减刑的机会。如前文所述,单位犯罪主体只可能成立刑罚裁量阶段的立功,单位若在刑罚裁量阶段,阻止其他单位或自然人的犯罪行为,或者阻止本单位内部成员的个人犯罪行为,都应当认定为阻止他人犯罪行为。那种认为单位主体不能够阻止他人犯罪行为的观点,本书难以认同。

4. 协助司法机关抓捕其他犯罪嫌疑人

协助抓捕犯罪嫌疑人包括协助抓捕同案犯。根据司法解释的规定,协助抓捕需要提供犯罪嫌疑人未被司法机关掌握的地址、联络方式等,或者通过自己拨打电话、带路、指认犯罪嫌疑人等方式帮助司法机关展开抓捕行动。此外,若犯罪嫌疑人协助抓捕同案犯,其所提供的信息不能是在犯罪过程中使用、获得的嫌疑人信息,提供前述信息的行为属于如实供述相应犯罪事实。

三、单位立功的效力

根据《刑法》第 68 条的规定,一般立功的,可以从轻或减轻处罚;有重大立功表现的,可以减轻或免除处罚。但对立功的效力范围存在一定的争议。如前所述,单位立功的主体存在权限上的不同,经单位授权的未参与单位犯罪的普通员工实施立功行为,单位构成立功,那么对于直接负责的主管人员和其他直接责任人员是否也应当认定为立功而从轻处罚? 有学者认为,单位构成立功的,即便不是其内部责任人员代表单位实施立功行为,也可以对其从宽处罚。①另有学者认为,对于此种情形,应当根据责任人员是否参与到单位立功的决策当中,若参与其中,则认定为立功,可以从宽处理;若没有参与,则不认定其为立功。②

本书认为,单位立功的效力并不直接扩张至单位犯罪责任人员,只有在责任人员直接代表单位,以单位的名义并为了单位利益实施的立功行为,才同时对单位和责任人员发生效力。未参与单位犯罪的普通员工代表单位实施立功行为,仅对单位认定为立功,对单位从宽处理。

第四节　单位缓刑制度

缓刑是有条件地不执行所判决的刑罚。其特点是,既判处一定刑罚,

---

① 参见孙国祥:《犯罪单位立功若干问题辨析》,《人民检察》2007 年第 15 期。
② 参见卢勤忠:《单位立功若干疑难问题研究》,《法学评论》2007 年第 2 期。

又暂不执行，但在一定期间保留执行的可能性。①缓刑是指被判处拘役、三年以下有期徒刑的犯罪分子，若犯罪情节较轻，具有悔罪表现，没有再犯罪的危险，可以决定暂不执行判决的刑罚。我国的缓刑制度适用的对象是被判处短期自由刑的犯罪分子，并未规定罚金刑可以适用缓刑。罚金刑是我国单位犯罪的唯一刑罚方式，这也意味着我国现行立法并没有规定单位缓刑。2020年，最高人民检察院开始推动企业合规试点改革，并于2020年4月将试点工作推广至全国范围。②在最高人民检察院全面推动企业合规改革的大背景下，单位缓刑制度的建构确有必要。

一、单位缓刑制度的根据

（一）单位缓刑的学理根据

从早期以眼还眼、以牙还牙的绝对报应观，到以报应为主结合一般预防和特殊预防的刑罚观，再到以预防为主、报应为辅的现代刑罚观，我们不再只关注刑罚是否同犯罪行为完全适应，反而更多地去关注这个犯罪人是否可能再犯罪，对其判处刑罚能否对社会起到警示作用。单位缓刑就是以特殊预防为主要考虑因素的刑罚制度。对于那些犯罪情节较轻的犯罪人，若全部判处并执行刑罚会耗费大量的司法资源。法院对不具有再犯罪可能性的犯罪人适用缓刑，既可以帮助犯罪人回归社会，还能够极大地节约司法资源，将有限的资源投入更需要国家刑罚发挥作用的领域。

我国并未规定单位缓刑制度，单位和自然人一样，法官在判处刑罚时，都会考虑犯罪单位的特殊预防必要性，对于犯罪情节较轻，积极进行合规管理的单位，也可以暂缓其罚金刑的执行。否则，对于自然人，法官考虑其无特殊预防必要性适用缓刑；而对于单位，即便法官认定其无特殊

① 参见张明楷：《刑法学》（上），法律出版社2021年版，第788页。
② 《最高检会同全国工商联召开会议，检察机关全面推开涉案企业合规改革试点》，载最高人民检察院，https://www.spp.gov.cn/zdgz/202204/t20220406_553393.shtml。

预防必要性,也无缓刑可以适用,需要判处罚金并执行,这显然不合理。

(二) 单位缓刑的现实根据

我国正在全面推动企业合规制度改革,这一改革目前主要集中在审查起诉阶段,对犯罪单位经过一定期限的合规考察,检察院可以对其作出不起诉的决定。其法律根据主要是相对不起诉与附条件不起诉。但是正如认罪认罚制度贯穿刑事诉讼的全部流程,企业合规制度改革也确有必要铺开至审判环节,单位缓刑制度可以作为在审判阶段开展企业合规的制度基础。在美国,企业合规本就是刑罚暂缓执行的一个条件。除此以外,加拿大的相关法律也明确规定,对于满足法定要求的犯罪企业,可以颁布刑罚暂缓执行令。①这都意味着西方的刑事合规制度并不限于审查起诉环节,在审判环节中法官有权对采取合规监管的企业适用缓刑。或许会有反对意见主张罚金刑没有适用缓刑的必要,若犯罪单位不足以缴纳罚金,应当根据《刑法》第 53 条的规定,可以分期缴纳;犯罪单位由于遭遇不能抗拒的灾祸等缴纳确实有困难的,经人民法院裁定,可以延期缴纳、酌情减少或者免除。但是企业合规改革的目的就是保护企业,许多民营企业法律意识薄弱,企业生产经营过程中总是伴随着许多违法犯罪的行为,但是一家企业的存在又关系着员工的就业、保障、生活等问题,此时若让企业因承担过重的罚金刑而破产,可能会导致企业员工的正常生活受到威胁,为社会带来不稳定因素。所以,在审判阶段对犯罪单位适用合规考察,若当合规监管期满,企业建立起了完备的制度,不存在再犯罪的可能,也就没必要再对其处以高额的罚金。

二、单位缓刑制度的成立要件

我国刑法对于单位犯罪仅规定了罚金刑,虽然本书认为应当针对单位增设资格刑,但在单位犯罪单一刑罚模式的现状下,本书仍将围绕罚金刑构建单位犯罪缓刑制度。刑法理论界将自然人缓刑的条件区分为前提

---

① 参见周振杰:《涉案企业合规刑法立法建议与论证》,《中国刑事法杂志》2022 年第 3 期。

条件、实质条件以及排除条件。根据我国《刑法》第 72 条第 1 款以及第 74 条的相关规定,自然人缓刑的前提条件是犯罪分子被判处拘役、三年以下有期徒刑;实质条件是犯罪情节较轻,有悔罪表现,没有再犯罪的危险,宣告缓刑对所居住社区没有重大不良影响;排除条件是累犯和犯罪集团的首要分子不适用缓刑。[①]本书在构建单位犯罪缓刑制度时,也会参照自然人缓刑的适用条件进行设置。

首先,单位缓刑的前提条件为判处一定数额以下罚金的犯罪单位。我国刑法理论一般将判处三年以下有期徒刑、拘役、管制的犯罪视为轻罪,将判处三年以上有期徒刑、无期徒刑、死刑的犯罪视为重罪,只有犯轻罪的犯罪人才有可能适用缓刑。单位缓刑也应当如此,只有属于轻罪范畴的单位犯罪才能够适用缓刑。单位犯罪的重罪与轻罪的划分不应当根据直接负责的主管人员和其他直接责任人员被判处的自由刑来判断,而是应当根据单位的罚金刑来判断。虽然我国刑法分则规定了无限额罚金,并且司法解释也并未对罚金数额予以细化,但是根据司法实践我们仍然可以得出一个确定的罚金数额来确定单位犯罪罚金刑的轻重。例如有学者提议单位缓刑只适用于被判处 40 万元罚金以下的单位。[②]这 40 万元的数额标准是该学者根据 2008 年至 2016 年单位行贿案件中罚金的平均数额得出的。[③]当然,确定数额标准仍然需要立法和司法机关的充分调研和商讨。

其次,单位缓刑的实质条件为犯罪情节较轻,并积极配合司法机关进行合规治理。如前所述,单位缓刑作为审判阶段法院开展企业合规工作的制度手段,只有单位积极配合法院进行合规治理,才能表示其有悔罪表现,才能够保证其不具有再犯罪的可能性,才能有适用缓刑的可能。这既符合单位缓刑的功利目的,也顺应了国家保护、促进民营经济发展的

[①] 参见张明楷:《数罪并罚的新问题——〈刑法修正案(九)〉第 4 条的适用》,《法学评论》2016 年第 2 期。

[②] 参见周振杰:《企业合规的刑法立法问题研究》,《中国刑事法杂志》2021 年第 5 期。

[③] 参见周振杰:《单位贿赂犯罪预防模式研究》,中国政法大学出版社 2020 年版,第 60 页。

政策。

再次,单位缓刑的排除条件为累犯不适用单位缓刑。单位缓刑制度可以同单位累犯制度相衔接。审判阶段法院同犯罪单位达成合规监管协议并适用单位缓刑,若犯罪单位未通过合规监管,其不仅要执行判决载明的罚金,还要承担再犯罪构成单位累犯并从重处罚的风险。若是合规期满后,单位建立起了完备的合规制度,那么不仅不用执行罚金刑,而且也能够说明该单位不具备再犯罪的可能性,无特殊预防的必要性。即便该单位再犯罪也不构成累犯,不用从重处罚。单位缓刑和单位累犯制度共同发挥作用,共同推动犯罪单位建立完备的合规制度,增强法律意识。此外,单位缓刑的排除条件不包括犯罪集团的首要分子。犯罪集团指三人以上为共同实施犯罪而组成的较为固定的犯罪组织。犯罪集团的首要分子则是指组织、领导犯罪集团进行犯罪活动的自然人,单位不可能作为犯罪集团的首要分子。

最后,单位内部的直接负责的主管人员和其他直接责任人员是否适用缓刑,应当按照自然人缓刑的规定进行判断。或许会有反对者提出疑问,为何本章第二节主张单位自首的效力一般直接扩张到单位内部的成员上,而单位缓刑和自然人缓刑却需要分别判断。本书认为,单位自首行为的认定是一种转嫁的认定,即将单位内部成员以单位名义作出的自首行为认定为单位的自首行为。如果自首行为是由参与单位犯罪的直接负责的主管人员或者获得单位授权的其他直接责任人员作出的,那么就既具有单位自首的性质又具有自然人自首的性质,所以没有必要在认定单位自首后,再认定自然人是否构成自首。单位缓刑制度与之不同,因为我国单位犯罪采取双罚制,对于单位判处罚金,对于参与单位犯罪的单位成员,则判处刑法分则规定的刑罚,主要是自由刑。由于二者所承担的刑罚种类不同,对于缓刑的认定也应当予以区分。

第三编
单位犯罪与刑事合规

第六章　刑事合规导论

第一节　刑事合规概述

一、刑事合规的内涵

"刑事合规"是"合规"这一概念的子集。要定义"刑事合规",首先需要了解"合规"的基本定义。目前学术界对"合规"的定义尚未统一。从字面意思来看,"合规"可以理解为"按照规定"或"符合规定",在英语中对应的是"compliance",但实际上其含义更为广泛,不能简单地将"合规"等同于"遵守规定",也不能将"不合规"直接理解为"违法"。

2006年,中国银行业监督管理委员会发布的《商业银行合规风险管理指引》中,将"合规"定义为商业银行在经营活动中必须遵守相关法律法规和准则。这一定义是针对商业银行提出的,因而在适用范围上具有一定的局限性。将视角扩展来看,合规的法律法规和指引不应仅限于银行业,其来源可能更为多样,甚至包括市场惯例、行业自律规范等。《合规管理体系指南》(GB/T 35770-2017)中也提到,"合规"指组织遵守适用的法律法规及监管规定,同时还遵守相关标准、合同、有效治理原则或道德准则。在这里,"规定"不仅包括国家通过的法律法规,还包括该领域的自发或强制性行业标准,以及广泛接受的商业道德和风险防范机制。

作为广义合规概念的一部分,"刑事合规"也必须包含合规的内容,即遵循一定的标准。具体到刑事合规,适用的标准可能会受到刑法的约束。

刑事合规,实际上是对涉嫌违法犯罪的企业"合规不起诉"或附条件不起诉。换言之,刑事合规是司法机关责成涉嫌违法的企业,根据违法事实制定专项整治方案,并监督整治方案的实施,以促进企业合规管理体系的建设。如果企业达到了合规标准,司法机关视情况对企业作出相对不起诉的决定。因此,刑事合规的内涵可以从以下几个方面进行分析:

首先,刑事合规的对象是涉嫌违法且违法情节轻微的公司,而不是个人。所谓"违法情节轻微",应当依据围绕《刑法》第 37 条"对于犯罪情节轻微不需要判处刑罚的,可以免予刑事处罚",以及《刑事诉讼法》第 177 条第 2 款"对于犯罪情节轻微,依照刑法规定不需要判处刑罚或者免除刑罚的,人民检察院可以作出不起诉决定"进行考量。现阶段检察机关开展刑事合规的目标更侧重于民营企业。

其次,这些企业必须有消除违法行为的主动性和自发意愿,如果受到其他单位或个人的强迫,则不应列入名单。

再次,这些公司开展的整个合规过程(包括但不限于开启合规程序、制定合规计划、确定合规标准等)都应在检察机关的指导和监督下进行。

最后,合规的最终目的是通过合规整治,使涉嫌违法的企业免于刑事追究,从而促进企业发展,保护国家经济利益。

二、刑事合规的理论基础

关于刑事合规的理论基础,孙国祥教授认为其根源于一般积极预防理论,并与风险刑法的发展息息相关。[①]马明亮教授则持不同观点,他认为其基础在于特殊预防理论,原因是一般积极预防理论假设了企业具有"创新和潜在犯罪"的倾向,这对企业发展不利,而合规方案正是为了规避这些风险而制定的。支持这一观点的依据包括:《联邦量刑指南》将公司合规计划定义为"预防、发现和阻止公司犯罪行为的内部控制机制";《司法手册》通过公司历史、诚信和勤勉等因素综合评估公司风险;检察官在

---

① 孙国祥:《刑事合规的理念、机能和中国的构建》,《中国刑事法杂志》2019 年第 2 期。

考虑公共利益时拥有自由裁量权。①

现代社会学研究表明,工业化社会不可避免地会成为风险社会,因为它们系统性地自我制造风险。在风险社会中,法律作为公共管理的重要工具,也成为风险控制机制的基本组成部分。而刑法的功能主要是遏制风险。②由此产生了风险刑法的概念,认为传统的过错刑法已经无法应对风险日益增长的社会,必须扩大刑法的触角,实现超前保护。③刑事合规制度作为预防企业刑事风险的一种手段,是对风险刑法趋势的回应。正是顺应风险刑法的发展,刑事合规制度应运而生并不断发展。

积极的一般预防理论的核心观点是,它不通过对具体犯罪行为人的刑罚来威慑具体的犯罪行为,而是通过加强其他人群对法律的忠诚度来预防犯罪,这与风险刑法的理念一致。④特殊预防的目的是防止已犯罪的人再犯新罪,通过安全、威慑和惩罚的再社会化功能来实现。⑤如果基于风险的刑法扩展了惩罚功能,因为优先考虑了犯罪行为方案,并建立了一个事后遵守刑法认可的规范以换取宽大处理的制度,这显然与特殊犯罪预防理论中的安全和威慑功能相矛盾。

三、企业合规与刑事合规的关系

在讨论企业合规与刑事合规的关系时,首先有必要明确企业合规的确切含义。从沿袭过程来看,合规最初起源于西方银行业,并逐渐成为完善内部管理和风险控制的主要手段,但最初只是一个非刑事领域的问题,因违规而产生的法律责任更多局限于民事责任和行政责任,几乎没有刑事责任。"刑事合规"制度起源于20世纪90年代初,美国在《联邦量刑指

---

① 马明亮:《作为犯罪治理方式的企业合规》,《政法论坛》2020年第3期。
② 劳东燕:《风险社会中的刑法》,北京大学出版社2015年版,第34页。
③ 张旭、周为:《从"风险社会"到"风险刑法"理论与进路的多重清理》,《东北师大学报》2020年第1期。
④ 张明楷:《责任刑与预防刑》,北京大学出版社2015年版,第59页。
⑤ 张明楷:《刑法的基本立场》,商务印书馆2019年版,第487页。

南》中引入了"有效合规计划"的概念,将公司的合规情况与刑事责任评估直接挂钩,首次将组织的刑事责任独立于个人的刑事责任。《联邦量刑指南》指出,公司合规是公司为预防、侦查和起诉针对公司的刑事犯罪而制定的内部管理机制。因此,"合规"也被称为"企业合规"。如果按照上述的分词法来定义公司合规,那么公司合规应该是指公司开展业务必须遵守国家法律法规、相关行业规则和自身管理制度的硬性条件。

若仅将企业合规理解为企业必须遵守相关规章制度的活动,那么这种理解更符合企业合规的狭义定义,企业行为仅限于遵守规章制度,与合规的广义内涵有明显区别,侧重于企业的被动遵守。而在本书中,合规更多指的是企业采取一些积极的措施,例如预防和避免公司犯罪的责任,这体现了一种积极主动的法治态度。因此,公司合规可以解释为公司为预防和阻止公司犯罪而采取的一系列监管措施,包括公司的组织结构、运营程序和发生违法行为时的自我纠正措施。"合规"是指公司建立了一套有效的法律机制,以防范违法风险,避免其危害后果。合规的本质是法律风险的防控,而刑事风险的防控即刑事合规则是其表现形式之一。

20世纪90年代以来,许多国家的立法都将企业守法纳入了行政监管和刑法的范畴,甚至一些国际组织,如世界银行,也开始对不守法的企业进行制裁,这意味着企业守法不仅是企业内部的自我管理问题,也是防范行政监管、刑法监管和国际组织贸易制裁的重要问题。也即企业守法不仅是企业内部自我管理的问题,也是防止行政监管、刑法监管和国际组织贸易制裁的重要问题。

因此,企业合规至少应包含三层含义:第一,从正面看,企业合规是指企业在经营活动中应严格遵守法律法规和行业标准,同时注意监督员工和商业伙伴,确保其依法开展经营活动;第二,从反面看,企业因违法违规行为可能受到行政处罚和刑事处罚;第三,从外部激励看,为提高企业建立或完善合规管理体系的积极性,国家立法应将企业合规作为减轻行政处罚和刑事处罚的重要依据。企业可能受到行政处罚和刑事处罚；刑事合规是一种鼓励企业遵守刑法的机制。①一般而言，即对于涉嫌犯罪的企业，如果能够提出有效的合规计划，国家公权力机关可以在刑法层面给予一定的宽大处理，这种宽大处理在理论上可以适用于整个刑事诉讼过程，不能由个人或任意的国家机关自由发起，其对象、权力和内容必须由国家法律规定。赦免的对象、权力和内容必须由国家法律明确规定，这一系列国家法律制度总称为刑事合规制度。

四、刑事合规的适用对象

就刑事合规的适用对象而言，企业刑事合规最终适用于企业或个人。企业刑事合规审核的对象主要是大中型企业，但也涵盖了小微企业。涉及犯罪的案件除了轻罪外，还可能包括刑事犯罪等一系列问题。根据最高人民检察院已公布的典型案例，我国司法实践中的合规性检查制度采取的是对企业、个人"双不起诉"的处理方式。对于企业和个人都可以适用合规性检查制度，并进行公开监督和第三方评价。有学者批评称，合规不起诉制度只应适用于企业，不应适用于个人。因为在刑法中引入企业合规制度的初衷和动机，是为了区分企业和个人的责任，将合规补救作为企业避免被认定为犯罪或减轻处罚的抗辩事由。②

关于公司合规的范围，我国现行司法文件和规定并未排斥小微企业。在最高人民检察院公布的公司合规典型案例中，同意进行整治和合规性审核的企业大多是民营性质的小微企业。指导意见并没有限制第三方监督评估机制适用的企业类型，只是取消了免责条款。此外，根据中国建立企业履约制度的初衷，企业履约机制应适用于所有类型、性质和规模的企业，而不应区分大中型企业和小型微型企业。

关于企业合规适用的案件范围是否包括轻罪和刑事犯罪，大多数案

---

① 陈瑞华：《刑事诉讼的合规激励模式》，《中国法学》2020 年第 6 期。
② 李玉华：《企业合规不起诉制度的适用对象》，《法学论坛》2021 年第 6 期。

件是根据对单个犯罪主体的处罚轻重来判断的。目前,中国法院实践中的绝大多数企业合规补救案件都是缓刑案件,案件主体个人可能被判处三年以下有期徒刑。陈瑞华教授指出,根据涉案公司涉嫌犯罪的情况,可以适用不同的救济制度:轻罪案件适用"相对不起诉＋检察建议"制度,重罪案件适用"附条件不起诉"制度。行政违法案件可适用"相对不起诉＋检察官建议"模式,刑事案件可适用"有条件不起诉"模式。

第二节　刑事合规的域外实践

一、美国的刑事合规制度

(一) 美国刑事合规的发展历程

1. 国家监管下的合规计划

美国的刑事执法制度起源于美国的合规计划。19 世纪末 20 世纪初,美国经历了第二次工业革命,成为世界级强国,经济取得了空前的繁荣。由于自由放任的市场政策,社会资源和财富很快就集中到为数不多的寡头手中。经营行为逐渐超出法律规范的限度,引发了掺杂掺假等大量危害社会正义、侵犯人民权利的事件。

经济的无序和失控发展使政府认识到,必须积极干预,克服市场失灵,对企业进行政府调控,使企业能够在法律范围内开展经营活动并降低经营风险。减少企业的不当行为对社会和公众造成危害的具体举措,表现在政府通过颁布法律法规对企业的生产经营施加影响,以及通过严格的监管来迫使企业依法经营。①

1877 年,从"穆恩诉伊利诺伊州"案件开始,美国政府开始探索通过法律来监督企业和规范经济的可能性。②随后,美国国会于 1887 年通过了《贸易管制法》,首次对经济管制作出了详细规定;1903 年颁布的《埃尔

---

① ［美］保罗・萨缪尔森:《经济学》,高鸿业译,中国发展出版社 1992 年版,第 864—865 页。

② 笪素林:《美国政府监管制度的演进及其内在逻辑》,《江海学刊》2007 年第 5 期。

金斯法案》在规范铁路公司的差别待遇方面发挥了重要作用；1890年的
《谢尔曼法案》、1906年的《纯食品和药品法案》、1913年的《联邦储备法
案》和1914年的《联邦贸易委员会法案》创建了一系列联邦监管机构来监
管过度和有害的商业活动。通过前述一系列法案的出台，美国联邦政府
遏制了交通基础设施、食品和药品、银行等企业的不当经营和垄断
行为。①

综上所述，这一时期美国建立的企业合规体系主要依靠立法和设立
独立的监管机构，在国家层面的指导下，对企业经营加强监管，企业迫于
压力，不得不改变此前放纵经营的方式，重回合规经营之路。

2. 由国家监管向自我监管转变

通过加强政府监管来强制企业遵守法律义务的实践效果并不理想，
这主要是由于理论基础不足、政治风气较差、规划和执行不力等。在这样
的背景下，用企业自律取代政府监管，逐步成为美国企业合规路径的首要
选择。

1977年，美国国会通过《反海外腐败法》，旨在遏制企业的境外腐败
问题，以挽救美国的国际形象，恢复国际社会对美国商业体系的信心。②
根据《反海外腐败法》，违反者可能需要承担民事和刑事方面的责任。
刑事责任分为两类：一是被视为犯罪的公司和其他商业实体，最高可被
处以200万美元的罚款；二是被视为董事、雇员或代理人在内的高级人
员犯罪，可处以最高10万美元和最高5年的监禁。③在后来实施的《选
择性罚金法案》中，罚款最高限额由固定上限改为公司违法所得或他人
经济损失金额的两倍，④显著提高了《反海外腐败法》的威慑力和执行

① 宋华琳：《美国行政法上的独立规制机构》，《清华法学》2010年第4期。
② 梁涛：《美国企业合规制度的构建：国家监管、强制性自我监管和刑事激励》，《政治与法律》2022年第7期。
③ 陈瑞华：《企业合规基本理论》，法律出版社2021年版，第430页。
④ 万方：《反腐败合规法律实践的规范演进与实践展开——以美国〈反海外腐败法〉为切入》，《法治研究》2021年第4期。

力度。

自《反海外腐败法》生效以来,合规计划已与刑事责任的量刑联系在一起。①大量企业被指控贿赂外国官员,结果公司被处以巨额罚款,高级管理人员因腐败也被处以监禁。②随着这样的案例不断增多,越来越多的企业意识到问题的严重性,开始重点落实公司内部治理责任,规避企业腐败相关法律风险,企业合规体系建设逐渐受到重视。

3. 刑事激励模式下的企业刑事合规

随着《反海外腐败法》《萨班斯-奥克斯利法案》《联邦矿山安全与健康法案》等多项法案的施行,美国国家监管下的企业合规开始走向强制自我监管的模式,刑事法律逐渐成为国家对企业行为进行经济和社会控制的主要工具。

除了通过国家监管迫使企业进行自我管理外,美国还为企业遵守规定提供量刑层面的激励措施。例如,已经建立有效监管体系的公司可能会受到较轻的刑罚或追究民事或行政指控,而不是严重且负面影响较大的刑事指控。③这种举措始于20世纪60年代以通用电气为首的一系列反垄断诉讼,④通用电气声称自己实施了相应的内部合规管理措施,试图让自己免受刑事指控。尽管通用电气的尝试没有成功,但监管机构在案件审理过程中表示,他们将把合规计划的存在视为企业的违规行为并非故意的证据,⑤这意味着合规管理制度的建立将有利于规避刑事指控。

---

① 刘伟:《刑事合规的溯源、反思与构建》,《江海学刊》2021年第4期。
② 陈瑞华:《企业合规基本理论》,法律出版社2021年版,第430页。
③ See C. C. Murnane, Criminal Sanctions for Deterrence Are a Needed Weapon, But Self-Initiated Auditing Is Even Better: Keeping the Environment Clean and Responsible Corporate Officers out of Jail, Ohio State Law Journal, Vol.55, p.1181(1994).
④ 李本灿:《刑事合规的制度史考察:以美国法为切入点》,《上海政法学院学报(法治论丛)》2021年第1期。
⑤ See C. J. Walsh & A. Pyrich, Corporate Compliance Programs as a Defense to Criminal Liability: Can a Corporation Save Its Soul, Rutgers Law Review, Vol.47, p.605(1994).

美国司法部 1990 年出版的《美国检察官手册》明确了合规不起诉制度可适用于公司犯罪案件。根据该手册,检察官决定是否对一家公司提起诉讼或与其进行刑事认罪协商时,重要的考虑因素是该公司是否致力于制定并实施有效的合规计划,以及是否配合执法调查。[①]

此后,随着在刑事案件中的不断适用和发展,合规不起诉制度已成为美国检察官办理企业刑事案件的常规模式。这种犯罪激励模式下的企业合规已成为美国预防、侦查和惩罚企业犯罪后,激励相关企业发展或提高合规性的最重要机制之一。

(二)美国刑事合规的实体法规定

1.《联邦量刑指南》

1991 年,美国联邦量刑委员会对《联邦量刑指南》进行了修订。修订后的第八章"组织量刑指南"的序言明确指出该章节的核心目标是,建立一个能够预防、发现和举报犯罪的机制,以确保对组织及其代理人的制裁既公正又具有足够的威慑力,同时能够激励组织自身进行合规建设。[②]这种"对组织的激励"实质上是指通过减少罚款和提供缓刑机会来鼓励企业加强合规建设。[③]举例而言,法院可以大幅减少对已经建立合规体系的公司的罚款。

《联邦量刑指南》为确保企业合规的有效性,详细规定了合规方案应满足的七项核心条件。这些条件包括:(1)制定预防政策与标准:企业必须制定明确的政策和标准,旨在预防犯罪行为的发生,确保公司运营符合法律和道德要求;(2)高级管理层的监督:企业的高级管理人员应对合规政策和标准进行监督,确保这些政策和标准得到有效执行,并及时调整以适应法律和市场环境的变化;(3)聘用筛选:公司在招聘过程中应严格筛选,避免聘用有犯罪记录的人员,以减少内部犯罪风险;(4)员工合规培

---

① U.S. Dept. of Justice, U.S. Attorneys, Manual(1990),§9-27.220.
② 韩轶:《刑事合规视阈下的企业腐败犯罪风险防控》,《江西社会科学》2019 年第 5 期。
③ 李本灿:《刑事合规的制度史考察:以美国法为切入点》,《上海政法学院学报(法治论丛)》2021 年第 1 期。

训:企业应确保所有员工对公司的合规政策和标准有充分的了解,通过培训和教育提升员工的合规意识;(5)定期审查与更新:企业应定期监控和评估合规政策与标准的有效性,并根据需要进行更新,以应对法律和市场环境的变化;(6)建立纪律制度:企业应建立严格的纪律制度,对违反合规政策和标准的行为进行惩罚,确保合规标准得到严格遵守和执行;(7)应对与预防:在犯罪行为发生后,企业应立即采取相应措施进行应对,以减少损失并防止类似行为再次发生。同时,企业应深入分析犯罪原因,加强合规措施,防止类似事件的再次发生。①在实际操作中,很多企业的合规体系构建工作均紧密围绕这七个核心标准展开。这些标准不仅为企业提供了清晰的方向和框架,也确保了合规体系的全面性和有效性。通过遵循这些核心标准,企业能够建立起一套既符合法律要求又适应自身运营特点的合规体系,从而有效预防和应对各种潜在的法律风险。

自 1991 年《联邦量刑指南》第八章"组织量刑指南"正式颁布以来,其中关于企业合规的详细规定已逐渐演变为检察官在评估公司罪责时的重要参考,同时也成为法官量刑的依据。对于面临合规监管的企业而言,这些规定不仅是指引其进行合规整改和体系调整的重要法律依据,更是确保其运营活动合法合规的关键指导。

2.《联邦起诉商业组织原则》

1999 年,美国副司法部长埃里克·霍尔德发布了一份具有里程碑意义的备忘录,名为《联邦起诉商业组织原则》(以下简称《霍尔德备忘录》)。该备忘录详细列出了检察官在决定是否起诉企业时应当综合考虑的八个关键因素,为检察官在评估企业责任时提供了明确的指导:(1)检察官会评估犯罪的性质和严重程度,以及这一行为对社会可能造成的侵害风险。这包括考虑犯罪行为的动机、手段、后果等多个方面;(2)备忘录强调了公司内部违规行为的普遍性和管理层的态度。如果违规行为在公司内部普

---

① See C. Ford & D. Hess, Can Corporate Monitorships Improve Corporate Compliance, Journal of Corporation Law, Vol.34, p.679(2008).

遍存在,或者管理层存在共谋或纵容违规的行为,这将增加检察官起诉的可能性;(3)检察官会考虑公司历史上的类似行为,包括之前是否受到过刑事、民事或监管惩罚,如果公司有多次违规记录,表明该企业前科累累,更应当被惩戒;(4)公司是否及时、主动披露不当行为并愿意配合调查,也是检察官考虑的重要因素。这种主动配合的态度有助于减轻企业的法律责任;(5)备忘录明确指出了合规计划的重要性。检察官会评估公司是否有合规计划以及该计划的执行情况。一个健全且有效执行的合规计划将降低企业被起诉的风险;(6)公司的纠正措施也是检察官关注的焦点。这包括为实施有效的公司合规计划或改进现有计划而作出的任何努力,如更换管理层、对违规者进行纪律处分或解雇、支付赔偿金以及与政府机构合作等;(7)检察官还会考虑附带后果,即公司的行为是否对股东、养老金领取者、雇员和其他尚未明确责任的个人造成了侵害,以及这一行为对社会产生的广泛影响;(8)备忘录还提到了民事和非刑事补救措施的适当性。在决定是否起诉时,检察官会权衡各种补救措施的效果和成本,选择最适合的处罚方式。①

上述八个因素共同构成了检察官在决定是否对企业提起诉讼时所需考虑的关键要素。其中,企业是否拥有合规计划以及该计划的有效性,在检察官的考量中占据了举足轻重的地位。如果检察官确定企业已经严格遵守了合规计划,并且该计划是有效且得到妥善执行的,那么这将成为检察官在评估企业责任时的重要正面因素。在这种情况下,检察官可能会依职权作出不予起诉的决定,或者至少会在量刑时给予企业一定的宽大处理。《联邦起诉商业组织原则》也明确鼓励检察官从多个角度审查公司的合规状况,包括企业违规行为的普遍程度、公司是否有合规计划、是否采取了纠正措施等。除了对检察官的工作具有指导意义外,《联邦起诉商业组织原则》对于指导企业制定合规计划也具有重要意义。企业可以根据这些原则,结合自身的实际情况,制定出一套既符合法律要求又适应企

---

① 叶良芳:《美国法人审前转处协议制度的发展》,《中国刑事法杂志》2014 年第 3 期。

业运营特点的合规计划。①

3.《汤普森备忘录》

美国助理司法部长拉里·D.汤普森在 2003 年签署的《汤普森备忘录》中，增加了一项重要考量因素，即个人对公司活动和行为直接负责的程度，使之成为检察官在起诉公司时必须考虑的第九个关键要素。这份备忘录明确规定，检察官在决定是否起诉一家企业时，"必须"逐一且独立地评估这九个因素，从而确保起诉决策的公正性和全面性。此外，《汤普森备忘录》还修正了之前版本中对于前八个因素的表述，使其规定更加明确和清晰。值得一提的是，《汤普森备忘录》提出了一个创新的建议，即将原本适用于青少年犯罪和毒品犯罪的审前分流协议引入企业犯罪领域。这一合规方案的引入，为检察官在处理企业犯罪案件时提供了新的视角和工具。根据这一建议，检察官在面对企业犯罪时，可以考虑将审前分流协议作为一种合规方案。这意味着，如果企业能够主动制定并实施合规计划，积极预防和纠正违法行为，检察官可能会决定暂缓起诉或不予起诉。这一合规方案的实施，直接推动了企业对合规的重视。企业逐渐意识到，通过制定和实施合规计划，不仅可以减少违法风险，还可以为检察官的决定提供有力支撑，从而增加获得暂缓起诉或不起诉处理的可能性。②检察官对企业提出的合规建议，在推动企业合规管控体系的发展和完善上，起到了至关重要的导向作用。

4.《麦克纳尔蒂备忘录》

2006 年，时任美国副总检察长的保罗·J.麦克纳尔蒂签署了《麦克纳尔蒂备忘录》，这一文件在保留《汤普森备忘录》中规定的起诉法人时需要考虑的九项关键因素的基础上，进一步细化了对企业合作真诚性的评估要求。根据《麦克纳尔蒂备忘录》，检察官在特定情况下有权要求企业提

① 梁涛：《美国企业合规制度的构建：国家监管、强制性自我监管和刑事激励》，《政治与法律》2022 年第 7 期。

② 万方：《企业合规刑事化的发展及启示》，《中国刑事法杂志》2019 年第 2 期。

供受特权保护的信息,但这一要求必须建立在"合理必要"的基础之上。在衡量是否满足"合理必要"的条件时,检察官将考虑以下要素:首先,该信息对于案件调查或起诉的潜在利益有多大;其次,是否存在其他替代措施来获取该信息;最后,公司是否自愿提供这些信息。此外,《麦克纳尔蒂备忘录》还明确指出,检察官在评估企业合作的真诚性时,通常不应将法人为接受调查或起诉的员工支付律师费作为主要的考量因素。这一规定意味着,除非律师费的支付行为确实妨碍了刑事调查的正常进行,否则检察官不应将其视为企业缺乏合作真诚性的表现。①2008 年,副总检察长马克·R.菲利普做了更进一步的调整:检察官不能将企业放弃律师作为衡量企业合作真诚性的考量因素。②

5. 小结

当我们回顾过去几十年来美国推动企业合规监管的刑事激励措施的发展时,可以看到几个重要的里程碑和趋势。美国联邦量刑委员会修订了《联邦量刑指南》,明确规定对采取了合规举措的企业可减少罚款,并可适用缓刑,为刑事合规性扩展到各个行业提供了基础。美国推动企业合规监管的刑事激励措施经历了从《联邦量刑指南》的修订到《汤普森备忘录》和《麦克纳尔蒂备忘录》的发布,再到《联邦起诉商业组织原则》的丰富,逐步形成了一个完整的框架和体系,明确了企业是否有合规计划以及该计划有效性是检察官在起诉企业犯罪时考虑的核心要素之一,也是影响暂缓起诉或不起诉决定的核心要素。

(三) 刑事合规的程序法层面:暂缓起诉模式

刑事合规暂缓起诉模式的运作可以追溯到 1993 年美国阿穆尔公司案,这一案例为后续的合规改革提供了重要的实践基础。本案中,检察官与违反出口管制的阿穆尔公司签署了暂缓起诉协议,这份协议中首次纳入了合规计划的整改内容,要求阿穆尔公司在一定期限内改善其合规体

---

① 叶良芳:《美国法人审前转处协议制度的发展》,《中国刑事法杂志》2014 年第 3 期。

② 李本灿:《域外企业缓起诉制度比较研究》,《中国刑事法杂志》2020 年第 6 期。

系,以避免被正式起诉。通过这一案例的实践探索以及后续《霍尔德备忘录》和《汤普森备忘录》的推动,暂缓起诉模式得以制度化发展,合规计划的构建逐渐成为暂缓起诉协议中的常规部分。①

美国暂缓起诉协议主要包含以下几点内容:(1)要求涉案企业充分、真诚地配合执法机构工作,包括企业需积极协助执法机构对公司员工进行调查、提供必要的文件和证据、支付一定数额的罚金、缴纳违法所得以消除其不当收益等,在考察期间不得违反协议内容,不得公开发表违反协议规定的言论,否则将面临严重的法律后果;(2)涉案企业必须承认其犯罪事实;(3)涉案企业需要建立内部合规机制,防止类似行为再次发生。

二、英国的刑事合规制度

为了深入应对企业违法行为的挑战,英国在 2013 年通过立法手段,即在《犯罪与法院法》中,引入了暂缓起诉机制。②与立即生效的常规规定不同,这一创新制度在初始阶段并未直接付诸实践,而是要求相关执法机构——即重大欺诈办公室(SFO)和皇家检察署(DPP)——制定详尽的操作手册。随后,在 2014 年 2 月 24 日,重大欺诈办公室和皇家检察署携手发布了《延期起诉协议操作规范》,为这一新制度的实施提供了明确的指导原则和操作细节,从而确保了企业延期起诉制度的有效落地和顺利运行。

英国立法详细规定了企业暂缓起诉制度的程序和范围,总结如下:

1. 暂缓起诉的双重检验适用条件

在决定是否采用暂缓起诉这一措施时,检察官需经历严格的双重检验流程,即证据审查阶段和公共利益阶段的评估。

在证据审查阶段,检察官必须遵循《皇家检察官法典》所规定的"完整守则检验"标准。这意味着,检察官必须确保已有证据能够形成对犯罪嫌

---

① 李本灿:《域外企业缓起诉制度比较研究》,《中国刑事法杂志》2020 年第 6 期。

② Crime and Courts Act 2013,Schedule 17.

疑人犯罪行为的合理怀疑,并且这些证据在逻辑上是完整且连贯的。如果当前证据不足以满足这一标准,检察官还需进一步判断,是否存在合理理由相信,随着调查的深入,在可预见的未来能够收集到更多证据,使得所有证据加起来能够满足"完整守则检验"的要求。

进入公共利益阶段后,检察官需要综合考虑案件涉及的公共利益因素。这一阶段的评估建立在证据审查阶段通过的基础上。如果证据满足"完整守则检验"标准,并且公共利益考量也支持暂缓起诉,那么检察官可以与犯罪嫌疑人达成暂缓起诉协议。然而,如果证据审查或公共利益评估中的任何一个环节未能通过,暂缓起诉制度将无法适用。

2. 决定暂缓起诉时的考量因素

可能阻碍暂缓起诉的因素包括:(1)行为的严重性:如果涉嫌的犯罪行为极其严重,可能会阻碍暂缓起诉的考虑;(2)前科劣迹:如果企业或个人有类似的前科,这将是一个不利的因素;(3)商业惯例:如果被指控的行为是该企业的常规商业操作,可能会降低暂缓起诉的可能性;(4)合规体系与改进措施:企业若无合规体系或未采取后续改进措施,可能不利于暂缓起诉;(5)预防性措施:若之前已收到对类似行为的预防性警告或制裁,但企业未作出改进,这将是一个不利因素;(6)报告及时性:企业若未及时报告违法行为,可能会阻碍暂缓起诉;(7)举报内容的真实性:举报内容若无法核实或故意包含不准确、不完整或误导性信息,将不利于暂缓起诉的决策;(8)对受害者与市场的影响:若行为对受害者造成直接或间接伤害,或对市场和国家信心产生严重负面影响,暂缓起诉的可能性将大大降低。

可能推进暂缓起诉的因素包括:(1)与有关部门的合作:企业若能积极配合相关部门的调查,可能会增加暂缓起诉的机会;(2)无类似不法行为历史:若企业过去无类似不法行为,这将是一个有利的因素;(3)合规计划:企业若已具备合规计划,并在行为后采取了积极的改进措施,可能有利于暂缓起诉;(4)偶发事件:若相关行为属于偶发事件,且企业已采取预防措施,可能会促进暂缓起诉的考虑;(5)组织形态的变化:若犯罪并非最近发生,且涉案公司在此期间已形成了不同的组织形态,可能会增加暂缓起诉的机会;(6)诉讼的不成比例后果:若诉讼可能对企业产生不成比例的严重后果,可能会倾向于暂缓起诉;(7)对公共利益的考量:若诉讼本身也会对公共利益产生重大负面影响,暂缓起诉可能会被视为更合适的处理方式。

3. 暂缓起诉协商的提起与内容

若检察官在综合考虑各种因素后,决定给予涉案企业暂缓起诉的机会,将通过正式的邀请函来向企业表达这一意图。在邀请函中,检察官会明确双方在谈判过程中的责任与义务,以确保整个过程的公正、透明和有效。

首先,检察官会强调谈判过程中信息的保密性,确保所有涉及案件的信息不被泄露,以保护当事人的合法权益;其次,检察官会要求当事人在谈判过程中承认并如实陈述案件事实。这一要求旨在确保案件事实的真实性和完整性,但并不意味着当事人必须认罪。当事人可以在承认事实的基础上,提出自己的辩解和解释。

在达成暂缓起诉协议时,协议内容通常包括以下几个方面:(1)经济制裁条款:涉案企业需要支付一定的经济制裁金,以体现对其违法行为的惩罚;(2)对受害者的赔偿:若案件涉及受害者,涉案企业需要承担相应的赔偿责任,以弥补受害者的损失;(3)对检察官办案费用的承担:涉案企业需要支付检察官在办案过程中所产生的合理费用;(4)慈善捐款:作为一种社会责任的体现,涉案企业可能需要向慈善机构捐款,以回馈社会;(5)全力配合:涉案企业需要承诺全力配合检察官的调查工作,提供必要的证据和信息;(6)禁止特定行为:协议中可能会明确规定涉案企业在一定期限内禁止从事某些与案件相关的行为,以防止其再次违法;(7)制定合规方案并建设合规体系:涉案企业需要制定详细的合规方案,并建设完善的合规体系,以确保未来不再发生类似违法行为。

4. 听证程序

在谈判进入实质性阶段并意图达成暂缓起诉协议之前,检察官需遵循特定程序以确保协议的合法性和公正性。首先,检察官需向皇家法院递交一份申请,请求法院对暂缓起诉协议进行审查,确认其符合正义原则,并且协议中的各项条款均具备公平性、合理性和适度性。无论皇家法院是否确认检察官提出的上述内容,法院都必须明确阐述其决定所基于的理由。如果法院初次审查后决定不确认协议内容,检察官有权根据法院给出的理由重新调整协议条款,并再次向法院提出申请。整个申请和确认过程需保持机密性,以确保不公开进行,避免对涉案企业和相关方造成不必要的舆论压力。在双方经过初步听证会并达成初步一致后,检察官需再次向皇家法院提交申请,请求法院对修改后的暂缓起诉协议进行最终确认,确保其符合正义利益,并且所有条款均达到公平、合理和适度的标准。在暂缓起诉协议的最终听证会上,为了维护涉案各方的隐私和权益,听证过程可能会选择以非公开的形式进行。然而,一旦皇家法院决定批准该暂缓起诉协议,这一决定及其相关的内容必须向公众公开宣布。获得法院的最终批准后,检察官负有法定义务,必须及时公布暂缓起诉协议的具体内容,以及法院批准该协议的理由。

5. 公司违背协议的鉴定、协议的修订以及期满后的废止程序

如果在执行暂缓起诉协议期间,检察官发现公司偏离协议内容,必须向法院提出申请,法院将决定修改或终止协议;在执行暂缓起诉协议期间,法院要求或者认为确实需要修改协议的,检察官必须报请法院批准;协议期满后,检察官必须将协议期满之事告知法院。

6. 适用范围的限制

暂缓起诉制度仅适用于经济犯罪,包括普通法下的串谋欺诈、逃税以及许多成文法下的经济犯罪。①

---

① 李本灿:《域外企业缓起诉制度比较研究》,《中国刑事法杂志》2020 年第 3 期。

三、法国的刑事合规制度

法国刑事合规制度在近年来受到了广泛的国际关注，但值得注意的是，在《增加透明度、打击腐败和促进经济生活现代化的第 2016-1691 号法律》（即《萨宾二世法》）正式颁布之前，该国的法人犯罪体系中，刑事合规制度的发展空间确实相对有限。根据研究人员的深入分析，法国刑法在处理法人刑事责任时，主要采用的是"代表责任"的模式。在这种模式下，法人的刑事责任被视为一种间接责任，其基础在于法人机关（包括决策层如董事会和股东大会）或其代表的行为。当这些机构或代表实施了犯罪行为时，法人便需承担相应的刑事责任。此外，这种责任被进一步界定为个人的，即犯罪行为的动机或结果必须是为了法人的利益而发生的。[①]

确实，在法国的法人犯罪体系中，当犯罪行为是由法人或其代表人为该法人的利益而实施时，无论法人是否采取了其他措施，该法人都应承担刑事责任。这种"代表责任"的间接归因模式意味着，企业责任的范围主要限定于那些由企业机关或其代表所直接实施的犯罪行为。在这种模式下，企业合规本身并不直接影响企业的刑事责任。即使企业已经建立了完善的合规计划，只要犯罪行为是由企业机关或其代表实施，企业仍需为此承担责任。因此，这种模式在一定程度上限制了企业刑事责任的多样性，使得企业合规在减少刑事风险方面的作用较为有限。然而，与美国的情况相比，法国的这种模式确实减少了企业对合规计划作为责任减轻机制的需求。在美国，由于采用的是"替代责任"模式，企业可能因员工或代理人的行为而承担刑事责任，这使得企业更加重视合规计划的建立和实施，以减轻潜在的刑事风险。事实上，美国合规计划的广泛实施与其替代责任制度下的企业责任严重性有着紧密的联系。在替代责任模式下，企

---

① 陈萍：《法国法人刑事责任归责机制的形成、发展及启示》，《政治与法律》2014 年第 5 期。

业为了规避或减轻潜在的刑事风险,更加倾向于通过建立健全的合规计划来规范员工和代理人的行为,确保企业运营符合法律法规的要求。这种需求推动了美国合规计划的快速发展和广泛应用。[①]在法国法中,立法者明确拒绝了法人责任的直接模式。尽管有学者或法官试图引入"结构性过失理论",但最高法院仍坚持刑法传统的限制性解释,即支持间接过失模式。结果,合规计划的发展受到了阻碍。[②]

由于难以通过法人刑事责任归责模式促进企业合规,法国在2016年通过了《萨宾二世法案》,正式引入了刑事合规制度,这一制度在促进企业合规方面发挥了重要作用。该法案设定的刑事合规制度内容主要包括以下几个方面:

1. 企业合规计划的要素

企业合规计划是确保企业运营遵循道德和法律标准的关键环节。为了有效预防和打击腐败行为,合规计划必须包含以下核心内容:(1)制定行为准则:明确规定哪些行为可能构成腐败,如贿赂、回扣、利益输送等,并强调这些行为是不被接受且应予以禁止的。行为准则应涵盖所有业务领域和环节,确保员工和合作伙伴都清楚了解公司的道德和法律标准;(2)建立内部举报制度:鼓励员工和合作伙伴积极举报违反行为准则的行为。内部举报制度应确保举报渠道的畅通、保密性和公正性,以便员工和合作伙伴能够安全地报告任何可疑行为。同时,公司应对举报人提供必要的支持和保护,防止其受到报复或歧视;(3)建立风险识别系统:通过系统的方法识别和分析腐败风险。这包括评估公司业务流程中的潜在腐败风险点,如采购、销售、市场营销等关键环节。风险识别系统应能够及时发现潜在风险并采取相应的预防措施;(4)客户、一级供应商和中间供应商评估程序:基于风险识别系统,建立对客户、一级供应商和中间供应商

---

① See Miriam H. Baer, "Governing Corporate Compliance", 50 B.C.L. Rev. 949, 963—964(2009).

② See Stefano Manacorda, Francesco Centonze & Gabrio Forti, Preventing Corporate Corruption: The Anti-Bribery Compliance Model, Springer, 2014, p.482.

的评估程序。通过评估这些合作伙伴的信誉、合规记录和道德标准,确保他们与公司保持一致的价值观和道德标准。对于存在较高腐败风险的合作伙伴,公司应采取更严格的监控和审查措施;(5)内部或外部财务审计:定期进行内部或外部财务审计,确保公司的财务记录真实、准确和完整。财务审计应重点关注是否存在用于掩饰腐败行为的财务操作,如虚构交易、转移资金等。通过审计,公司能够及时发现并纠正潜在的腐败问题;(6)反腐败培训:对腐败风险最大的管理人员和员工进行反腐败培训。培训内容包括腐败行为的定义、危害、识别方法和预防措施等。通过培训,提高员工对腐败问题的认识和警觉性,增强他们的合规意识和道德观念;(7)惩罚措施:对违反行为规范的员工制定明确的惩罚措施。这些措施应具有威慑力,能够让员工充分认识到违反行为准则的严重后果。同时,公司应确保惩罚措施的公正性和一致性,避免对员工造成不公正的待遇;(8)内部评估和控制体系:建立对所实施措施进行评估和控制的内部体系。这包括定期评估合规计划的有效性、检查内部控制机制是否健全以及监督员工和合作伙伴的行为是否符合行为准则等。通过评估和控制体系,公司能够及时发现并解决合规问题,确保合规计划的持续改进和完善。

2. 适用范围

该合规计划适用于以下企业:(1)拥有 500 名员工,或属于某母公司,且该母公司在法国注册且员工超过 500 名;且(2)营业额或合并营业额总额超过 1 亿欧元。

3. 责任问题

在强调合规计划的重要性方面,未能按法律规定履行合规义务的公司将面临严重的经济处罚。具体而言,公司可能面临高达 100 万欧元的罚款,负有直接责任的个人则可能面临最高 20 万欧元的罚款。这些罚款是可以累积计算的,意味着一旦违规,经济代价将是十分沉重的。

更为严重的是,若公司内部已经存在腐败行为,公司不仅会被迫制定合规计划,而且这一计划的实施必须在法国反腐败局的严密监督下进行,且必须在五年内完成。这一要求凸显了法国当局对于打击腐败的坚定态度和决心。

对于未能遵守其强制性合规计划义务或阻碍这些义务履行的公司,其行为将被视为刑事犯罪。在这种情况下,涉案公司的法定代表人或经理将被追究刑事责任,包括最高 2 年的监禁和最高 5 万欧元的罚金。同时,公司本身也将面临根据其犯罪所得利润金额确定的高额罚款,这无疑是对公司违规行为的严厉打击。

4. 企业暂缓起诉制度

在考虑公共利益的前提下,当公司同意时,检察官有权决定采取暂缓起诉措施,并与公司签署一份协议。这份协议的核心内容通常包括要求企业建立或进一步完善其合规计划,旨在防止类似的不当行为再次发生。

《萨宾二世法案》是法国为了履行国际反腐败义务而制定的一部重要法律。自该法案通过以来,它不仅在反腐败领域产生了深远的影响,还对其他行业产生了积极的推动作用。特别值得一提的是,该法案引入的企业合规制度被其他领域广泛借鉴和应用。以《法国企业警惕义务法》为例,这部法律要求一部分企业制定符合《萨宾二世法案》反腐败精神的合规计划。这些合规计划不仅关注企业的商业行为是否合法合规,还强调对工人的人身安全、环境保护等方面的责任。通过制定和执行这样的合规计划,企业能够更有效地预防潜在的风险,确保自身的稳健运营,并为社会创造更大的价值。[①]由于该法律不包含刑事激励的内容,因此其具体内容不再进一步讨论。

企业刑事合规的概念最初源于美国,随后在法国、英国等国家得到迅速推广和实施。从立法和司法层面来看,各国的企业刑事合规制度各具特色,形成了多样化的模式。以美国为例,其刑事激励模式通过正面激励

---

① See Ludovic Malgrain & Jean-Pierre Picca, Compliance in France, in "Europe, Middle East and Africa Investigations Review 2019", Law Business Research Ltd, 2019, p.56.

措施，鼓励企业建立并维护合规体系，以预防犯罪行为。而英国则采取了独立成罪的模式，将不合规行为明确为独立的犯罪类型，并对此类行为进行严格的法律制裁。法国则推行了强制合规模型，要求企业必须建立并遵守合规计划，否则将面临法律处罚。

在审视不同国家企业刑事合规制度的演变和刑事化进程时，我们可以清晰地看到，利用刑法工具推动企业合规已成为各国立法和司法部门的共同选择。法律处罚作为推动企业合规的重要手段之一，在各国得到了广泛应用。然而，由于各国的法律体系和具体国情存在差异，促进企业合规的方式也各不相同，体现了各国在刑事合规制度建设上的独特性和多样性。

第三节　刑事合规在我国的发展现状

在全球经济一体化的大背景下，我国企业刑事合规制度的构建与完善很大程度上受到国际监管要求的推动。随着"走出去"战略的实施，中国企业积极拓展海外市场，寻求经济高质量和可持续发展的新路径。然而，在国际化进程中，我国企业内部组织管理的不足和短板也逐渐暴露，成为国际监管的重点关注对象。

"2018年美国制裁中兴事件"无疑给中国企业带来了深刻的反思，这一事件不仅揭示了企业在国际化经营中可能面临的法律风险，也激发了中国企业加强刑事合规本土化建设的紧迫性。随后，"美国制裁华为事件"再次提醒我们，合规管理的重要性不容忽视。为了防范中国企业在"走出去"过程中因违规行为而遭受的长期负面影响，理论界和实务界都在积极探索公司刑事合规制度的本土化实践。这包括将国际先进的企业合作治理、企业共治等现代公司治理理念融入我国的刑事合规制度中，使之更加符合我国的法律体系和市场环境。通过不断完善刑事合规制度，中国企业不仅能够更好地适应国际市场的监管要求，还能提升自身的管理水平和竞争力,为企业的可持续发展奠定坚实的基础。

在 2020 年 3 月,最高人民检察院率先在上海浦东、上海金山、山东郯城等六个基层法院启动了企业合规改革的第一期试点工作。2021 年 3 月,为了深化并扩大这一改革的影响力,最高人民检察院决定进一步扩大合规改革试点的范围,这次改革试点覆盖了包括北京、上海在内的十个省市,共计 27 个市级检察院和 165 个基层检察院。基于这些丰富的试点经验,最高人民检察院随后陆续发布了四批企业合规的典型案例,这些案例不仅为司法实践提供了宝贵的参考,也为理论探索指明了方向。

一、我国刑事合规的出现与发展

关于我国企业在合规不起诉制度方面的首个正式法律文件,可以追溯至最高人民检察院与全国工商联共同颁布的《关于建立健全检察机关与工商联沟通联系机制的意见》。其中,该意见明确强调:"检察机关在案件办理过程中,若发现民营企业存在管理漏洞或经营不规范问题,应当深入剖析这些问题背后的原因,精确识别管理风险点及制度短板,并适时、有效地提出检察建议,以帮助企业改进。"[①]

随后,各地检察机关纷纷出台相关政策文件,以明确和规范企业合规不起诉制度的实施。例如,广东省深圳市宝安区人民检察院在 2020 年 8 月制定了《关于企业刑事合规协作暂行办法》,其中明确了独立监控人的角色,他们负责对涉案企业的合规状况进行详尽调查,并辅助企业制定合规计划,同时协助检察机关对合规计划的执行情况进行监督。这份报告将成为检察机关决定是否起诉的重要参考。同样,江苏省张家港市人民检察院在 2020 年发布了《企业犯罪相对不起诉适用办法》,详细界定了企业犯罪相对不起诉制度的相关细则。浙江省舟山市岱山县人民检察院则在同年 9 月颁布了《涉案企业刑事合规办理流程(试行)》,该流程明确指

---

① 戴佳:《最高检全国工商联出台意见建立健全联系机制合力为民营经济发展提供法治保障》,2021 年 1 月 30 日,https://www.spp.gov.cn/spp/tt/201903/t20190303_410059.shtml。

出,对于认罪认罚并承诺整改合规的涉案企业,将由检察机关指定的合规监督员进驻企业,负责指导和监督企业的整改工作。整改期满后,经过公开听证,检察机关将根据企业的整改情况作出不起诉决定或提出缓刑量刑建议。此外,辽宁省人民检察院在2020年12月发布了《关于建立涉罪企业合规考察制度的意见》,标志着该省对企业合规不起诉制度的初步探索。这些政策文件的发布,为我国企业合规管理提供了更为明确的指导,也为企业提供了更多的法律保障。

二、我国刑事合规改革的模式

鉴于企业合规不起诉制度在激励企业强化内部管理和风险防控机制方面扮演着举足轻重的角色,它不仅有助于实现宽严相济的刑事政策目标,还能有效节约司法资源,进而推动企业合规经营水平的持续提升。当前,各地正积极探索和实践这一制度,但值得注意的是,由于尚未有明确的法律规定作为指导,不同地区在试点企业合规不起诉工作时所采取的方法与策略呈现出一定的差异。

从当前合规改革的地方试点实践中观察,检察机关在推动涉案企业刑事合规方面主要采取了两种模式:

第一,"相对不起诉或法定不起诉+检察建议"的模式。在此模式下,对于涉案企业而言,如果其犯罪情节较为轻微,并且满足相对不起诉的法定条件,检察机关会作出不起诉的决定,并伴随性地向企业提出合规整改的检察建议。这一建议的目的在于敦促企业积极行动,完成合规管理体系的建设和完善。以某些地区为例,当涉案企业的犯罪情节被认定为轻微,并且企业表现出认罪认罚的态度时,检察机关会选择采取酌定不起诉的方式,并通过一系列的考察措施来确保企业真正履行合规整改的义务。这些考察措施包括但不限于要求企业设立专门的风险控制部门,完善其业务审批机制以堵塞系统漏洞,更新系统设置以强化合规性,以及加强法制培训等。通过这些具体措施,检察机关不仅实现了对涉案企业的法律惩戒,更促进了企业合规文化的培育和提升。

第二,"合规不起诉"模式。针对涉案企业,若企业表现出主动进行合规整改的意愿,并在一定的合规考验期内接受监督与评估,这一过程由第三方组织负责。若企业在考验期后展现出的合规管理能力达到了预定的验收标准,检察机关将针对该企业作出不起诉的决定。举例来说,在部分地区,对于涉及轻微犯罪且直接责任人可能被判处三年以下有期徒刑的案件,检察机关在审查起诉阶段可以设定 6 至 12 个月的考察期。在此期间,涉案企业需要制定合规建设计划并承诺接受考察。一旦考察期满,且检察机关确认企业已按照合规计划规范了经营活动、健全了管理制度,通常将采取不起诉的处理方式。

第七章 刑事合规与单位犯罪

第一节 刑事合规义务的内容

在法治环境下，企业在经营活动中不仅需遵守法律法规、行业标准和商业道德，还需承担相应的社会责任，因此，抽象的合规义务应运而生。合规义务的内容不仅包括公司章程、业务守则等书面文件的制定，还应包括建立与书面规则相一致的动态运行机制。

合规义务通常涵盖以下内容：

第一，单位履行合规义务的目的是防范犯罪风险。因此，在制定经济活动的具体规范之前，有必要评估单位在活动过程中可能面临的犯罪风险。这些风险不仅包括大多数单位可能存在的一般刑事风险，如商业贿赂，还包括根据业务具体情况可能产生的刑事风险，例如网络服务平台对信息技术网络安全风险的监控。

第二，完成风险评估后，制定并实施合规政策，明确规定员工必须遵守的法律法规和道德标准，确保业务经营合法合规。此类规范性文件不仅应以刑法和相关司法解释为依据，还应包含预防性规范，并特别注重行业标准和商业道德。

第三，要建立可靠的内部控制体系，包括制定风险评估和管理程序，明确各部门的职责和权限，确保业务经营符合法律要求，及时识别和消除潜在风险和违规行为。

第四，一旦制定了书面合规标准，就应该考虑如何提高单位管理层和普通员工的合规意识。因此，培训教育是必要的，为员工提供有关法律、法规和公司规章制度的培训和教育，以确保员工理解并遵守相关规定。培训可包括合规培训、行为准则培训、反腐败和反贿赂培训等。

第五，为确保书面合规标准有效，单位成员遵守规范性文件的要求，就必须建立合规审查机制来监控和审查员工的行为，以确保遵守法律法规和公司政策。这可能包括内部审计、合规调查、监控系统等。

第六，应制定反腐败和反贿赂政策，禁止员工参与腐败行为，并建立适当的报告和管理机制。此外，还可以为与供应商和合作伙伴的关系建立指导方针，以防止不当行为。

第七，确保企业合规性，同时保护数据隐私以及客户和员工信息的安全。制定并实施数据保护政策，并采取适当措施防止数据泄露和滥用。

第八，制定应急计划来解决调查和合规问题，包括合规报告机制、内部调查程序以及与执法部门合作和协作的准备工作。

第九，与外部律师事务所、合规专家和执法机构建立良好的工作关系，及时了解法律法规的最新动态和合规要求的变化，并根据需要寻求专业的法律意见。

以上只是企业刑事合规的一部分，具体的合规要求会因行业和国家法律的不同而有所不同。企业应制定适合自身情况的合规措施，并不断评估和改进以确保合规和道德要求。

第二节　刑事合规视域下单位犯罪的归责模式

一、传统的一元归责模式

（一）一元归责模式的特点

我国传统的单位犯罪归责理论承继于英美法系的替代责任与同一责

任,无论是理论层面衍生出的整体责任论、双层机制论、复合主体论等,还是实务层面的法律解释与司法裁判,单位与单位成员的刑事归责都体现出相互交织、难舍难分的特点。

1. 在入罪路径方面,单位犯罪的认定依附于单位成员的主观意志

众所周知,公司、企业、机关等团体是由自然人成员组合而成的集合体,是法律拟制意义上的主体。没有自然人成员,单位便失去了存在的可能和意义。据此,单位的意志必须依靠单位成员的行为来完成和执行,单位成员的行为在特定条件下(如单位授权或职务范围内)代表了单位的意志。根据传统的归责模式,单位犯罪的认定离不开对单位成员行为的审视和评价。由此带来的问题是,哪些单位成员的行为能够视为单位的犯罪行为,单位成员的哪些行为可以视为单位的犯罪行为? 换言之,如何区分单位成员与单位的犯罪行为?

目前,我国在立法层面对这一问题的回答尚不明确。例如,《最高人民检察院关于办理涉互联网金融犯罪案件有关问题座谈会纪要》规定,如果"单位的员工主要按照单位的决策实施具体犯罪活动",则可视为单位的行为。换言之,单位成员犯罪与单位犯罪的连接点在于"单位决策"。但是,司法解释却没有进一步明确,何为"单位决策",究竟是单位主要负责人、高管的决策,还是经单位内部机构和既定程序(例如投票表决)作出的决策,抑或二者皆有?

相对于立法层面的含糊不清,司法裁判则表现出比较明显的"单位意志与单位成员意志"的等同趋向。比如,法院在刑事审判参考第 328 号案例中认定,"单位负责人个人决定,以单位名义实施,没有证据证实犯罪所得归实施犯罪的个人占有的,应当认定为单位犯罪"。①该案例可以称之为当前司法审判实践中认定单位犯罪的一个典型缩影。在改革开放初期,市场经济尚处于萌芽和起步状态,我国的公司、企业以中小规模为主,公司负责人一人可以决定公司的经营走向,对公司有着绝对的控制权,公

---

① 朱某某、左某某等非法买卖枪支、贪污案,《刑事审判参考》2005 年第 1 集·总第 42 集。

司负责人决策一般足以代表公司决策。

这种归责模式实质是英美法系"同一责任理论"影响的产物。将单位的高管人员在其职责范围内为单位利益实施的犯罪行为,直接作为认定单位犯罪的依据,由此单位成员意志与单位意志高度混同,融为一体。也就是说,单位成员的个人意志对于单位犯罪的成立与否有着至关重要的影响,二者趋近于一致。

2. 在责任追究方面,单位成员共同分担单位的刑事责任

从《刑法》第 30 条规定来看,在单位犯罪成立的前提之下,"直接负责的主管人员和其他直接责任人员"作为单位成员承担刑事责任并非由于其实施的行为自身构成犯罪,而是因为其背负的单位成员身份以及在一定程度上参与了具体的单位犯罪活动,并对单位犯罪的成立施加了一定的作用力。然而,基于域外比较的视野,对单位适用双罚制的做法在世界范围内仍是少数和例外。

因此,我国刑法理论界对于"双罚制"的解释始终围绕单位成员对于单位犯罪成立所发挥的作用展开,由此产生了众多的理论观点。举例而言,"人格化社会系统责任论"认为,法人虽然有独立的人格,但法人的全部犯罪活动是由其组成成员的行为实现的,与成员密不可分。法人与法人成员之间是系统整体与系统要素的关系,法人成员也应当承担刑事责任。[1]类似的观点进一步导致单位犯罪与单位成员犯罪深度绑定,无法凸显各自的独立地位。

(二) 一元归责模式的理论和实务困境

在传统的一元归责模式下,由于单位刑事责任与自然人刑事责任之间的"亲密关系",单位与自然人经常在实务中被视为一个犯罪主体。单位犯罪以员工的行为成立犯罪为前提,员工的意志被默认推定为单位意志,二者合二为一。这导致单位犯罪难以实现理论自洽以及适应实务需要,一系列的问题随之产生。

---

[1]　何秉松主编:《法人犯罪与刑事责任》,中国法制出版社 2000 年版,第 485 页。

1. 一元归责模式的理论困境

第一，单位成员在单位犯罪责任体系中的地位和角色自相矛盾。如前所述，在单位犯罪的成立路径上，单位成员从属于单位而存在，单位成员意志被消解，不具有独立性，不成为单独的犯罪主体。但在单位犯罪的处罚层面，单位成员却成为独立的刑事责任主体而与单位处于同一地位，共同接受刑事惩罚，这违背了现代刑法的责任主义原则。

第二，无法与单位犯罪的本质相契合。自单位犯罪理论出现以来，关于单位犯罪本质的争论从未停歇。单位犯罪为何与自然人犯罪具有相同的刑事可罚性，主流观点认为，单位不是简单的自然人集合体或整合体，若将单位犯罪视为单位成员犯罪行为的聚合，则二者便不存在区别。相反，单位成员的行为仅仅是表象，单位犯罪的根本原因在于单位自身制度、结构、文化上的缺陷。"单位犯罪本质上是单位因自身的组织体构造、管理系统等方面不完善，创设了法不容许的风险，因违反守法或回避危险的义务应当负刑事责任。"[1]假如以单位成员的个人行为认定单位犯罪，实际上否定了单位自身的组织体特征，与单位犯罪的本质并不相符，难以从根源上预防和治理单位犯罪。

第三，成员意志与单位意志的一致性不具有必然性。以企业法人主体为例，通常情况下，在小微型企业中，由于经营决策权很大程度上集中在企业负责人手中，负责人对于企业经营决策方面的个人意志往往等同于企业意志。但对于中大型企业，"企业成员意志＝企业意志"这一命题并不必然成立。单位成员尤其是中下层员工的履职行为一部分来源于上级的指令，相当一部分出于员工的自主和自发性行为，同时下级员工与公司决策机构之间的距离被拉远，使得成员个人意志与单位意志的关联变得模糊不清，难以分辨。即使是企业管理人员的行为，也完全有可能违背企业章程、股东会决议、董事会决议等单位决策意志。

---

① 黎宏：《组织体刑事责任论及其应用》，《法学研究》2020 年第 2 期。

2. 一元归责模式的实务困境

第一，可操作性减弱，无法适应日渐庞大、复杂的组织体形式。伴随着改革开放的不断深入、市场经济的高速发展、企业规模的持续膨胀，公司、企业等单位主体的决策方式和决策程序越来越复杂和精巧。甚至在一部分大型国企、跨国私企当中，除了公司整体设有决策机构，在内部各个部门中同样设有小型、简单的决策机制，成员的个人决策已经很难代表组织的整体决策。过度依赖成员意志推定单位犯罪，不符合现代市场经济主体的管理模式，容易造成刑法的过度处罚。

具体而言，当单位成员在履行职务过程中，出于获取个人利益的目的擅自以单位名义实施犯罪行为，单位因成员的犯罪行为同时获利。根据传统的归责理论，公司很容易被卷入刑事诉讼程序当中。例如，医疗器械公司的销售部经理为提升销售业绩，使用私人钱款指使员工向公立医院院长行贿，最终使得公司销售额大幅度提升，销售部经理因此获得高额工资提成。此种情况下，若按照2001年《会议纪要》规定的"以单位名义实施犯罪，违法所得归单位所有的，是单位犯罪"这一标准来评判，公司要想脱离单位犯罪的追诉，必须耗费大量精力举证证明：公司已经通过章程、规章制度、员工手册等方式，严格禁止员工参与或实施商业贿赂的行为，本案系员工的个人行为，并非公司决策，这无疑大大加重了公司的举证负担。

第二，司法适用脱离立法本意，成为被告人罪轻辩护的"帮手"。刑法设置单位犯罪的理由在于，公司、企业等团体拥有与自然人同等的法律主体地位，随着市场主体、政府机构、社会组织等逐渐增多，以公司、企业为代表的法人主体实施的符合刑法构成要件的行为，同样具有严重的社会危害性。然而，近些年来，单位犯罪慢慢成为犯罪嫌疑人为自己作罪轻辩护的理由之一，逐渐背离了单位犯罪的立法目的。以单位行贿罪为例，按照《刑法》第393条、第390条的规定，个人行贿最高可被判处无期徒刑。但如果被认定为单位犯罪，则将按照单位行贿罪定罪处罚，需要承担刑事责任的人员，法定最高刑仅为十年有期徒刑，二者相差悬殊。即使法定刑没有区别，单位犯罪也常常被认为是从轻处罚的酌定情节，原因是在法感情层面，遵循单位意志为单位利益实施犯罪的自然人相比于纯粹为了个人利益实施犯罪的自然人，主观恶性更轻。

（三）刑事合规对传统归责模式的冲击

在广义语境下，刑事合规对企业的激励机制分为两个维度。第一个是时间维度，以合规计划的制定时间点为界限，分为事前合规和事后合规。其中，事前合规指涉案行为发生之前，单位已制定了相关的合规计划、制度或政策。事后合规指在涉案行为发生之后，单位在公诉机关和第三方监督评估组织的指导之下制定合规计划，开展合规整改并接受考察和验收。

第二个是结果维度，以合规计划的制定开展对刑事案件处理结果的影响为标准，包括无罪抗辩事由和酌定量刑情节两种。无罪抗辩事由是指将有效合规计划的事前制定作为单位不具有犯罪主观罪过的理由，从而导致犯罪构成要件不充足，可称为实质化的出罪事由。酌定量刑情节表现在现有认罪认罚制度体系下，单位事前的合规计划不足以排除主观罪过，或者事后采取合规整改举措，因而成为酌定量刑要素，视犯罪情节和严重程度予以从轻处罚，甚至作出不起诉或免予刑事处罚决定。

上述这两种维度与传统的围绕单位成员认定单位犯罪的路径存在着本质上的冲突。从中可以看出，刑事合规的重点是纠正单位原本的制度政策、精神文化，[①]而非员工个人。具体而言，根据合规整改计划落实合规整改措施，停止和纠正单位的犯罪行为，在整体层面形成完备的合规制度文件，创造上下一体的守法经营氛围。据此，单位犯罪的刑事追责与否、责任减免的程度大小在于单位是否贯彻和落实合规整改计划的要求，以及是否建立起有效的合规机制与体系。

相对之下，传统理论过于重视个体成员，以个人的外在行为和外在表

---

① 黎宏：《组织体刑事责任论及其应用》，《法学研究》2020年第2期。

现作为评判单位犯罪的依据,不考虑单位自身对涉案行为的态度,或是否建立起预防此类犯罪的机制。换言之,"现有理论无法彰显单位主体地位,在一定程度上混同了单位的刑事责任和单位成员的刑事责任,即便是企业构建了有效的合规计划也无法成为不构成犯罪的理由,无法与最高检推行的企业合规改革相协调"。①故而,在刑事合规场域内,个人归责路径无法为单位的入罪和出罪提供充分的理论依据,势必要对原来的单位犯罪责任理论作相应的补充和完善,以回应和解决当下的现实和理论困境。

二、刑事合规视域下的二元归责模式

(一) 刑事合规视野下重塑归责模式的必要性

1. 有效预防治理单位犯罪的需要

单位犯罪源于内部的管理失控,过去的单位犯罪惩罚机制,通过在事后对单位施以较重刑罚的方式预防单位再次犯罪。但这种机制的实际效果并不理想,难以对单位形成长效的合规激励机制。一方面,以大多数单位犯罪的主体——企业为例,企业成立的唯一目的在于追逐最大化的利益,基于企业拟制主体的特性,在现有刑法无法对其施加生命刑、自由刑的情况下,企业受到高额犯罪利益的驱使,简单的财产刑无法有效抑制企业的犯罪动力。另一方面,传统归责模式强调对单位高管、普通员工等自然人个体行为的刑事预防和教育,容易忽视单位自身结构层面的法律风险,很难激发单位自身纠正违法犯罪行为的紧迫心,再次犯罪的可能性极高。

而在刑事合规机制之下,单位借助合规计划的落地实施、合规管理体系的建立运行,花费最低成本换取不起诉或者从宽处理的结果,从经济效益的视角出发,相比于难以预估的诉讼费用和时间投入,刑事合规无疑在时间和金钱成本上更有吸引力。同时,"在检察机关的监管下,企业针对

---

① 高铭暄、孙道萃:《刑事合规的立法考察与中国应对》,《湖湘法学评论》2021 年第 1 期。

特有风险建立专门的合规防控机制，达到自我预防违法犯罪行为发生的效果。在检察机关的制度激励下，涉案企业可以针对自己的特有合规风险，建立基本的违法犯罪防范体系"。[1]这意味着，刑事合规不单单是纠正已经或可能涉嫌的刑事风险，而是将合规体系嵌入单位经营管理结构中，从而实现法律风险的自我防范，激发单位合规的内在动力，不再依赖于外部监督。相比于刑罚的事后教育，这种内生机制更有助于实现单位犯罪的长效预防。

2. 推动深化涉案企业合规改革的需要

自 2020 年 3 月起至今，最高人民检察院开展的涉案企业合规改革已从小范围内试点变为在全国范围内铺开。然而，刑事合规制度虽已在英法美等国家建立并成熟，对国内而言仍属于"新鲜事物"，尤其在不同法系的背景下，难免会出现"水土不服"。

由于现行法律制度和司法体系尚未在刑法、刑事诉讼法层面制定配套的实体制度，也没有建立起对应的诉讼程序，涉案企业合规改革很难融入现有的立法框架。以检察机关为主导推行的涉案企业合规改革，将企业合规与认罪认罚、检察建议、不起诉制度相结合，《最高人民检察院关于开展企业合规改革试点工作方案》也强调，在没有立法授权的情况下，即便是试点单位，也不能超越法律明文规定，对企业犯罪绝不能作附条件不起诉（暂缓起诉）。然而，在刑法尚未将合规计划、合规整改作为法定量刑条件的情况下，司法机关不能突破罪刑法定原则，对合规整改成功但不符合"不起诉条件"的企业作出罪处理，只能将合规整改作为酌定量刑情节。这将导致合规整改对案件最终处理结果的影响十分有限。

从改革实际推行情况来看，适用合规不起诉的大多为轻罪案件，即使不存在合规整改，企业的涉案情节本身已较为轻微，这会导致检察机关在落实改革举措的过程中难免受到"束缚"。而"'系统重构单位犯罪归责机制'既可以为单位合规特别诉讼程序的建构提供支撑，更能为合规附条件

---

① 陈瑞华：《刑事诉讼的合规激励模式》，《中国法学》2020 年第 6 期。

不起诉制度的实践探索建设提供方向与遵循"。①若能够将企业责任与个人责任相分离,进一步强调企业的主体地位,通过立法将事前合规计划、事后合规整改作为法定量刑情节固定下来,可以使检察机关"放开手脚",进一步提高涉案企业合规改革的实际成效。

(二) 二元归责模式的特点

鉴于传统的一元归责模式已无法适应当下的实践需要,刑法学界提出了"二元归责模式"。所谓"二元归责模式",核心主张在于摈弃过去"以个人定整体"的做法,分离单位与个人的刑事责任,强调和突出单位的独立性、主动性,合理限制单位犯罪的成立范围,避免单位犯罪刑事处罚的过度扩张。

1. 以单位独立意志和组织体特征为基础

首先,传统的一元归责模式之所以会出现个人意志与单位意志的混同,原因在于立法和实务在刑事程序中没能重视单位作为拟制法律主体的地位,简单地将单位看作成员集合体或附属品,从而淡化了单位的独立意志,由此暴露出了一定的缺陷。

主观罪过是犯罪构成要件之一,无罪过便无犯罪,同为承担刑事责任的犯罪主体,单位犯罪也不例外。事实上,单位虽然不像自然人有生理大脑构造,但除了享有决策权限或者经过决策机关授权的人员,单位内部的决策机构(如股东会、董事会、理事会等),同样可以视为单位的"大脑",和自然人一样产生思想。由单位决策机构按照合法程序通过并发布的决定、制度、政策、文件等,是单位意志的外在表现。单位意志一般分为两种形式,一种为抽象意志,具体表现为单位章程、规章制度、员工守则等上升为单位内部规范,大多是以文字形式固定并在全单位施行的文件。另一种为具体意志,系针对公司运营过程中的某一个细分领域或事项作出的决定,仅适用于某个部门或人员,通常不会拔高到规范层面。由此可见,

---

① 高景峰:《涉案企业合规改革的立法完善与监督评估实践创新》,《政法论坛》2023 年第 1 期。

在实务中区分单位意志与个人意志不是难题。

据此，基于单位意志的客观存在，刑法理论必然应当承认单位"存在独立的犯罪意图或者对内部员工的犯罪行为存在失职或过失责任"，[①]并在此基础上改革现有的单位犯罪概念，即单位犯罪是在单位独立意志支配下实施的危害社会的行为，单位犯罪必须在具有主观罪过的前提下才能成立。

其次，随着企业、公司等单位规模的壮大，管理权力被分散，人员层级逐渐复杂，出现明显的去中心化趋向，公司管理权限不再集中在其中一人或几人身上。当今的主流观点认为，现代社会中的单位不是传统观念下人的简单集合体，而是由资金、人力、物力等多项要素按照特定的制度规范、组织架构、流程体系形成的有机生命体。

因此，大多数单位犯罪不再是简单地处于权威支配地位的高层人员所致，而是归咎于管理不佳造成的失序，例如管理系统的重大缺陷或是长期对违法犯罪行为的默许或容忍。单位的组成人员中任何一人犯罪，实际上都能看作是单位组织体制度、文化氛围的必然结果。[②]简言之，单位犯罪的主要成因在于其自身作为组织体的特征，即治理结构和运营方式存在缺陷和不足。

故而，虽然单位犯罪与单位成员犯罪在构成要件层面基本上没有太大差别，但依然应当承认单位和单位成员是各自独立的犯罪主体，单位犯罪的归责逻辑应当紧紧围绕在单位固有的组织结构、文化氛围、制度规范为核心的框架内，不能抱有"偷懒"心理，以单位成员的行为代替单位犯罪的论证。

2. 将合规计划纳入单位犯罪归责体系

承前所述，基于单位的独立意志和组织体特征，单位犯罪的刑事归责应当回归到单位固有的治理结构和运作方式这一本原。合规计划是根据

---

① 陈瑞华：《合规视野下的企业刑事责任问题》，《环球法律评论》2020 年第 1 期。
② 黎宏：《组织体刑事责任论及其应用》，《法学研究》2020 年第 2 期。

公司的实际情况和潜在或已经产生的法律风险,纠正违法行为,识别和评估法律风险,搭建合规管理架构,建立合规审查机制。合规计划制定和落实过程中产生的制度、规范或采取的举措,是单位意志的一部分,表达了单位对于违法犯罪行为的态度。换言之,合规计划的孕育和诞生与单位密不可分,是判断单位内部治理结构、运营方式重要的事实根据。①因此,将合规计划纳入刑事归责体系中既是应有之义,又符合现实需要,能有效弥补个人归责路径的不足。

有鉴于此,本书认为,合规计划融入归责理论可以表现在如下几个方面:

第一,有效的合规计划是单位阻却刑事归责的理由。单位制定完备的合规计划并落实执行,特别是通过员工手册、合规培训等形式禁止成员从事具体的违法犯罪行为,并建立起具体的合规制度,例如合规审查报告、合规风险识别预警、违法举报调查制度等常态化合规运行机制以监督和遏制员工的违法犯罪意图,在没有其他相反证据的情况下,可以证明单位不具备犯罪的主观故意或过失,切断单位犯罪与成员犯罪之间的联系。此外,有效的合规计划还说明单位有守法经营的意愿,对违法犯罪持否定态度,即使出现内部人员的违法犯罪行为,主要原因在成员个人而不在单位,可适用《刑法》第13条的规定,在满足"情节显著轻微危害不大,不认为犯罪"的条件下予以出罪。

在其他国家例如英国,合规计划不仅被上升为商业组织的法定义务,立法机构甚至将商业组织未制定和实施合规计划导致成员违法的情形明确为犯罪行为。②如果商业组织能够证明制定和实施了有效的合规计划

---

① 时延安:《合规计划实施与单位的刑事归责》,《法学杂志》2019年第9期。
② 英国2010年《反贿赂罪法》第7条"商业组织预防贿赂失职罪",规定企业组织不制定和实施预防与之相关的个人实施贿赂行为的适当程序,商业组织的"关联人员"为获取或保留该组织的业务,或为了获取或保留该组织的商业优势,而向他人行贿的行为。2017年又增设"商业组织预防逃税失职罪",分公司、子公司、第三方或者员工有逃税行为,只要没有建立合规计划,就推定构成本罪。

或其他预防措施，则无需承担刑事责任。

需要注意的是，合规计划不是阻却归责的"万能钥匙"，必须满足一定条件。

首先，合规计划具备有效性是阻却归责的前提。如果不能提出较为具体和严格的标准，合规计划的激励作用很有可能会流于形式，成为单位逃避罪责的工具。以企业合规为例，评判合规计划的有效与否，一方面，要考虑企业的规模、涉案阶段、企业所在行业和领域，企业规模越大，合规时间节点越靠前，企业所在行业的法律风险越低，对合规计划的要求越低，反之亦然；另一方面，可从"预防机制、识别机制和应对机制"三个方面对合规计划进行审查，分别关注是否具备有效的基本合规要素，例如合规管理制度、合规管理机构、合规文化等，是否具备合规风险识别、评估、监测和预警制度，是否具备有效的合规投诉举报、调查问责机制等。[①]

其次，合规计划是阻却归责的必要非充分条件。如前所述，单位犯罪适用独立的刑事归责逻辑，以单位固有的组织体特征为中心组建归责体系，但这不代表一旦单位制定和实施了有效的合规计划便可以彻底忽视成员个人的行为以及公司其他决策和制度，不排除单位表面上以合规计划为"挡箭牌"，背地里实则从事犯罪行为。因此，即使单位制定了有效的合规计划，如果仍有充分的证据说明涉案的犯罪行为由单位集体研究决定，或者是经过单位负责人、被授权的其他人员决定和同意，则表明合规计划并非单位的真实意志，不能成为出罪理由。

第二，合规计划可以作为法定或酌定的从轻、减轻量刑情节。欧美国家目前正在推行的刑事合规，一般情况下只给予推行有效合规计划的涉案企业以出罪或减免处罚的刑法激励，但对于合规计划未达到有效性标准的单位而言，特别是在有效性标准较高的前提下，一味否定单位在合规方面的努力，极有可能影响激励效果，造成单位出于成本考量而放弃合规。在合规计划得到推行但最终认定不具备有效性时，尽管单位对所实

---

① 李玉华：《有效刑事合规的基本标准》，《中国刑事法杂志》2021 年第 1 期。

施的犯罪行为理应承担刑事责任,但是其程度有所减轻。[①]例如,虽然单位推行的合规计划没有达到预防犯罪的完备程度,但是各项要素齐全、运作过程完整,在一定程度上也起到了阻止犯罪的作用。

有鉴于此,为进一步激励各单位实施合规举措,可将合规计划的推行情况作为法定从轻或减轻的量刑情节,并就这一情节的适用给予司法机关较大的自由裁量权。具体来说,针对《刑法》第 31 条单位犯罪的一般规定或者针对部分常见、重要的单位犯罪罪名(例如单位行贿罪、非法经营罪等),立法机关可以考虑增设相关规定,即单位制定并实施合规措施的,可以从轻或减轻处罚。在没有立法修订前,合规措施也可以被作为酌定量刑情节,给予单位最大限度的从宽处理。

---

① 王良顺:《刑事合规制度的基本价值与本土化路径》,《法商研究》2023 年第 6 期。

第八章　刑事合规改革下单位犯罪制度的修改方案

当前普遍认为,涉案单位刑事合规整改制度的问世与广泛应用,已经对我国传统单位犯罪制度的立法、司法与理论建构形成了巨大的拷问与诘难。欲使涉案单位刑事合规整改制度与单位犯罪罪刑规范能够在统一的刑事法体系下协调、妥适地发挥功效,涉案单位刑事合规整改制度需要上升并被有机整合入成文法,而单位犯罪制度则需在立法上予以重构。这种重构,既有反思传统立法在司法实践中所暴露出弊端的考虑,同时充分顾及涉案单位刑事合规整改制度的需求,在实体法、程序法各个层面为涉案单位刑事合规整改制度提供规范空间。

然则需要先予明确的是,单位犯罪制度虽与涉案单位刑事合规整改制度有规范对象、适用场域上的交叠,但在规范旨趣、适用范围等诸多方面毕竟差异甚巨。为避免论述失焦与分散,本书的讨论以当前单位犯罪制度与涉案单位刑事合规整改制度的司法实践为素材,以改造单位犯罪制度为基点。其余与单位犯罪治理或相关联但不涉及单位犯罪的实体法、程序法构造的内容,则不在本书的考虑范围之列。例如在刑事实体法领域,在刑事合规领域向有"放过企业、严惩企业家"与"同时放过企业与企业家"两种主张争论,[①]这两种价值立场如何抉择,对于涉案单位刑事合规整改制度的立法设计事关宏旨,但是却不宜纳入单位犯罪制度重构的重点范畴。又例如在刑事程序法领域,涉案单位启动刑事合规整改后

---

① 黎宏:《企业合规不起诉:误解及纠正》,《中国法律评论》2021 年第 3 期。

的监督考核,则主要会在刑事案件各阶段办理期限、刑事诉讼对物强制措施应否以及如何受到影响的层面上加以讨论,这不是本书讨论的重点。

第一节 对《刑法》的修改方案

根据最高人民检察院等部门出台用以指导企业刑事合规整改的纲领性文件——《关于建立涉案企业合规第三方监督评估机制的指导意见(试行)》(以下简称《评估指导意见》)中第 3 条的规定,刑事合规整改既适用于公司、企业等市场主体实施的单位犯罪,也包括对企业有重要意义的实际控制人、经营管理人员、关键技术人员因与生产经营有密切关系而实施的犯罪。[①]因此,刑事合规整改制度的适用范围,包括但是大于单位犯罪的范畴。

同时单位犯罪一旦成立,单位主体依《刑法》虽仅仅需要面临罚金刑,但在实际的经济社会活动中则有相当多影响。以融资贷款为例,单位构成或者涉嫌犯罪,在前端会限缩公司、企业的融资机会,在后端则会导致企业丧失还款的期限利益:《中国银行信用贷款合同》第 12 条、《中国农业银行个人购房担保借款合同》第 16 条、《中国工商银行流动资金借贷合同》第 8 条、《中国建设银行人民币资金借款合同》第 13 条等,都规定有加速到期条款。[②]这些加速到期条款的触发往往又都包含构成甚至涉嫌刑事犯罪的情形,因此企业涉刑往往系统性地引发企业经营风险。以从业资质为例,单位构成或者涉嫌犯罪,会在相当程度上影响企业的商业机会。例如《上市公司证券发行管理办法》规定,"因涉嫌犯罪被司法机关立案侦查"就不得发行企业证券;《首次公开发行股票并上市管理办法》更是明确作出规定,只要涉嫌犯罪被司法机关立案侦查,即使尚未有明确结论意见,也不得首次公开发行股票并上市。因此,合理界定公司、企业是否

---

① 魏昌东:《"支点"理论与中国特色企业合规》,《检察风云》2022 年 3 月 15 日。
② 丁锐:《银行贷款加速到期条款的法律性质及司法规制》,《人民司法》2015 年第 15 期。

涉嫌或者构成单位犯罪，首先应当考虑的是单位犯罪界定的科学性、准确性问题，而不能首先虑及对涉案单位进行刑事合规整改的需要，进而因为需要对企业适用刑事合规整改而不当放大单位犯罪的概念范畴。

一、以单位意志为核心，明确单位犯罪的归责要件

当前普遍认为，我国《刑法》第 30 条仅为宣示性规定，并未从概念抑或标准上明确单位犯罪的内涵与界定方式。通识性教科书对于单位犯罪的介绍，往往沿袭自然人犯罪的认定模式，即犯罪客体—犯罪客观方面—犯罪主体—犯罪主观方面或者其他位序的排列组合。[①]因此，司法实践主要依赖司法解释完成对于单位犯罪的认定。1999 年《单位犯罪司法解释》从反面排除了不属于单位犯罪的情形，即"个人为进行违法犯罪活动而设立的单位实施犯罪""单位设立后，以实施犯罪为主要活动的""盗用单位名义实施犯罪，违法所得由实施犯罪的个人私分"等情形。2001 年《会议纪要》提出的界定标准是："以单位名义实施犯罪，违法所得归单位所有的，是单位犯罪。"2017 年，《最高人民检察院关于办理涉互联网金融犯罪案件有关问题座谈会纪要》（以下简称《互联网金融案件纪要》）提出的界定标准是："犯罪活动经单位决策实施；单位的员工主要按照单位的决策实施具体犯罪活动；违法所得归单位所有，经单位决策使用，收益亦归单位所有。"

上述司法解释及规范性文件的历史沿革反映出立法者对此问题的持重与犹疑，效果也不甚理想：其一，1999 年《单位犯罪司法解释》并未承担起对单位犯罪界定内涵与明确标准的职能，仅仅是类型化地排除了部分犯罪。其二，2001 年《会议纪要》《互联网金融案件纪要》并非司法解释，其规范效力相对较低。其三，目前，2001 年《会议纪要》《互联网金融案件纪要》都是生效的规范性文件，却提出了两种不同的界定标准：除在违法

[①] 高铭暄、马克昌主编：《刑法学》，北京大学出版社、高等教育出版社 2017 年版，第 1—2 页。

所得归单位这一点有共识外,2001年《会议纪要》更强调"单位名义",《互联网金融案件纪要》则更加偏重于"单位决策"。立法(含司法解释)及教义学没有为司法实践提出统一尺度的法律适用标准本身已非可预期,更何况这两种不同的标准各有弊端,且难以互相克服。

我国的民营企业发展现状是中小企业居多、家族企业居多,这些企业本身并不具备完善的公司治理体系。如果特别强调经过单位决策程序才能成立单位犯罪,将不免导致一种实践上的反效果:同样实施了相关该当构成要件的行为,单位决策程序越不健全的,越不容易构成单位犯罪,越可以逃脱刑法规制。而对于大企业而言,过于强调经过单位决策程序才能成立单位犯罪,则将容易出现"集体不负责"情形下的处罚漏洞或者是不当放纵或者遗漏处罚单位的高级管理人员。在规范性的单位业务流程下,每个经办人在其职责范围内,只承担部分工作,既无法预见到相应的危害结果,也不终局地承担决策职能。对于仅仅是部门决策而未经过高层决策的行为,事后又难以查证属于高级管理人员授意的犯罪,就只能追究相关自然人的刑事责任。

但是,如果否认单位决策流程的重要性,在大企业涉嫌犯罪时,则将容易出现另外两种不妥情形:一是不当地将单位高级员工不当利用单位名义从事犯罪的行为追究为单位犯罪。大企业多采取部门负责制,对于部分负责人甚至更高级别的管理人员,违反公司的规章制度从事犯罪行为但是谋求单位利益的,此时追究单位的刑事责任,并不合适。二是明显违反刑法归责时的罪责自负原则。根据《民法典》《公司法》的规定,公司等单位,仍然具有权利能力、行为能力、议事机关等,也就是具备超越一般自然人而存在的独立意思。单位犯罪最终仍然是由具体的人来实施,对于作为一个有独立意思的组织体,仅仅是因为法定代表人、实际控制人能够掌握公章而以单位名义行事,就当然地将犯罪行为归责为单位并追究刑事责任,殊为不妥。

欲解决上述问题,并使单位犯罪制度能够普遍适用于经济社会中类型繁多的企业，德国学者考夫曼的相关方法论可供参考。考夫曼指出：立法者的任务是对类型加以描述，而在此抽象的概念对于法律的建立就非常重要。"概念"将给予法律以形式上的保证并维护法律的安定性，但是要将类型精确地描述是不可能的，描述只能够尽量靠近类型，它无法对最细微的细节加以掌握。[①]"类型无法被'定义'，只能被'描述'。"[②]因此可以考虑的是：在立法层面上，以合目的性的思路为路径，从而抽象出犯罪归责于单位的核心要素并作为单位犯罪的定义予以规定。在司法层面上，通过对于核心要素的类型化描述予以分别列举。

（一）单位犯罪归责核心要素的一元化立法表达

任何犯罪行为，最终都是由具体的自然人实施。从犯罪追究的角度上来说，首先进入刑事犯罪追责视野的也是具体的自然人。在此基础上进而追问该自然人的行为是否可以归于单位，问题的关键由此转换成个人行为归责单位的核心要素。

陈忠林教授指出，单位不是自然人的集合体，而是可替代的自然人所拥有的职位和财物的集合体。单位中的自然人以其在单位中所拥有的职位或者职务——而非其自身的独立人格——为单位要素，因此，单位成员与单位之间不是部分与整体的关系，而是"嵌"与"套"的关系。[③]即自然人以其自身资源为出资进入单位内的某个职位，借助单位维持生计，而单位借助个人提供的资源得以运转。[④]因此，个人行为归责单位的首要前提应当且必须是，个人实施的犯罪行为必须是与业务活动相关联。杜绝单位的高级管理人员为个人利益假借"代表单位"的便利机会而将单位作为犯罪工具进而导致单位被追究刑事责任的不当局面。相反，对该类行为应直接追究相关自然人的刑事责任，以避免追究单位的刑事责任而影响单位、劳动者、交易相对人的合法权益。

---

① 陈兴良：《刑法教义学中的类型化思维》，《中国法律评论》2022 年第 4 期。

② 陈兴良：《刑法教义学中的类型化思维》，《中国法律评论》2022 年第 4 期；张明楷：《刑事立法的发展方向》，《中国法学》2006 年第 4 期。

③④ 陈忠林、席若：《单位犯罪的嵌套责任论》，《现代法学》2017 年第 2 期。

此外，我国刑法并未规定严格责任，且当前的刑法修正历史沿革中，也没有将全部或部分单位犯罪规定为严格责任的动向。在尊重这一立法现实的基础上，考虑到单位具有自身的独立意志，员工个人的犯罪行为要归责于单位，除了客观上需要与单位相互关联外，主观上要能体现单位的意志。强调单位犯罪归责原则必须要求体现单位意志的原因还在于前文所提及的罪责自负原则。只有自然人的犯罪行为能够体现单位意志，才是从单位自身的各素材中寻找对单位犯罪予以处罚的正当化依据，并从而告别传统学说只能借助单位中的自然人的思想与行为作为映射单位犯罪处罚依据的片面性和理论上的被动处境。

因此，本书认为，在修正单位犯罪的立法表达时，《刑法》第 30 条的宣誓性立法应予以保留，正如无论采取"四要件"抑或"阶层论"的犯罪构成体系，都不影响《刑法》第 13 条作为解释犯罪概念的条文而存在。只是需要在此基础上增加一款，以明确单位犯罪的归责原则。待明确单位犯罪的归责原则后，才能进一步厘清刑事合规制度与单位犯罪之间的关联及相互影响。基于以上考虑，本书建议将现行《刑法》第 30 条修改为：

"公司、企业、事业单位、机关、团体实施的危害社会的行为，法律规定为单位犯罪的，应当负刑事责任。

公司、企业、事业单位、机关、团体中的自然人，在业务活动中实施体现单位意志的行为危害社会的，单位应当负刑事责任。"

（二）单位犯罪归责核心要素的类型化司法适用

单位中的具体个人不限于实际控制人、法定代表人及其他高级管理人员，只要是接受该单位管理、执行该单位任务的人员，其所实施的行为在一定条件下均可被规范地视为单位的行为。所谓业务活动，也不仅仅限于公司注册登记或者实际从事的营业，而是与单位自身经营相关即为已足。例如，某单位实际从事货物贸易活动，但是在企业经营过程中为了降低用人成本而让他人为本单位虚开增值税专用发票，在一定条件下仍然可以将单位认定为构成虚开增值税专用发票罪。司法上类型化适用的关键在于，如何明确"体现单位意志"。对此分类讨论时，尤需关注的是不同类型企业的经营管理方式，以此为基础分别确定是否能够体现单位意志。

其一，如果是经过单位决策机构的决策流程而实施的行为，当然能够视为公司的意志。但是对于单位决策流程的考察，应当予以分别讨论。对于大型企业而言，要综合考察其实际运作时，对于具体事项的决策流程与层级。如果相关行为由分支机构或职能部门作出，但相关分支机构或职能部门的决策全系该单位的管理体系、层级结构和经营管理制度所授权，依然可以视之为体现单位意志。反之，则不能归咎于单位。对于中小微企业而言，对于决策流程的考察应当规范、实质，即重点考察有决策权的人是否经过商议讨论并符合决策比例得出实施的结论。例如，某企业有且仅有两名股东，该类型的企业在日常经营管理时并不会规范制作股东会决议或者执行董事决定书，所以考察的重点转向单位决策者有无经过商议、讨论并通过。

其二，如果是未经单位决策机构的决策流程而实施的行为，则要进一步考察该单位在经营管理中，是否存在默许同意、放任、纵容甚至积极鼓励类似行为的情况。如某单位的员工各自以非法排放、倾倒或者以其他方式处置危险废物而导致环境受到污染的，具体自然人的行为没有达到追究刑事责任的数量要求，但是集合起来看，总的排放结果累积达到追究刑事责任的标准，且这种排放是因为单位没有创设合法排放或者处置危险废物的条件，或者对员工日常处置、排放数量提出的目标导致员工如果合法排放或者处置不可能完成相关目标的，应当归责于单位。

其三，如果是未经单位决策机构的决策流程而实施的行为，单位也不存在前述放任情形的，则要具体考察行为人的行为与单位之间是否具有代表关系。首先，这种代表关系应当是实质而非形式地加以认定。众所周知，很多中小微企业的法定代表人仅仅是一种"挂职"，实际控制人隐于幕后。法定代表人的行为被追究刑事责任时未必当然地归责于单位，也不能因实际控制人欠缺形式上的代表身份而当然否认对单位的归责可能。再如，小微企业内部管理权限有明确分配，大股东只负责出资，小股东负责业务。此时，大股东如果利用掌握公章的便利对外从事合同诈骗的行为，应当尊重单位意志的形成体制而只追究相关大股东的刑事责任。其次，这种代表关系应当是具体的而非概括的。例如公司的实际控制人等实施行贿行为的，在缺乏其他证据印证的基础上，不能将该行为径行认定为单位行贿罪。在这种情况下，需要结合行为目的与利益归属判断自然人的具体行为与单位之间是否存在代表关系。

二、以兼容合规为必要，明确合规整改的刑罚优惠

刑事合规整改已经从理念转化为现实，并由试点转向普遍适用。《评估指导意见》已经明确规定，人民检察院在办理涉企犯罪案件过程中，应当将合规整改结果作为是否批准逮捕、是否起诉、是否变更强制措施等决定及提出量刑建议的重要参考。但是这项重大的改革缺乏充足的法律依据，尤其是缺乏刑法上的依据，至今仍然饱受诟病。不仅如此，刑事合规整改究竟如何影响量刑仍然需要法律予以明确。缺乏明确的法律规定，导致司法人员的自由裁量权限过大，既有害于司法权威，又容易引发对于刑事合规整改制度本身的怀疑。兼之，"明确性"本身就是刑法根本原则——罪刑法定原则的一项具体要求。因此，无论是从刑法规制单位犯罪出发还是考虑到涉案企业刑事合规整改制度目的的有效实现，都应当在刑法中明确刑事合规整改制度对单位犯罪刑罚的影响。

《刑法》第 31 条仅仅规定单位犯罪的，对单位判处罚金，并对其直接负责的主管人员和其他直接责任人员判处刑罚。本法分则和其他法律另有规定的，依照规定。相关条文并无量刑情节的规定。立法者在共同犯罪一节中，分别于第 27 条至第 29 条规定了不同共犯人的量刑情节。参考这一立法技术，同样可以在《刑法》第 31 条之下增加多款条文，将刑事合规整改作为量刑情节予以规定，为后者提供必要的规范空间。在此需

分别讨论涉案单位事前合规建设与刑事合规整改对于刑事责任的影响。

（一）事前合规建设的从宽处罚依据

如果涉案企业事前并未开展合规建设或者相关合规建设未予以实施的，从责任主义的角度说，在追究其刑事责任时也不得从重或者加重处罚，仅能追究与其行为相当的刑事责任。有一种普遍性的观点认为，涉案企业事前开展有效合规建设的，立法者应当通过量刑情节对其有所激励。[①]本书同意该主张所持结论，但是对于"有效合规"的标准难以认同。如果以是否"有效"作为判断标准，则难以回避一个逻辑悖论的拷问：既然已经开展了"有效"合规建设，那为什么在企业活动中还会构成单位犯罪，单位犯罪的出现是否正说明了企业合规建设并不有效？由此得出一个失之僵化、绝对的结论：企业有"有效"合规，就不构成单位犯罪，不负刑事责任；企业构成单位犯罪，则事前合规在评价上均沦为无效，得不到刑法从宽处罚的对待。

本书的观点是，应当从合目的性考虑的角度出发，结合从宽处罚的依据确定判断标准。本书的建议是以"充分"为标准加以衡量。是否"充分"以及充分程度，首先表明了该单位是否真实开展了事前合规建设，即该单位对于相关犯罪的反对程度。合规建设越充分，缺失越少，也就表明其自身的规范意识越强烈，对于该等类型的单位予以从宽处罚，就越能获得并强化大众对于合规建设等法规范的信赖与认同，反之亦然。根据并合主义的观点，刑罚的正当化根据在于相对报应论与预防论，即刑罚的确定，应当首先考虑行为人具体犯罪行为的罪责程度，在此基础上考虑一般预防与特殊预防的目的。概言之，在责任刑的限度内考虑预防需要。[②]《评估指导意见》也提出，刑事合规的目的在于有效惩治预防企业违法犯罪，正与并合主义基本立场相合。

---

① 李勇：《企业附条件不起诉的立法建议》，《中国刑事法杂志》2021年第2期；孙国祥：《涉案企业合规改革与刑法修正》，《中国刑事法杂志》2022年第3期；陈瑞华：《企业有效合规整改的基本思路》，《政法论坛》2022年第1期。

② 张明楷：《刑法学》（第6版），法律出版社2021年版，第671页。

本书认为,涉案企业事前已经开展合规建设的,在责任刑与预防刑两端均有值得从宽处罚的正当性。从责任刑的角度来看,刑罚的确认来自"有责的不法",或者说作为犯罪成立条件的非难可能性,划定了刑罚的上限。非难可能性的有无及大小,影响刑罚的成立及程度。涉案单位事前合规建设,表明了涉案单位自身意志对于犯罪的反对态度,彰显了涉案单位在犯罪成立条件上的"故意"或"过失"程度较轻,其责任刑由此可以降低。从预防刑的角度,涉案单位在事前已经开展合规建设的,在一般预防与特殊预防两个层面均有从宽处罚的正当性。从一般预防的角度说,涉案单位进行事前合规建设并在刑罚上获得从宽对待,有利于促使大众尊重认同法规范,借此强化大众对于法规范的信赖与忠诚。[①]从特殊预防的角度说,涉案单位的事前合规建设表明其自身的规范意识较为明确,矫正而使之不再犯罪的目的相对更容易达成。

(二) 事后合规整改的从宽处罚依据

涉案企业的刑事合规整改,此处重点分析的是此前未进行合规建设、案发后进行整改的从宽处罚依据,涵括已经进行合规建设的企业在涉案后的刑事合规整改的从宽处罚依据,故后者不再单独讨论。

单位在涉案后的刑事合规整改,不会影响已经既遂犯罪的不法与责任,因此刑事合规整改从宽处罚的正当性依据,只能在预防刑中寻找。本书认为,其正当性依据首先在特殊预防,其次为一般预防。这一结论立足于如下思考:

其一,从一般预防与特殊预防的自身关系看,一般认为在立法阶段偏重的是刑罚的一般预防功能,在刑罚裁量阶段和执行阶段则偏重刑罚的特殊预防功能。涉案单位合规整改后,检察机关所提出的量刑建议,实质上具有刑罚裁量性质。而涉案单位合规整改的过程,就其付出的金钱与时间等方面的代价,与刑罚的剥夺感、痛苦感相当。

其二,根据《涉案企业合规建设、评估和审查办法(试行)》(以下简称

---

① 周光权:《刑法总论》,中国人民大学出版社 2021 年版,第 421—422 页。

《试行办法》），也可以看出涉案企业的刑事合规整改重点在于特殊预防。《试行办法》规定的合规建设重点在于：企业的合规管理组织体系转向合规计划、违法行为的调查检测机制。评估重点则是在合规建设重点的基础上另外增加了"持续整改机制和合规文化"是否已经形成的要求。可以看出，合规整改的重点在于涉案企业自身经过整改后，是否足以有效预防犯罪再次发生。由此应当确认在涉案后的刑事合规整改的从宽依据，主要在于特殊预防功能。在此基础上可以兼顾考虑是否另有一般预防必要性降低之问题。

（三）合规建设刑罚从宽幅度的确定

涉案企业事前是否已经进行合规建设，涉案后的合规整改是否通过验收，不影响其所涉犯罪的不法程度，仅仅影响其责任与预防必要性是否会有所降低，无法逆向导致相关犯罪的不法和刑事责任程度升高，因此《试行办法》规定，涉案企业合规建设有效性没有通过验收的，可以据此作出从严处罚的量刑建议，存在不妥。

既然事前合规建设的从宽处罚依据在于责任也即非难可能性的降低、一般预防必须性与特殊预防必要性的减损，刑事合规整改的从宽处罚依据主要是特殊预防必要性的降低。因此，应当分类讨论涉案企业的合规建设及整改情况，以区别不同情形下责任与预防必要性降低的程度，进而确认与之相适应的从宽幅度。从逻辑上看，涉案企业的合规建设分别如下：事前存在合规建设，涉案后进行合规整改；事前存在合规建设，涉案后未进行合规整改；事前不存在合规建设，涉案后进行合规整改；事前不存在合规建设，涉案后也未进行合规整改。需要比较的仅为前三种情形：

在第一种情况下，刑法无疑应当最为充分地给予相关企业从宽处罚，包括从轻、减轻、免除处罚、不负刑事责任等。在第二种情况下，相关企业的合规建设表明其法规范意识和忠诚态度，刑法应当对其予以肯定，同时充分激励其他企业开展合规建设。但是，涉案后没有进行合规整改，说明相关风险未被消除,因此仍需刑罚介入以惩罚并预防。在第三种情况下,一方面,特殊预防必要性大为降低甚至基本消除,另一方面,也只有相关企业的合规整改得到明确的规范激励时,才能有效推进企业将合规整改的预防目的真正落实。从这一角度讲,应当给予其较第二种情况更大幅度的从宽处理。但是为了节制从宽处罚及自由裁量的滥用,也避免轻纵犯罪,应当根据涉案单位情节的严重程度确定不同的从宽幅度:对于情节较轻的,诸如仅仅涉及起刑点而未升格法定刑的,可以不负刑事责任,但是对于情节严重的,例如所对应的法定刑已经升格甚至两次升格的,最多仅能允许减轻处罚。此外,不同企业的合规建设、合规整改的落实程度不同,所涉犯罪的严重程度不同,需允许司法机关进行选择,立法表述以"可以"为宜。

因此,本书的建议是,在《刑法》第 31 条之下增设多款分别表述不同的从宽处罚情节,形成如下的规范格局:

第三十一条　单位犯罪的,对单位判处罚金,并对其直接负责的主管人员和其他直接责任人员判处刑罚。本法分则和其他法律另有规定的,依照规定。

单位在犯罪之前已经开展合规建设的,可以从轻、减轻处罚。

单位制定并实施合规整改计划的,可以从轻或减轻处罚;情节较轻的或者有前款情节的,可以免除处罚或者不负刑事责任。

第二节　对《刑事诉讼法》的修改方案

《刑事诉讼法》作为查明和惩罚犯罪的程序法,积极回应实体法律与社会生活的变化与需求,以期形成趋向良性互动,这是实现良法善治的必由之路。因此,如果实体法为了因应刑事合规整改而对单位犯罪作出修正,那么《刑事诉讼法》修改之时,也应当对此问题予以回应,有针对性地对单位犯罪诉讼程序在立法上作出必要调整和补充。

一、合规不起诉制度程序障碍与适用隐忧的立法革除

在刑事合规整改的已有实践及学理讨论中，始终存在一个争议不休的话题：刑事合规整改是否可以以及如何获得不起诉的处理。本书认为，最高人民检察院有关"严管厚爱"的表态，可以作为解决这一问题的基本立场。基于"严管"，对于涉案企业不能一放了之，要实实在在地做到拔除合规风险病灶；基于"厚爱"，对于涉案企业要给予充分的合规激励，这其中就应当包括基于合规整改不起诉的法律激励，以此促使相关企业真正将法律治理融入公司治理。

（一）程序障碍亟待立法革除

当前，我国现行《刑事诉讼法》并未就单位涉刑的情况，专项作出附条件不起诉制度或者合规整改不起诉制度的立法安排。但从企业合规的试点实践以及《关于建立涉案企业合规第三方监督评估机制的指导意见（试行）》《〈关于建立涉案企业合规第三方监督评估机制的指导意见（试行）〉实施细则》《涉案企业合规建设、评估和审查办法（试行）》等规范性文件的相关规定来看，检察机关已然将附条件不起诉作为企业合规（事后合规）的重要激励措施。于是，相关合规整改不起诉的激励措施，始终处于一种规范寄生的状态，主要是由检察机关适用"相对不起诉制度"来完成规范上的嫁接。但是，相对不起诉制度的适用范围本身较为狭窄，即便是小微企业的涉案严重程度动辄就能够突破相对不起诉的适用条件，遑论大公司、大企业。如果坚守这一立场，要么导致相当数量的企业合规整改意愿不足，要么导致检察机关变相违法适用相对不起诉制度，二者皆非所欲。因此需要立法上明确规定涉案单位刑事合规整改不起诉制度及其适用条件。

对此，本书的观点是，涉案单位刑事合规整改不起诉制度应当能够适用于单位重罪案件。因此，对于轻微单位犯罪案件，原本即可直接适用相对不起诉模式。但是应当考虑本章第一节中对于重罪案件适用不起诉制

度的制约。同时,尽管涉案单位刑事合规整改不起诉制度在适用时不应当受到轻罪还是重罪的影响,但是却应考虑到犯罪类型的限制。"即使是重罪案件,如果犯罪行为的发生与企业内部治理机制缺陷有直接关联的重罪案件,从有利于合规整改制度目的实现的角度上说,也应当考虑适用该制度。"①但是,即便是轻罪案件,如果该单位犯罪属于危害国家安全犯罪、恐怖活动犯罪、黑社会性质组织犯罪等类型的犯罪,也应当作出适用上的限制。

此外,鉴于我国对于单位犯罪的处罚原则上采取双罚制,因此,合规整改不起诉制度适用于:其一,企业的附条件不起诉制度;其二,各类企业责任人的合规不起诉机制。对于企业而言的附条件不起诉,可以适用于所有企业犯罪,此时企业及各类责任人的罪行轻重并非制度关注重点。针对企业责任人的合规不起诉,仅适用于情节较轻的犯罪,如可能被判处3年以上有期徒刑的、情节较重的涉企犯罪,即便企业承诺构建合规制度,检察机关也应当起诉相关责任人,此时刑事合规整改仅有影响量刑建议与刑罚宣告的意义。这一适用主要基于以下考虑:

其一,基于我国企业经营现状。当前,我国中小企业在经济发展中扮演着十分重要的角色,在全部企业数量的占比仍然十分庞大。在这类企业中,现代化企业所构想的"两权分离"远未实现,企业的所有权与经营权高度集中,具有浓厚的个人或者家族色彩,对于企业家个人的依赖十分严重,如果坚持"放过企业但严惩企业家"的立场,难免会造成"办一个案件搞垮一个企业"现象。②

其二,法律面前人人平等原则的坚守。如果过于迁就社会现实,又会导致放纵犯罪的现象并损害大众对于法律平等适用的信赖感情。同时,对于企业与企业家同时不予起诉,在一定程度上也不利于法律威慑效力

① 林东品、崔志伟、胡欣琪、滕镇远:《我国企业刑事合规理论研究综述》,《上海法学研究2022年第23卷——社会治理法治化研究文集》。
② 黎宏:《企业合规不起诉:误解及纠正》,《中国法律评论》2021年第3期。

的实现，从而损及刑事合规的强制性。因此，需要更为严格地适用对于企业家的不予起诉制度，确保其能够真实推动刑事合规整改的落实，以争取最终的缓刑判决。

（二）适用隐忧需待立法保障

如前所述，涉案企业合规整改换取的不起诉待遇，不应导致出现一放了之、纸面合规从而轻纵犯罪的现象。为了化解这一方面的担忧，就需要慎重选择不起诉制度的类型，这里需要参考域外立法并比照我国的实践加以选择。

德日等国的暂缓起诉类型。根据赵运峰教授的介绍，德国在 1974 年修订《刑事诉讼法》时增加了第 153 条 a，规定对轻罪可以适用暂缓起诉制度。暂缓起诉制度的适用对象不再局限于未成年人，而是扩大到社会所有成员。①日本的起诉犹豫制度对许多国家暂缓起诉制度的立法思想和司法实践产生了积极深远的影响。1948 年日本全面修订了《刑事诉讼法》，该法第 248 条规定："检察机关根据犯人的性格、年龄、环境、经历、犯罪的轻重、情节及犯罪后的情况，认为没有必要追诉时，可以不提起公诉。"②

此外，美国作为刑事合规制度的发源地，其精细的程序性立法内容及演变，亦值得我国参考与借鉴。20 世纪 90 年代以来，美国联邦检察机关逐步将"审前转处协议"制度适用到公司涉嫌犯罪的案件。美国联邦检察机关通过与涉案企业达成"暂缓起诉协议"（简称 DPA）或"不起诉协议"（简称 NPA），替代原来的提起公诉或者不起诉决定。企业签署协议后，检察官将视涉罪企业在协议规定期间的履行表现作出下一步的决定：如果涉罪企业在规定期间履行协议约定的义务，那么撤销起诉，诉讼终结；反之，恢复起诉，诉讼继续。在暂缓起诉协议中，企业通常要提出全面重

---

① 赵运锋：《刑事合规附条件不起诉立法思考和内容构建》，《上海政法学院学报》2021 年第 6 期。

② 高铭暄、孙道萃：《刑事合规的立法考察与中国应对》，《湖湘法学评论》2021 年第 1 期。

建合规管理体系的具体方案以及实施方案,并承诺积极完善合规计划。这不仅是协议的核心内容,也是设定考察期并决定考察期满是否起诉的重要因素。在考察期内,检察机关会对企业重建合规计划的进展情况进行持续不断地监控,包括派驻独立的合规监督员进行持续不断地监督,或者由企业自行定期提交合规进展报告。这些实实在在的检查与监督,不仅是为了督促企业有效实施合规计划,也是为了确保暂缓起诉制度有合法依据与预期意义。①与美国的暂缓起诉制度不同,英国在继受该制度的过程中,则更为强调检察官的主导权要受到法院的监督与节制。

本书认为,为了确保我国刑事合规整改工作兼具合法依据与预期意义,同时也与我国当前的改革动向——人民法院参与刑事合规整改工作相符,应当考虑以暂缓起诉制度为蓝本,同时强化人民法院的审核、监督权利,以此作为合规不起诉的基本模式。

二、考察期的确定与案件办理期限的协调

目前的规范性文件对于企业涉案后的刑事合规整改,尚未规定明确的考察期,多数由各承办检察机关裁量确定,多采用预先确定与实际调整相结合的模式。根据《评估指导意见》的规定,第三方组织根据案件具体情况和涉案企业承诺履行的期限,并向负责办理案件的人民检察院征求意见后,合理确定合规考察期限。分析最高人民检察院公布的典型案例可知,相关企业的刑事合规整改的考察期在 2 个月到 1 年不等:第二批典型案例中的"张家港 S 公司、睢某某销售假冒注册商标的商品案",第三方组织原定的考察期为 6 个月,但由于该企业规模较小,在职员工仅有 3 人,合规建设相对简易,因此考察期缩短至 3 个月。在"山东沂南县 Y 公司、姚某明等串通投标案"中,原定的合规整改考察期为 3 个月,但实际约 5 个月完成。所公布的典型案例中,除深圳某公司走私普通货物物品案中对企业设定了 12 个月的考察期外,其余基本都是 3 至 4 个月的考

① 高铭暄、孙道萃:《刑事合规的立法考察与中国应对》,《湖湘法学评论》2021 年第 1 期。

察期。

但是从法规范体系协调和物本逻辑的角度说,上述考察期的设置时间过短:其一,我国《刑事诉讼法》的未成年人犯罪附条件不起诉制度中,未成年人仅在"可能判处一年有期徒刑以下刑罚""但有悔罪表现"时还必须接受"6 个月以上 1 年以下的考验期",才能有望获得不起诉的决定。涉案企业的刑事合规整改工作,对于其是否可以获得不起诉决定、何种程度的量刑建议与判决,均有重要影响。且适用范围不限于一年以下的轻罪,考察期却明显短于未成年人附条件不起诉制度,未免不妥。其二,合规整改计划及落实,涉及该企业合规管理体系、风险识别机制、违法监测机制、合规企业文化从无到有,从不完善到完善的过程。其间,涉及人、财、物的重大投入与调整,属于企业内部治理结构的重大变革,短时间内根本无法完成。作为合规计划的逻辑起点,风险评估就是系统性工程,合规风险评估要做到对公司业务活动、产品、服务、运营等全链条、全覆盖、无死角,系统分析市场服务与销售权、决策及审核权、人事权、采购权、计量权、财务权等,详细梳理权责清单,这需要巨大的成本和时间。合规计划效果的评估更是一个漫长的过程。①此外,如果部分企业所在行业有一定的周期性,那么过短的考察期也尚不足以充分判断相关风险病灶是否存在死灰复燃的可能,也容易有损国民对于刑法平等适用的信赖感情。

参考域外立法,各国关于企业合规计划实施的考察期规定也各不一致,没有一定之规:有的国家法律规定考核期是 1 年至 3 年,有的国家法律规定考核期是 6 个月。本书认为,考察期的"合理标准",既要能给企业留下整改的时间,又要能确保司法机关的核验以确认整改的真实与彻底,同时必须兼顾司法效率。因此,如设置或决定采取的考察期太短,则企业在客观上不足以完善或实施合规方案,司法机关客观上也无法客观、有效判定合规整改的涉及效果。考察期太长则对实现司法效率不利,也容易过度干涉企业的自主经营管理。总的来说,应当根据企业规模、企业涉案

---

① 李勇:《企业附条件不起诉的立法建议》,《中国刑事法杂志》2021 年第 2 期。

的严重程度、是否存在事前合规建设等确定考察期。对于企业规模较小、案发较早且涉案情节较轻的,3 个月的考察期限或为已足,但是对于企业规模较大、涉案时间较长、情节严重甚至特别严重、事前也不存在合规建设意识与行动的,则应当设置最长为 2 年的合规整改考察期,以确保合规整改计划的落实,并最终形成企业的合规文化。

同时,企业合规整改具有一定的准刑罚性质,实践中多是采取"挂案"的方式,在多个诉讼阶段借用取保候审的时间来完成对于涉案企业的合规整改的考察。①这虽然有刑事合规整改考察期于法无据而担心超过案件办理期限的无奈,但也侵犯了涉案企业的合法权益——如果未经审查起诉确认符合起诉标准的,应当予以撤案或者作出不起诉的决定。因此未来应当考虑在刑事诉讼法中针对刑事合规专门作出考察期的规定,并就取保候审等强制措施进行修改,如涉案企业进行刑事合规整改的,在符合阶段性考核标准的情况下,应当允许延长针对自然人所设的取保候审期限。

三、人民法院参与刑事合规整改的方式

2020 年 3 月,最高人民检察院启动了企业合规从宽处理机制的改革试点工作。2022 年 4 月开始,涉案企业合规改革已经由试点转向在全国所有检察机关推行。当前刑事合规整改的程序特色表现为检察机关主导模式。这一模式虽具有开创与探索精神,但在学理上也多有被质疑与诟病之处:根据宪法规定,人民法院作为审判机关,负责对刑事案件的审判。被告是否构成犯罪,以及被告应当被科处何种刑罚的判断,是人民法院的专属职权。即人民法院才有权根据法律规定,评估相关主体的各类情节,并据此作出实体性、终局性的惩罚。在刑罚之外的保安处分措施等,也最终需有人民法院作出或确认。而刑事合规整改制度本身具有一定的惩戒性、剥夺性、强制性,现阶段的法律规范中,人民法院既无从适用该制度,

---

① 李本灿:《企业合规激励的中国模式》,《法律科学》2022 年第 4 期。

也无从对其予以审查,对于影响定罪量刑情节的合规整改效果仅依据人民检察院的意见,形同剥夺了人民法院对于证据与事实的审查权利。因此,即便是在学理上同样强调检察主导的学者也提出,未来应当"注重协调不同主体间的配合、衔接与监督关系"。①此外,2023 年 3 月 23 日,最高人民法院院长张军在全国法院学习贯彻全国两会精神电视电话会议上提出,要"研究同检察机关共同做好涉案企业合规改革"。可以预见的是,随着法院在涉案企业合规程序中的参与日渐深入,我国将逐步由过去的"检察主导"模式走向"法检协作"模式。值得讨论的是,法院在刑事合规整改的参与方式。

可以考虑集中规定"不计入审理期限"的事由并将刑事合规整改在其中予以明确规定,化解法院审理期限与法院考察刑事合规整改效果之间的紧张关系。如前所述,部分涉案企业的刑事合规整改的考察期所需时间较长,如果为了迁就一般案件的法定审理期限,容易使法院对于涉案企业刑事合规整改的监督流于形式。因此,法定审理期限是审判阶段适用刑事合规整改的第一道难题。

在"邢某虚开增值税专用发票案"中,法院在启动刑事合规时就同步作出了中止审理裁定,由于"中止审理"具有暂时停止案件审理的法律效果,中止审理期间不需要计入审理期限,这就解决了合规整改时间较长导致的超审理期限问题。但是,正如谢登科教授指出的那样,这种做法存在法律依据方面的欠缺。《刑事诉讼法》第 206 条规定的"中止审理"的四种情形,并不包括涉案企业合规整改,且难以被认为合规整改工作属于"不可抗拒"的原因。作为中止审理情形的"不可抗拒的原因",是指诉讼活动之外的因素或障碍,该障碍通常无法经由诉讼活动得以消除。法院在审判阶段适用刑事合规,企业在审判阶段中开展合规整改,本身属于刑事诉讼的内容,即诉讼内企业整改活动,此种活动会对起诉、定罪、量刑等产生影响。因此,合规整改不属于诉讼之外导致法庭审理活动暂时停止的因

---

① 李本灿:《法院参与合规案件的路径》,《政法论坛》2023 年第 5 期。

素或者障碍,也不属于导致中止审理的其他"不能抗拒的原因"。所以选择该情形而裁定中止审理存在论理逻辑上的矛盾。[1]

除了中止审理外,我国《刑事诉讼法》及相关司法解释用于解决特定情形或事由导致超审理期限的处理方法还包括"不计入审理期限"。"不计入审理期限"主要适用于刑事诉讼活动中可以预期的活动或原因,例如《刑事诉讼法》第235条规定的检察院阅卷时间"不计入审理期限",《最高人民法院关于适用〈中华人民共和国刑事诉讼法〉的解释》第211条规定的被告人精神病鉴定时间"不计入审理期限",第627条第2款规定的没收违法所得程序中公告期间和请求刑事司法协助时间"不计入审理期限"。我国《刑事诉讼法》及相关司法解释对"不计入审理期限"制度的规定,主要具有以下特点:(1)"不计入审理期限"主要适用特定的诉讼行为或诉讼活动,例如精神病鉴定、涉外案件公告、刑事司法协助等都属于诉讼行为或诉讼活动,它们都不是不可抗拒的原因,这些诉讼行为或活动所经历的时间通常具有可预期性。(2)上述诉讼行为或诉讼活动通常会花费较长时间,这是将其经历时间不计入审理期限的核心原因。以精神病鉴定为例,将对被告人精神病鉴定的时间不计入审限,主要就源于刑事案件审理期限较短,精神病鉴定情况比较复杂,难以在短时间内作出正确判断,由此可能造成审限紧张的问题,故需要将此时间不计入审理期限。刑事合规整改工作完全具备以上特征:特定的诉讼活动、实践具有可预期性、需要花费较长时间,且对案件审理结果具有实体意义与影响。

因此,从各地有关刑事合规整改的司法实践来看,该制度适宜通过"不计入审理期限"的方式来处理现行刑事诉讼法制度下审理期限与合规整改考察期冲突的问题,而不宜通过"中止审理"方式加以协调。适用"不计入审理期限"的情形,或由《刑事诉讼法》在修正时予以明确,或由最高人民法院通过司法解释的方式予以统一规定,不宜听由各地法院在审判阶段适用刑事合规时自行创设,造成司法上的混乱。当前,无论是《刑事

---

[1] 谢登科:《论审判阶段刑事合规》,《中国应用法学》2023年第5期。

诉讼法》还是相关司法解释，对于"不计入审理期限"的规定较为分散，未来应考虑设置专条予以规定并明确包括涉案企业刑事合规整改的情形。

四、强化合规监督与行刑衔接的关联

2021年8月中共中央、国务院印发的《法治政府建设实施纲要（2021—2025年）》明确提出："完善行政执法与刑事司法衔接机制，加强'两法衔接'信息平台建设，推动信息共享机制化、案件移送标准和程序规范化。"在刑事合规整改的规范性文件与实践现状中事实上也已经开始注意这一点。本书结合相关专家观点，提出以下建议：

第一，需在刑事诉讼活动中，强化具体案件所对应的行政管理机关在合规整改中的参与性。例如卞建林教授提出，检察机关在对涉案企业审查决定是否适用合规考察时，需要熟悉行政法规、负有监管责任的行政主管机关或执法部门予以协助，就涉案企业是否适宜进行合规整改听取意见。[①]例如，在决定是否可以启动合规程序前，应当听取行政机关意见。对于具体事项的管理制度、相关合规风险的整改难易程度，均需要借重专业行政管理机构的意见才能准确地加以判断。

提出这一主张的理由是：合规治理本身是涉案单位的内部治理事宜，所涉及的合规事项在法律规范与实操经验上都具有极强的专业性，检察机关作为司法机关，承办检察官既非公司管理人员，又非相关事项的主管人员，在专业性上难以胜任，且当前各司法机关普遍存在司法资源紧张的情况，如果坚持合规整改工作由检察院主导，这将导致要么合规整改流于形式、要么合规整改适用萎缩的结局。

同时，监督考察、评估验收等工作应当坚持行政主导的原则。如果由第三方主导，则难以有效避免利益交换的问题。实践中的利益交换，形式多元、隐蔽性极强。李本灿教授指出，尽管《指导意见（试行）》第17条规定，中介组织人员在监督评估职责结束1年以内，不得接受与企业、个人

---

① 卞建林：《企业刑事合规程序的立法思考》，《社会科学文摘》2023年8月版。

或者其他有利益关系的单位、人员的业务，但这也不能有效预防利益交换。1年之后即可变现的利益也足以激励中介组织人员违背监督考察职责，使监督考察工作流于形式。①即使由于路径依赖等原因，坚持由第三方机构完成合规整改的验收、监督等工作，也应当考虑加强行政机关的有效参与。例如第三方监督评估机制应当及时向检察机关通报涉案企业执行合规计划和落实整改的情况，并在合规考察期限届满时制作书面的考察评估报告提交给办理案件的检察机关。

第二，需在刑事诉讼活动外，强化行政管理机关对于合规整改成果的接受与后续监督：当前的刑事合规整改工作出现的刑行衔接不畅的问题之一，即规范性文件没有明确规定刑事案件结束后，合规事项所对应的行政管理机关对于涉案单位如何接续管理这一问题。

表现之一：刑事案件结束，行政机关对于涉案单位的行政处罚"越位"，影响涉案单位的合规整改意愿。例如，在走私犯罪活动中，即使涉案企业已经通过刑事合规整改，而检察机关向行政管理机关提出相关当事人减轻或免除处罚的检察建议，但该建议并没有强制力，行政机关仍可以按照自己的判断作出行政处罚决定。而当涉案企业已为了争取相对不起诉作出一定的刑事退赔后，还要面临如更高额的行政罚款、被取消特许经营资格、责令关闭、吊销营业执照等更严厉的行政处罚，这样一来检察机关以企业合规保护民营经济的愿望必然会落空。对此亦有人大代表提出立法建议，希望立法上能予以回应。

表现之二：刑事案件结束，行政机关对于涉案单位的行政处罚"缺位"，影响涉案单位的合规整改长效。案件结束后，无论是否对涉案企业作出不起诉决定，检察机关（或者立法修正后的人民法院）对于涉案企业的合规整改的关注与监督即告停止，后续的企业合规整改就可能半途而废，直到整改单位再次涉嫌犯罪。为防止出现这一现象，应当考虑在刑事

---

① 李本灿：《企业合规程序激励的中国模式》，《法律科学（西北政法大学学报）》2022 年第 4 期。

案件结束后的一段时间内,由行政机关继续对企业推行合规管理的情况进行定期跟踪回访,打通刑事合规与行政合规的壁垒,促进企业将刑事合规逐步延伸到行政合规,筑牢守法合规经营底线,确保企业合规计划落到实处。因此有学者提议,检察机关和行政监管机关在合规监管领域应建立信息共享机制,提高司法信息与行政资源的配合衔接和工作效率。检察机关依法对涉案企业作出不起诉决定后,不是简单地一放了之,而是应当继续关注涉案企业的合规整改情况,通过信息平台掌握相关信息,与行政监管部门密切沟通,对企业展开持续监督,做好企业整改后续相关工作。

附录一　企业刑事合规的指导案例

一、对事前合规的审查：雀巢公司员工侵犯公民个人信息案

被告人郑某、杨某分别担任雀巢（中国）有限公司西北区婴儿营养部事务经理、兰州分公司婴儿营养部甘肃区域经理期间，为了抢占市场份额、推销雀巢奶粉，授意该公司兰州分公司婴儿营养部员工被告人杨某某、李某某、杜某某、孙某通过拉关系、支付好处费等手段，多次从兰州大学第一附属医院、兰州军区总医院、兰州兰石医院等多家医院医务人员手中非法获取公民个人信息。

在本案中，雀巢公司以其公司内部治理结构作为抗辩的根据，证明公司明文禁止员工向母亲发放婴儿配方奶粉免费样品，禁止向医务专业人员提供金钱或物质奖励，以引诱其推销婴儿配方奶粉，禁止未经批准自行收集公民个人信息。这些政策和规范不仅明文被列入包括雀巢公司宪章、公司指示、员工手册等规范性文件之中，而且还被列入员工培训内容之中，而本案的数名被告人均接受过相关的培训和测试。正因为如此，这些员工的行为其实是在追求个人工作业绩的考量下所实施的，雀巢公司既尽到了注意义务，也履行了管理、监督、教育、培训的责任。这些员工的行为违背了雀巢公司的管理规定，当然也就意味着违背了雀巢公司的主观意志。既然雀巢公司对这些员工的行为不知情，也尽到了管理、监督、教育、培训的责任，那么，对这些员工违背公司规定所实施的犯罪行为，雀

巢公司当然就不承担法律责任了。因此,法院判决雀巢公司不承担刑事
责任,判决自然人个人犯侵犯公民个人信息罪。

二、对事后合规的审查

被告单位 A 公司及 8 名被告人,在不具备危险废物经营资质的情况
下,非法处置废物,严重污染大气生态环境,造成生态环境损害损失合计
230 余万元。案发后,A 公司积极开展合规整改工作。2022 年 2 月 15
日,上虞法院召开 A 公司合规整改评审会暨判前社会效果评估会,组建
由区人大代表、政协委员、法学界学者、环境保护高级工程师、企业高管、
环境执法工作人员等共同参与的专家评审团队,评审认定 A 公司总体达
到合规整改的目的和效果。上虞法院经审理认为,综合各被告人自愿认
罪认罚、合规整改情况及专家评审意见等量刑情节,对涉案公司及人员酌
情从轻处罚,以污染环境罪判处被告单位 A 公司罚金 160 万元,判处 8 名
被告人有期徒刑一年至三年不等,并处罚金 1 万元至 30 万元不等,对沈
某某等 6 名宣告缓刑的被告人同时宣告禁止令,禁止其在缓刑考验期间
内从事与危险废物处置有关的经营活动。

三、企业在被提起公诉前进行合规整改

(一) 企业和直接责任人都认罪认罚,企业合规整改

案例 1:2020 年 6 月,公安机关以 A 公司、B 公司和公司实际控制人
关某某涉嫌虚开增值税专用发票罪移送审查起诉,检察机关受理案件后
督促企业作出合规承诺并开展合规建设。2020 年 11 月,检察机关以 A
公司、B 公司、关某某涉嫌虚开增值税专用发票罪对其提起公诉并适用认
罪认罚从宽制度。2020 年 12 月,法院采纳检察机关全部量刑建议,以虚
开增值税专用发票罪,分别判处被告单位 A 公司罚金 15 万元、B 公司罚
金 6 万元,被告人关某某有期徒刑三年,缓刑五年。

案例 2:2021 年 2 月,公安机关以翁某某涉嫌掩饰、隐瞒犯罪所得罪

移送审查起诉,检察机关经审查,以涉嫌掩饰、隐瞒犯罪所得罪追加翁某某所在的 S 公司为被告单位。2021 年 3 月,经 S 公司申请,检察机关启动合规整改程序,要求该公司对自身存在的管理漏洞进行全面自查并开展合规整改。2021 年 9 月,检察机关依法提起公诉,并结合企业合规整改情况,提出轻缓量刑建议。2021 年 11 月,法院采纳了检察机关的全部量刑建议,以掩饰、隐瞒犯罪所得罪,分别判处被告单位 S 公司罚金 3 万元;被告人翁某某有期徒刑一年,缓刑一年六个月,并处罚金人民币 1 万元。

(二) 企业经合规整改不起诉,直接责任人被起诉的

案例 3:2021 年 8 月,某县监察委员会以丰某食品公司、丰某油脂公司和王某某涉嫌单位行贿罪,向该县人民检察院移送审查起诉。检察机关经两次公开听证、企业合规审查,2021 年 12 月 16 日,依法对丰某食品公司、丰某油脂公司作出不起诉决定;同日,以单位行贿罪对王某某提起公诉。12 月 28 日,该县人民法院以单位行贿罪判处王某某有期徒刑一年六个月,缓刑二年六个月。

案例 4:2020 年 10 月 27 日,公安机关以犯罪嫌疑人姜某、犯罪嫌疑单位 A 公司、B 公司涉嫌虚开增值税专用发票罪移送审查起诉。检察机关决定分案处理,对单位犯罪中直接负责的主管人员姜某提起公诉;对涉案 A 公司、B 公司决定启动合规考察程序。2021 年 2 月 3 日,检察机关组织听证评估,认为 A 公司、B 公司均已制定了较为完善的企业合规制度,且实施效果良好,有效降低了再次犯罪的可能性。实际经营人姜某在公司合规建设过程中积极主动作为,认真落实检察建议相关内容,具有较强悔罪表现。2021 年 2 月 5 日,检察机关对被告人姜某调低量刑,建议为有期徒刑二年,缓刑二年,双方重新签署《认罪认罚具结书》,随后又对 A 公司、B 公司进行相对不起诉公开宣告。同日,法院对被告人姜某作出一审宣判,接受了检察机关的量刑建议。

(三) 企业高管涉及犯罪,企业并不涉及犯罪,但相应企业存在一定的合规缺陷与高管犯罪存在关联关系的

案例 5:2021 年 8 月,公安机关以王某某泄露内幕信息罪移送审查起

诉。审查起诉期间，王某某所在公司提出，因王某某被羁押导致公司经营受到严重影响，公司愿合规整改，希望司法机关对其从轻处理。2021年12月30日，检察机关以泄露内幕信息罪对王某某提起公诉，并结合犯罪事实和企业合规整改情况，对被告人提出有期徒刑二年至二年半，适用缓刑，并处罚金的量刑建议。2022年1月28日，法院作出一审判决，认可检察机关指控的事实和罪名，认为检察机关开展的合规工作有利于促进企业合法守规经营、优化营商环境，可在量刑时酌情考虑，法院采纳了量刑建议，以泄露内幕信息罪判处王某某有期徒刑二年，缓刑二年，并处罚金人民币十万元。

案例6：2021年4月，公安机关以林某某涉嫌生产、销售伪劣产品罪移送审查起诉，林某某所在公司在全面排查公司合规风险后，制定详细的《公司合规计划书》提交检察机关。4月23日，检察机关决定对该公司适用合规考察，确定考察期限为两个月，并选任作为第三方的两名律师为合规监督员全程协助涉罪公司修订合规计划并监督执行。7月16日，检察机关提起公诉并提出适用缓刑的从宽量刑意见。

（四）涉案企业在提起公诉后甚至二审期间向检察机关申请进行合规整改的

案例7：2021年11月3日，公安机关以被告单位YL国际物流有限公司、被告人胡某某涉嫌骗取出口退税罪移送审查起诉。检察机关2021年12月2日提起公诉。2022年3月4日，省人民检察院批准同意YL国际物流有限公司开展企业合规工作。经合规整改，检察机关对被告人胡某某的量刑建议改为有期徒刑二年，缓期两年执行并处罚金。人民法院于2022年5月26日开庭审理该案，择日宣判。

案例8：2022年1月21日，公安机关以YX特钢集团有限公司、环保部部长杨某某涉嫌污染环境罪将该案移送审查起诉。2022年2月21日，检察机关提起公诉后该企业申请进行合规整改，县检察院认为，涉案企业是省内大型民营企业，一直正常生产经营且具有合规整改意愿，自愿适用第三方监督评估机制，以往未受过其他行政、刑事处罚，可以适用涉案企业合规。但省检察院认为案件进入法院审理阶段，且可能判处实刑，不建议适用涉案企业合规制度。

案例9：2019年10月12日，检察机关以被告单位QD公司、被告人张某某等人犯虚开增值税专用发票罪向人民法院提起公诉。2021年1月20日，法院作出一审判决，以虚开增值税专用发票罪判处被告单位QD公司罚金人民币20万元，判处被告人张某某有期徒刑四年。2021年1月23日，张某某提出上诉，请求因国家利益需要改判缓刑。2021年4月28日，市检察院综合考虑本案具有自首情节，案发后补缴全部税款、自愿认罪认罚，且是初犯，无前科劣迹，依法向中级人民法院出具对张某某改判缓刑的建议。2021年5月14日，法院改判张某某为有期徒刑三年，缓期五年执行。二审判决后，在张某某及其企业的自愿申请下，检察机关联合法院及社区矫正部门，将企业合规建设情况纳入缓刑考验内容。

（五）珠海发出全国首份《企业专项刑事合规证明书》

韩某是优某公司、恒某公司的实际控制人。两年前，因涉嫌单位行贿罪，两家公司和韩某均被立案调查。审查起诉阶段，珠海市人民检察院对涉案企业启动合规整改程序，并在合规考察通过后，向珠海中院提起公诉。立案后，珠海中院合议庭就确定了将推动民营企业合规守法经营贯穿案件办理全过程的审理思路，先后三次到肇庆实地查看企业整改情况、经营现状，认为涉案企业需要进行合规建设与合规文化培育。经被告人申请，合议庭和公诉人商议后决定，改变传统"坐堂审案"模式，将法庭"搬"进涉案企业。庭审现场，企业员工"沉浸式"聆听案件审理每一个环节。经过庭审和合议后，法院当庭宣判，依法对被告单位优某公司、恒某公司处罚金人民币15万元；判决被告人韩某有期徒刑二年，缓刑二年，并处罚金10万元。

附录二　与企业刑事合规有关的规定、制度

一、《关于建立涉案企业合规第三方监督评估机制的指导意见(试行)》

为贯彻落实习近平总书记重要讲话精神和党中央重大决策部署,在依法推进企业合规改革试点工作中建立健全涉案企业合规第三方监督评估机制,有效惩治预防企业违法犯罪,服务保障经济社会高质量发展,助力推进国家治理体系和治理能力现代化,根据刑法、刑事诉讼法等法律法规及相关政策精神,制定本指导意见。

第一章　总　　则

第一条　涉案企业合规第三方监督评估机制(以下简称第三方机制),是指人民检察院在办理涉企犯罪案件时,对符合企业合规改革试点适用条件的,交由第三方监督评估机制管理委员会(以下简称第三方机制管委会)选任组成的第三方监督评估组织(以下简称第三方组织),对涉案企业的合规承诺进行调查、评估、监督和考察。考察结果作为人民检察院依法处理案件的重要参考。

第二条　第三方机制的建立和运行,应当遵循依法有序、公开公正、平等保护、标本兼治的原则。

第三条　第三方机制适用于公司、企业等市场主体在生产经营活动中涉及的经济犯罪、职务犯罪等案件,既包括公司、企业等实施的单位犯

罪案件,也包括公司、企业实际控制人、经营管理人员、关键技术人员等实施的与生产经营活动密切相关的犯罪案件。

第四条 对于同时符合下列条件的涉企犯罪案件,试点地区人民检察院可以根据案件情况适用本指导意见:

(一)涉案企业、个人认罪认罚;

(二)涉案企业能够正常生产经营,承诺建立或者完善企业合规制度,具备启动第三方机制的基本条件;

(三)涉案企业自愿适用第三方机制。

第五条 对于具有下列情形之一的涉企犯罪案件,不适用企业合规试点以及第三方机制:

(一)个人为进行违法犯罪活动而设立公司、企业的;

(二)公司、企业设立后以实施犯罪为主要活动的;

(三)公司、企业人员盗用单位名义实施犯罪的;

(四)涉嫌危害国家安全犯罪、恐怖活动犯罪的;

(五)其他不宜适用的情形。

第二章 第三方机制管委会的组成和职责

第六条 最高人民检察院、国务院国有资产监督管理委员会、财政部、全国工商联会同司法部、生态环境部、国家税务总局、国家市场监督管理总局、中国国际贸易促进委员会等部门组建第三方机制管委会,全国工商联负责承担管委会的日常工作,国务院国有资产监督管理委员会、财政部负责承担管委会中涉及国有企业的日常工作。

第三方机制管委会履行下列职责:

(一)研究制定涉及第三方机制的规范性文件;

(二)研究论证第三方机制涉及的重大法律政策问题;

(三)研究制定第三方机制专业人员名录库的入库条件和管理办法;

(四)研究制定第三方组织及其人员的工作保障和激励制度;

(五)对试点地方第三方机制管委会和第三方组织开展日常监督和

巡回检查；

（六）协调相关成员单位对所属或者主管的中华全国律师协会、中国注册会计师协会、中国企业联合会、中国注册税务师协会、中国贸促会全国企业合规委员会（中国贸促会商事法律服务中心）以及其他行业协会、商会、机构等在企业合规领域的业务指导，研究制定涉企犯罪的合规考察标准；

（七）统筹协调全国范围内第三方机制的其他工作。

第七条 第三方机制管委会各成员单位建立联席会议机制，由最高人民检察院、国务院国有资产监督管理委员会、财政部、全国工商联负责同志担任召集人，根据工作需要定期或者不定期召开会议，研究有关重大事项和规范性文件，确定阶段性工作重点和措施。

各成员单位应当按照职责分工，认真落实联席会议确定的工作任务和议定事项，建立健全日常联系、联合调研、信息共享、宣传培训等机制，推动企业合规改革试点和第三方机制相关工作的顺利进行。

第八条 试点地方的人民检察院和国资委、财政部门、工商联应当结合本地实际，参照本指导意见第六条、第七条规定组建本地区的第三方机制管委会并建立联席会议机制。

试点地方第三方机制管委会履行下列职责：

（一）建立本地区第三方机制专业人员名录库，并根据各方意见建议和工作实际进行动态管理；

（二）负责本地区第三方组织及其成员的日常选任、培训、考核工作，确保其依法依规履行职责；

（三）对选任组成的第三方组织及其成员开展日常监督和巡回检查；

（四）对第三方组织的成员违反本指导意见的规定，或者实施其他违反社会公德、职业伦理的行为，严重损害第三方组织形象或公信力的，及时向有关主管机关、协会等提出惩戒建议，涉嫌违法犯罪的，及时向公安司法机关报案或者举报，并将其列入第三方机制专业人员名录库黑名单；

（五）统筹协调本地区第三方机制的其他工作。

第九条　第三方机制管委会应当组建巡回检查小组，按照本指导意见第六条第五项、第八条第三项的规定，对相关组织和人员在第三方机制相关工作中的履职情况开展不预先告知的现场抽查和跟踪监督。

巡回检查小组成员可以由人大代表、政协委员、人民监督员、退休法官、检察官以及会计审计等相关领域的专家学者担任。

第三章　第三方机制的启动和运行

第十条　人民检察院在办理涉企犯罪案件时，应当注意审查是否符合企业合规试点以及第三方机制的适用条件，并及时征询涉案企业、个人的意见。涉案企业、个人及其辩护人、诉讼代理人或者其他相关单位、人员提出适用企业合规试点以及第三方机制申请的，人民检察院应当依法受理并进行审查。

人民检察院经审查认为涉企犯罪案件符合第三方机制适用条件的，可以商请本地区第三方机制管委会启动第三方机制。第三方机制管委会应当根据案件具体情况以及涉案企业类型，从专业人员名录库中分类随机抽取人员组成第三方组织，并向社会公示。

第三方组织组成人员名单应当报送负责办理案件的人民检察院备案。人民检察院或者涉案企业、个人、其他相关单位、人员对选任的第三方组织组成人员提出异议的，第三方机制管委会应当调查核实并视情况做出调整。

第十一条　第三方组织应当要求涉案企业提交专项或者多项合规计划，并明确合规计划的承诺完成时限。

涉案企业提交的合规计划，主要围绕与企业涉嫌犯罪有密切联系的企业内部治理结构、规章制度、人员管理等方面存在的问题，制定可行的合规管理规范，构建有效的合规组织体系，健全合规风险防范报告机制，弥补企业制度建设和监督管理漏洞，防止再次发生相同或者类似的违法犯罪。

第十二条 第三方组织应当对涉案企业合规计划的可行性、有效性与全面性进行审查，提出修改完善的意见建议，并根据案件具体情况和涉案企业承诺履行的期限，确定合规考察期限。

在合规考察期内，第三方组织可以定期或者不定期对涉案企业合规计划履行情况进行检查和评估，可以要求涉案企业定期书面报告合规计划的执行情况，同时抄送负责办理案件的人民检察院。第三方组织发现涉案企业或其人员尚未被办案机关掌握的犯罪事实或者新实施的犯罪行为，应当中止第三方监督评估程序，并向负责办理案件的人民检察院报告。

第十三条 第三方组织在合规考察期届满后，应当对涉案企业的合规计划完成情况进行全面检查、评估和考核，并制作合规考察书面报告，报送负责选任第三方组织的第三方机制管委会和负责办理案件的人民检察院。

第十四条 人民检察院在办理涉企犯罪案件过程中，应当将第三方组织合规考察书面报告、涉案企业合规计划、定期书面报告等合规材料，作为依法作出批准或者不批准逮捕、起诉或者不起诉以及是否变更强制措施等决定，提出量刑建议或者检察建议、检察意见的重要参考。

人民检察院发现涉案企业在预防违法犯罪方面制度不健全、不落实，管理不完善，存在违法犯罪隐患，需要及时消除的，可以结合合规材料，向涉案企业提出检察建议。

人民检察院对涉案企业作出不起诉决定，认为需要给予行政处罚、处分或者没收其违法所得的，应当结合合规材料，依法向有关主管机关提出检察意见。

人民检察院通过第三方机制，发现涉案企业或其人员存在其他违法违规情形的，应当依法将案件线索移送有关主管机关、公安机关或者纪检监察机关处理。

第十五条 人民检察院对于拟作不批准逮捕、不起诉、变更强制措施等决定的涉企犯罪案件,可以根据《人民检察院审查案件听证工作规定》召开听证会,并邀请第三方组织组成人员到会发表意见。

第十六条 负责办理案件的人民检察院应当履行下列职责:

(一)对第三方组织组成人员名单进行备案审查,发现组成人员存在明显不适当情形的,及时向第三方机制管委会提出意见建议;

(二)对涉案企业合规计划、定期书面报告进行审查,向第三方组织提出意见建议;

(三)对第三方组织合规考察书面报告进行审查,向第三方机制管委会提出意见建议,必要时开展调查核实工作;

(四)依法办理涉案企业、个人及其辩护人、诉讼代理人或者其他相关单位、人员在第三方机制运行期间提出的申诉、控告或者有关申请、要求;

(五)刑事诉讼法、人民检察院刑事诉讼规则等法律、司法解释规定的其他法定职责。

第十七条 第三方组织及其组成人员在合规考察期内,可以针对涉案企业合规计划、定期书面报告开展必要的检查、评估,涉案企业应当予以配合。

第三方组织及其组成人员应当履行下列义务:

(一)遵纪守法,勤勉尽责,客观中立;

(二)不得泄露履职过程中知悉的国家秘密、商业秘密和个人隐私;

(三)不得利用履职便利,索取、收受贿赂或者非法侵占涉案企业、个人的财物;

(四)不得利用履职便利,干扰涉案企业正常生产经营活动。

第三方组织组成人员系律师、注册会计师、税务师(注册税务师)等中介组织人员的,在履行第三方监督评估职责期间不得违反规定接受可能有利益关系的业务;在履行第三方监督评估职责结束后一年以内,上述人员及其所在中介组织不得接受涉案企业、个人或者其他有利益关系的单位、人员的业务。

第十八条 涉案企业或其人员在第三方机制运行期间，认为第三方组织或其组成人员存在行为不当或者涉嫌违法犯罪的，可以向负责选任第三方组织的第三方机制管委会反映或者提出异议，或者向负责办理案件的人民检察院提出申诉、控告。

涉案企业及其人员应当按照时限要求认真履行合规计划，不得拒绝履行或者变相不履行合规计划、拒不配合第三方组织合规考察或者实施其他严重违反合规计划的行为。

第四章　附　　则

第十九条 纪检监察机关认为涉嫌行贿的企业符合企业合规试点以及第三方机制适用条件，向人民检察院提出建议的，人民检察院可以参照适用本指导意见。

第二十条 试点地方人民检察院、国资委、财政部门、工商联可以结合本地实际，参照本指导意见会同有关部门制定具体实施办法，并按照试点工作要求报送备案。

本指导意见由最高人民检察院、国务院国有资产监督管理委员会、财政部、全国工商联会同司法部、生态环境部、国家税务总局、国家市场监督管理总局、中国国际贸易促进委员会负责解释，自印发之日起施行。

二、《〈关于建立涉案企业合规第三方监督评估机制的指导意见（试行）〉实施细则》

为深入学习贯彻习近平新时代中国特色社会主义思想，全面贯彻习近平法治思想，完整、准确、全面贯彻新发展理念，认真落实最高人民检察院、司法部、财政部、生态环境部、国务院国资委、税务总局、市场监管总局、全国工商联、中国贸促会《关于建立涉案企业合规第三方监督评估机制的指导意见（试行）》（以下简称《指导意见》），依法推进企业合规改革试点工作，规范涉案企业合规第三方监督评估机制管理委员会（以下简称第

三方机制管委会)以及第三方监督评估机制(以下简称第三方机制)相关
工作有序开展,结合工作实际,制定本实施细则。

第一章　第三方机制管委会的组成和职责

第一条　第三方机制管委会是承担对第三方机制的宏观指导、具体
管理、日常监督、统筹协调等职责,确保第三方机制依法、有序、规范运行,
以及第三方监督评估组织(以下简称第三组织)及其组成人员依法依规
履行职责的议事协调机构。

第二条　第三方机制管委会成员单位包括最高人民检察院、司法部、
财政部、生态环境部、国务院国资委、税务总局、市场监管总局、全国工商
联、中国贸促会等部门,并可以根据工作需要增加成员单位。

第三条　第三方机制管委会履行下列职责:

(一)研究制定涉及第三方机制的规范性文件;

(二)研究论证第三方机制涉及的重大法律政策问题;

(三)研究制定第三方机制专业人员名录库的入库条件和管理办法;

(四)研究制定第三组织及其组成人员的工作保障和激励制度;

(五)对试点地方第三方机制管委会和第三组织开展日常监督和
巡回检查;

(六)协调相关成员单位对所属或者主管的中华全国律师协会、中国
注册会计师协会、中国企业联合会、中国注册税务师协会、中国贸促会全
国企业合规委员会(中国贸促会商事法律服务中心)以及其他行业协会、
商会、机构等在企业合规领域的业务指导,研究制定涉企犯罪的合规考察
标准;

第二章　第三方机制管委会联席会议的职责

第四条　第三方机制管委会建立联席会议机制,以联席会议形式研
究制定重大规范性文件,研究论证重大法律政策问题,研究确定阶段性工
作重点和措施,协调议定重大事项,推动管委会有效履职尽责。

第五条　联席会议由最高人民检察院、国务院国资委、财政部、全国

工商联有关负责同志担任召集人,管委会其他成员单位有关负责同志担任联席会议成员。联席会议成员因工作变动需要调整的,由所在单位提出,联席会议确定。

第六条 联席会议原则上每半年召开一次,也可以根据工作需要临时召开。涉及企业合规改革试点工作及重大法律政策议题的由最高人民检察院召集,涉及第三方机制管委会日常工作及民营企业议题的由全国工商联召集,涉及国有企业议题的由国务院国资委、财政部召集。召集人可以根据议题邀请其他相关部门、单位以及专家学者参加会议。

第七条 联席会议以纪要形式明确会议议定事项,印发第三方机制管委会各成员单位及有关方面贯彻落实,重大事项按程序报批,落实情况定期报告联席会议。

第八条 联席会议设联络员,由第三方机制管委会各成员单位有关司局负责同志担任。在联席会议召开之前,应当召开联络员会议,研究讨论联席会议议题和需提交联席会议议定的事项及其他有关工作。

联络员应当根据所在单位职能,履行下列职责:

(一)协调本单位与其他成员单位的工作联系;

(二)组织研究起草有关规范性文件,研究论证有关法律政策问题,对有关事项或者议题提出意见建议;

(三)组织研究提出本单位需提交联席会议讨论的议题;

(四)在联席会议成员因故不能参加会议时,受委托参加会议并发表意见;

(五)组织落实联席会议确定的工作任务和议定事项。

第九条 联席会议设联系人,由第三方机制管委会各成员单位有关处级负责同志担任,负责日常联系沟通工作,承办联席会议成员及联络员的交办事项。

第三章 第三方机制管委会办公室的职责

第十条 第三方机制管委会下设办公室作为常设机构,负责承担第三方机制管委会的日常工作。办公室设在全国工商联,由全国工商联有关部门负责同志担任办公室主任,最高人民检察院、国务院国资委、财政部有关部门负责同志担任办公室副主任。

第十一条 第三方机制管委会办公室履行下列职责:

(一)协调督促各成员单位落实联席会议确定的工作任务和议定事项;

(二)收集整理各成员单位提交联席会议研究讨论的议题,负责联席会议和联络员会议的组织筹备工作;

(三)协调指导联席会议联系人开展日常联系沟通工作;

(四)负责国家层面第三方机制专业人员名录库的建立选任、日常管理、动态调整,并建立禁入名单等惩戒机制;

(五)组织开展对试点地方第三方机制管委会和第三方组织日常监督和巡回检查;

(六)承担第三方机制管委会及其联席会议交办的其他工作。

第十二条 第三方机制管委会办公室应当采取有效措施,建立健全第三方机制管委会联合调研、信息共享、案例指导、宣传培训等机制,并加强与中华全国律师协会、中国注册会计师协会、中国企业联合会、中国注册税务师协会、中国贸促会全国企业合规委员会(中国贸促会商事法律服务中心)以及其他行业协会、商会、机构的工作联系。

第十三条 第三方机制管委会办公室牵头组建巡回检查小组,邀请人大代表、政协委员、人民监督员、退休法官、退休检察官以及会计、审计、法律、合规等相关领域的专家学者担任巡回检查小组成员,对试点地方第三方机制管委会和相关第三方组织及其组成人员的履职情况开展不预先告知的现场抽查和跟踪监督。

第三方机制管委会办公室应当将巡回检查情况及时报告第三方机制管委会及其联席会议,并提出改进工作的意见建议。

第十四条 第三方机制管委会办公室可以推动各成员单位、各工作联系单位根据工作需要互派干部挂职交流，探索相关单位工作人员兼任检察官助理制度，并协调各成员单位视情派员参与第三方机制管委会办公室工作，提升企业合规工作专业化规范化水平。

第十五条　试点地方的人民检察院和国资委、财政、工商联等有关单位应当结合本地实际，组建本地区的第三方机制管委会并建立联席会议机制，设立第三方机制管委会办公室负责日常工作。

第四章　第三方组织的性质

第十六条　第三方组织是试点地方第三方机制管委会选任组成的负责对涉案企业的合规承诺及其完成情况进行调查、评估、监督和考察的临时性组织。

第十七条　第三方组织的运行应当遵循依法依规、公开公正、客观中立、专业高效的原则。

第十八条　试点地方第三方机制管委会负责对其选任组成的第三方组织及其组成人员履职期间的监督、检查、考核等工作，确保其依法依规履行职责。

第五章　第三方机制的启动

第十九条　人民检察院在办理涉企犯罪案件时，应当注意审查是否符合企业合规试点以及第三方机制的适用条件，并及时听取涉案企业、人员的意见。经审查认为符合适用条件的，应当商请本地区第三方机制管委会启动第三方机制。

公安机关、纪检监察机关等办案机关提出适用建议的，人民检察院参照前款规定处理。

第二十条　涉案企业、人员及其辩护人、诉讼代理人以及其他相关单位、人员提出适用企业合规试点以及第三方机制申请的，人民检察院应当依法受理并进行审查。经审查认为符合适用条件的，应当商请本地区第三方机制管委会启动第三方机制。

第二十一条　第三方机制管委会收到人民检察院商请后，应当综合考虑案件涉嫌罪名、复杂程度以及涉案企业类型、规模、经营范围、主营业务等因素,从专业人员名录库中分类随机抽取人员组成第三方组织。

专业人员名录库中没有相关领域专业人员的,第三方机制管委会可以采取协商邀请的方式,商请有关专业人员参加第三方组织。

同一个第三方组织一般负责监督评估一个涉案企业。同一案件涉及多个涉案企业,或者涉案企业之间存在明显关联关系的,可以由同一个第三方组织负责监督评估。

第二十二条 涉案企业、人员的居住地与案件办理地不一致的,案件办理地第三方机制管委会可以委托涉案企业、人员居住地第三方机制管委会选任组成第三方组织并开展监督评估,或者可以通过第三方机制管委会成员单位及其所属或者主管的行业协会、商会、机构的异地协作机制,协助开展监督评估。

第二十三条 第三方组织一般由 3 至 7 名专业人员组成,针对小微企业的第三方组织也可以由 2 名专业人员组成。

同一名专业人员在不存在利益关系、保障工作质量的条件下,可以同时担任一个以上第三方组织的组成人员。

第三方机制管委会应当根据工作需要,指定第三方组织牵头负责人,也可由第三方组织组成人员民主推举负责人,并报第三方机制管委会审定。

第二十四条 第三方机制管委会应当将第三方组织组成人员名单及提出意见的方式向社会公示,接受社会监督。

公示期限由第三方机制管委会根据情况决定,但不得少于五个工作日。公示可以通过在涉案单位所在地或者有关新闻媒体、网站发布公示通知等形式进行。

第二十五条 涉案企业、人员或者其他相关单位、人员对选任的第三方组织组成人员提出异议,或者第三方组织组成人员申请回避的,第三方机制管委会应当及时调查核实并视情况作出调整。

公示期满后无异议或者经审查异议不成立的,第三方机制管委会应当将第三方组织组成人员名单报送负责办理案件的人民检察院备案。人民检察院发现组成人员存在明显不适当情形的,应当及时向第三方机制管委会提出意见建议,第三方机制管委会依照本条第一款的规定处理。

第二十六条 人民检察院对第三方机制管委会报送的第三方组织组成人员名单,经审查未提出不同意见的,应当通报第三方机制管委会,并由第三方机制管委会宣告第三方组织成立。

第三方组织存续期间,其组成人员一般不得变更。确需变更的,第三方机制管委会应当依照本实施细则相关规定处理。

第六章 第三方机制的运行

第二十七条 第三方组织成立后,应当在负责办理案件的人民检察院的支持协助下,深入了解企业涉案情况,认真研判涉案企业在合规领域存在的薄弱环节和突出问题,合理确定涉案企业适用的合规计划类型,做好相关前期准备工作。

第三方机制管委会可以根据工作需要,指派专门人员负责与选任组成的第三方组织及负责办理案件的人民检察院、涉案企业联络沟通,协调处理第三方机制启动和运行有关事宜。

第二十八条 第三方组织根据涉案企业情况和工作需要,应当要求涉案企业提交单项或者多项合规计划,对于小微企业可以视情简化。

涉案企业提交的合规计划,应当以全面合规为目标、专项合规为重点,主要针对与企业涉嫌犯罪有密切联系的企业内部治理结构、规章制度、人员管理等方面存在的问题,制定可行的合规管理规范,构建有效的合规组织体系,完善相关业务管理流程,健全合规风险防范报告机制,弥补企业制度建设和监督管理漏洞,防止再次发生相同或者类似的违法犯罪。

第二十九条 第三方组织应当对涉案企业合规计划的可行性、有效性与全面性进行审查,重点审查以下内容:

（一）涉案企业完成合规计划的可能性以及合规计划本身的可操作性；

（二）合规计划对涉案企业预防治理涉嫌的犯罪行为或者类似违法犯罪行为的实效性；

（三）合规计划是否覆盖涉案企业在合规领域的薄弱环节和明显漏洞；

（四）其他根据涉案企业实际情况需要重点审查的内容。

第三方组织应当就合规计划向负责办理案件的人民检察院征求意见，综合审查情况一并向涉案企业提出修改完善的意见。

第三十条　第三方组织根据案件具体情况和涉案企业承诺履行的期限，并向负责办理案件的人民检察院征求意见后，合理确定合规考察期限。

第三十一条　在合规考察期内，第三方组织可以定期或者不定期对涉案企业合规计划履行情况进行监督和评估，可以要求涉案企业定期书面报告合规计划的执行情况，同时抄送负责办理案件的人民检察院。

第三方组织发现涉案企业执行合规计划存在明显偏差或错误的，应当及时进行指导、提出纠正意见，并报告负责办理案件的人民检察院。

第三十二条　第三方组织发现涉案企业或其人员尚未被办案机关掌握的犯罪事实或者新实施的犯罪行为，应当中止第三方监督评估程序，并及时向负责办理案件的人民检察院报告。

负责办理案件的人民检察院接到报告后，依照刑事诉讼法及相关司法解释的规定依法处理。

第三十三条　第三方组织在合规考察期届满后，应当对涉案企业的合规计划完成情况进行全面了解、监督、评估和考核，并制作合规考察书面报告。

合规考察书面报告一般应当包括以下内容：

（一）涉案企业履行合规承诺、落实合规计划情况；

（二）第三方组织开展了解、监督、评估和考核情况；

（三）第三方组织监督评估的程序、方法和依据；

（四）监督评估结论及意见建议；

（五）其他需要说明的问题。

第三十四条 合规考察书面报告应当由第三方组织全体组成人员签名或者盖章后，报送负责选任第三方组织的第三方机制管委会、负责办理案件的人民检察院等单位。

第三方组织组成人员对合规考察书面报告有不同意见的，应当在报告中说明其不同意见及理由。

第三十五条 本实施细则第三十一条、第三十三条规定的监督、评估方法应当紧密联系企业涉嫌犯罪有关情况，包括但不限于以下方法：

（一）观察、访谈、文本审阅、问卷调查、知识测试；

（二）对涉案企业的相关业务与管理事项，结合业务发生频率、重要性及合规风险高低进行抽样检查；

（三）对涉案企业的相关业务处理流程，结合相关原始文件、业务处理踪迹、操作管理流程等进行穿透式检查；

（四）对涉案企业的相关系统及数据，结合交易数据、业务凭证、工作记录以及权限、参数设置等进行比对检查。

第三十六条 涉案企业及其人员对第三方组织开展的检查、评估应当予以配合并提供便利，如实填写、提交相关文件、材料，不得弄虚作假。

涉案企业或其人员认为第三方组织或其组成人员的检查、评估行为不当或者涉嫌违法犯罪的，可以向负责选任第三方组织的第三方机制管委会反映或者提出异议，或者向负责办理案件的人民检察院提出申诉、控告。

第三十七条 负责选任第三方组织的第三方机制管委会和负责办理案件的人民检察院收到第三方组织报送的合规考察书面报告后，应当及时进行审查，双方认为第三方组织已经完成监督评估工作的，由第三方机制管委会宣告第三方组织解散。

第三十八条 第三方组织组成人员系律师、注册会计师、税务师（注册税务师）等中介组织人员的，在履行第三方监督评估职责期间不得违反规定接受可能有利益关系的业务；在履行第三方监督评估职责结束后二年以内，上述人员及其所在中介组织不得接受涉案企业、人员或者其他有利益关系的单位、人员的业务。

第三十九条 第三方机制管委会或者负责办理案件的人民检察院发现第三方组织或其组成人员故意提供虚假报告或者提供的报告严重失实的，应当依照《指导意见》的规定及时向有关主管机关、协会等提出惩戒建议，涉嫌违法犯罪的，及时向有关机关报案或者举报，并将其列入第三方机制专业人员名录库禁入名单。

第四十条 负责办理案件的人民检察院应当要求知悉案情的第三方组织组成人员，参照执行防止干预司法"三个规定"，严格做好有关事项填报工作。

第七章　附　　则

第四十一条 试点地方第三方机制管委会可以结合本地实际，参照《指导意见》及本实施细则制定具体实施办法，并按照试点工作要求报送备案。

第四十二条 本实施细则由最高人民检察院、国务院国资委、财政部、全国工商联会同司法部、生态环境部、税务总局、市场监管总局、中国贸促会等部门组建的第三方机制管委会负责解释，自印发之日起施行。

三、《涉案企业合规第三方监督评估机制专业人员选任管理办法（试行）》

为深入学习贯彻习近平新时代中国特色社会主义思想，全面贯彻习近平法治思想，完整、准确、全面贯彻新发展理念，认真落实最高人民检察院、司法部、财政部、生态环境部、国务院国资委、税务总局、市场监管总局、全国工商联、中国贸促会《关于建立涉案企业合规第三方监督评估机制的指导意见(试行)》(以下简称《指导意见》),规范涉案企业合规第三方监督评估机制专业人员(以下简称第三方机制专业人员)选任管理工作,保障涉案企业合规第三方监督评估机制(以下简称第三方机制)有效运行,结合工作实际,制定本办法。

第一章 总 则

第一条 第三方机制专业人员,是指由涉案企业合规第三方监督评估机制管理委员会(以下简称第三方机制管委会)选任确定,作为第三方监督评估组织(以下简称第三方组织)组成人员参与涉案企业合规第三方监督评估工作的相关领域专业人员,主要包括律师、注册会计师、税务师(注册税务师)、企业合规师、相关领域专家学者以及有关行业协会、商会、机构、社会团体(以下简称有关组织)的专业人员。

生态环境、税务、市场监督管理等政府工作部门中具有专业知识的人员可以被选任确定为第三方机制专业人员,或者可以受第三方机制管委会邀请或者受所在单位委派参加第三方组织及其相关工作,其选任管理具体事宜由第三方机制管委会与其所在单位协商确定。有关政府工作部门所属企事业单位中的专业人员可以被选任确定为第三方机制专业人员,参加第三方组织及其相关工作。

有关单位中具有专门知识的退休人员参加第三方组织及其相关工作的,应当同时符合有关退休人员的管理规定。

第二条 第三方机制专业人员选任管理应当遵循依法依规、公开公正、分级负责、接受监督的原则。

第三条 各级第三方机制管委会统筹协调本级第三方机制专业人员的选任、培训、考核、奖惩、监督等工作。

国家层面第三方机制管委会负责研究制定涉及第三方机制专业人员的规范性文件及保障激励制度,统筹协调全国范围内涉及第三方机制专业人员的相关工作。

上级第三方机制管委会应当加强对下级第三方机制管委会涉及第三方机制专业人员相关工作的具体指导。

第二章　第三方机制专业人员的选任

第四条　国家层面、省级和地市级第三方机制管委会应当组建本级第三方机制专业人员名录库(以下简称名录库)。经省级第三方机制管委会审核同意,有条件的县级第三方机制管委会可以组建名录库。

第五条　名录库以个人作为入库主体,不得以单位、团体作为入库主体。

名录库应当分类组建,总人数不少于五十人。人员数量、组成结构和各专业领域名额分配可以由负责组建名录库的第三方机制管委会根据工作需要自行确定,并可以结合实际进行调整。

省级以下名录库的入库人员限定为本省(自治区、直辖市)区域内的专业人员。因专业人员数量不足未达到组建条件的,可以由省级第三方机制管委会统筹协调相邻地市联合组建名录库。

第六条　第三方机制专业人员应当拥有较好的政治素质和道德品质,具备履行第三方监督评估工作的专业知识、业务能力和时间精力,其所在单位或者所属有关组织同意其参与第三方监督评估工作。

第三方机制专业人员一般应当具备下列条件:

(一)拥护中国共产党领导,拥护我国社会主义法治;

(二)具有良好道德品行和职业操守;

(三)持有本行业执业资格证书,从事本行业工作满三年;

(四)工作业绩突出,近三年考核等次为称职以上;

(五)熟悉企业运行管理或者具备相应专业知识;

(六)近三年未受过与执业行为有关的行政处罚或者行业惩戒;

(七)无受过刑事处罚、被开除公职或者开除党籍等情形;

(八)无其他不适宜履职的情形。

第七条　第三方机制管委会一般应当按照制定计划、发布公告、本人申请、单位推荐、材料审核、考察了解、初定人选、公示监督、确定人选、颁发证书等程序组织实施第三方机制专业人员选任工作。

第八条　第三方机制管委会组织实施第三方机制专业人员选任，应当在成员单位或其所属或者主管的律师协会、注册会计师协会、注册税务师协会等有关组织的官方网站上发布公告。

公告应当载明选任名额、标准条件、报名方式、报名材料和选任工作程序等相关事项，公告期一般不少于二十个工作日。

第九条　第三方机制管委会可以通过审查材料、走访了解、面谈测试等方式对报名人员进行审核考察，并在此基础上提出拟入库人选。

第三方机制管委会可以通过成员单位所属或者主管的有关组织了解核实拟入库人选的相关情况。

第十条　第三方机制管委会应当将拟入库人选名单及监督联系方式向社会公示，接受社会监督。公示可以通过在拟入库人选所在单位或者有关新闻媒体、网站发布公示通知等形式进行，公示期一般不少于七个工作日。

第三方机制管委会对于收到的举报材料、情况反映应当及时进行调查核实，视情提出处理意见。调查核实过程中可以根据情况与举报人、反映人沟通联系。

第十一条　第三方机制管委会在确定拟入库人选时应当综合考虑报名人员的政治素质、执业（工作）时间、工作业绩、研究成果、表彰奖励，以及所在单位的资质条件、人员规模、所获奖励、行业影响力等情况。同等条件下，可以优先考虑担任党代表、人大代表、政协委员、人民团体职务的人选。

第十二条　公示期满后无异议或者经审查异议不成立的，第三方机制管委会应当向入库人员颁发证书，并通知其所在单位或者所属有关组织。名录库人员名单应当在第三方机制管委会成员单位的官方网站上公布，供社会查询。

第三方机制管委会应当明确入库人员的任职期限，一般为二至三年。经第三方机制管委会审核，期满后可以续任。

第三章　第三方机制专业人员的日常管理

第十三条　第三方机制专业人员根据履职需要，可以查阅相关文件资料，参加有关会议和考察活动，接受业务培训。

第十四条　第三方机制专业人员应当认真履职、勤勉尽责，严格履行相关法律法规及《指导意见》等有关保密、回避、廉洁等义务。

第十五条　第三方机制管委会应当结合涉案企业合规第三方监督评估工作情况，定期组织第三方机制专业人员进行业务培训、开展调研考察和座谈交流，总结推广经验做法。

第三方机制管委会有关成员单位应当指导所属或者主管的有关组织，加强本行业、本部门涉及第三方机制相关工作的理论实务研究，积极开展业务培训和工作指导。

第十六条　第三方机制管委会可以通过定期考核、一案一评、随机抽查、巡回检查等方式，对第三方机制专业人员进行考核评价。考核结果作为对第三方机制专业人员奖励激励、续任或者调整出库的重要依据。

第十七条　第三方机制管委会应当建立健全第三方机制专业人员奖励激励制度，对表现突出的第三方机制专业人员给予奖励激励，或向其所在单位或者所属有关组织提出奖励激励的建议。

第十八条　第三方机制管委会应当及时将考核结果、奖励激励情况书面通知本人及所在单位或者所属有关组织，可以通过有关媒体向社会公布。

第十九条　第三方机制管委会应当建立健全第三方机制专业人员履职台账，全面客观记录第三方机制专业人员业务培训、参加活动和履行职责情况，作为确定考核结果的重要参考。

第二十条　第三方机制管委会在对第三方机制专业人员的履职情况开展考核评价时，应当主动征求办理案件的检察机关、巡回检查小组以及涉案企业等意见建议。

第二十一条 第三方机制专业人员有下列情形之一的，考核评价结果应当确定为不合格，并视情作出相应后续处理：

（一）不参加第三方组织工作或者不接受第三方机制管委会分配工作任务，且无正当理由的；

（二）在履行第三方监督评估职责中出现重大失误，造成不良影响的；

（三）在履行第三方监督评估职责中存在行为不当，涉案企业向第三方机制管委会反映或者提出异议，造成不良影响的；

（四）其他造成不良影响或者损害第三方组织形象、公信力的情形。

第二十二条 第三方机制管委会对违反有关义务的第三方机制专业人员，可以谈话提醒、批评教育，或视情通报其所在单位或者所属有关组织，情节严重或者造成严重后果的可以将其调整出库。

第三方机制专业人员有下列情形之一的，第三方机制管委会应当及时将其调整出库：

（一）在选任或者履职中弄虚作假，提供虚假材料或者情况的；

（二）受到刑事处罚、被开除公职或者开除党籍的；

（三）受到行政处罚或者行业惩戒，情节严重的；

（四）违反《指导意见》第十七条第二款第二项至第四项规定的；

（五）利用第三方机制专业人员身份发表与履职无关的言论或者从事与履职无关的活动，造成严重不良影响的；

（六）考核评价结果两次确定为不合格的；

（七）实施严重违反社会公德、职业道德或者其他严重有损第三方机制专业人员形象、公信力行为的；

（八）其他不适宜继续履行第三方监督评估职责的情形。

第三方机制管委会发现第三方机制专业人员的行为涉嫌违规的，应当及时向有关主管机关，或其所在单位或者所属有关组织反映情况、提出惩戒或者处理建议;涉嫌违法犯罪的,应当及时向有关机关报案或者举报。

第二十三条　第三方机制管委会应当建立健全第三方机制专业人员名录库禁入名单制度。对于依照本办法第二十二条规定被调整出库的第三方机制专业人员,应当列入名录库禁入名单。

第三方机制管委会对列入名录库禁入名单的人员应当逐级汇总上报,实现信息共享。

第二十四条　第三方机制专业人员因客观原因不能履职、本人不愿继续履职或者发生影响履职重大事项的,应当及时向第三方机制管委会报告并说明情况,主动辞任第三方机制专业人员。第三方机制管委会应当及时进行审查并将其调整出库。

第二十五条　第三方机制管委会应当根据工作需要,结合履职台账、考核情况以及本人意愿、所在单位或者所属有关组织意见等,定期或者不定期对名录库人员进行动态调整。名录库人员名单调整更新后,应当依照本办法第十二条规定,及时向社会公布。

第四章　工作保障

第二十六条　第三方机制管委会各成员单位、第三方机制专业人员所在单位或者所属有关组织以及涉案企业,应当为第三方机制专业人员履行职责提供必要支持和便利条件。

第二十七条　第三方机制专业人员选任管理工作所需业务经费和第三方机制专业人员履职所需费用,试点地方可以结合本地实际,探索多种经费保障模式。

第五章　附　　则

第二十八条　地方各级第三方机制管委会可以结合本地实际,参照本办法制定具体实施细则,并按照试点工作要求报送备案。

有关部门、组织可以结合本行业、本部门实际,制定名录库人员的具体入选标准。

本办法出台前,已组建的各地各级名录库不符合本办法规定的,可以继续试点。

第二十九条 本办法由最高人民检察院、国务院国资委、财政部、全国工商联会同司法部、生态环境部、税务总局、市场监管总局、中国贸促会等部门组建的第三方机制管委会负责解释，自印发之日起施行。

四、《最高人民检察院关于开展企业合规改革试点工作方案》

检察机关开展企业合规改革试点工作是深入贯彻党的十九大和十九届二中、三中、四中、五中全会精神，认真贯彻习近平法治思想，助力实现"十四五"规划和 2035 年远景目标的重要举措，对于促进国家治理体系和治理能力现代化具有重要意义。为确保试点工作依法有序推进，制定如下方案。

一、内涵、目标和原则

（一）基本内涵

开展企业合规改革试点工作，是指检察机关对于办理的涉企刑事案件，在依法做出不批准逮捕、不起诉决定或者根据认罪认罚从宽制度提出轻缓量刑建议等的同时，针对企业涉嫌具体犯罪，结合办案实际，督促涉案企业作出合规承诺并积极整改落实，促进企业合规守法经营，减少和预防企业犯罪，实现司法办案政治效果、法律效果、社会效果的有机统一。

（二）主要目标

检察机关开展企业合规改革试点，旨在充分发挥检察职能，加大对民营经济平等保护，更好落实依法不捕不诉不提出判实刑量刑建议等司法政策，既给涉案企业以深刻警醒和教育，防范今后可能再发生违法犯罪，也给相关行业企业合规经营提供样板和借鉴，为服务"六稳""六保"，促进市场主体健康发展，营造良好法治化营商环境，推动形成新发展格局，促进经济社会高质量发展，助推国家治理体系和治理能力现代化提供新的检察产品，贡献更大检察力量。

（三）基本原则

1. 坚持党的领导。服务和保障市场主体健康发展，促进经济社会高质量发展，是检察机关贯彻落实习近平法治思想的重要体现。试点地区检察机关要进一步提高认识，主动向党委、党委政法委汇报，争取人大、政府支持，加强与市场监管、税务、工商联、律师协会等单位联系，建立联席会议制度和第三方监管机制，在党委及其政法委领导下稳步推进改革试点工作。

2. 坚持检察职责定位。要立足于刑事、民事、行政、公益诉讼"四大检察"职能，督促企业履行合规承诺，促进企业合规经营，建立现代企业管理制度，服务保障经济社会高质量发展。

3. 严格依法有序推进。试点应严格依照法律规定，按照试点方案要求，有规划、分步骤进行。未经立法授权，各试点单位不得突破法律规定试行对涉企业犯罪附条件不起诉（暂缓起诉）等做法。地方检察院开展企业合规试点，要层报高检院同意。

二、主 要 内 容

（一）企业范围和案件类型

企业范围包括各类市场主体，主要是指涉案企业以及与涉案企业相关联企业。国企民企、内资外资、大中小微企业，均可列入试点范围。案件类型包括企业经济活动涉及的各种经济犯罪、职务犯罪。

（二）试点形式和内容

1. 与依法适用认罪认罚从宽制度和检察建议结合起来。通过适用认罪认罚从宽制度等，对涉企案件，做到依法能不捕的不捕、能不诉的不诉、能不判实刑的要提出判缓刑的量刑建议，督促企业建立合规制度，履行合规承诺。

2. 与依法清理"挂案"结合起来。通过积极推动企业合规试点工作，提出企业合规建设意见和建议，包括整政方向和意见，同时促进"挂案"清理工作，依法平等保护企业合法权益。

3. 与依法适用不起诉结合起来。不起诉类型既包括刑事诉讼法第一百七十五条第四款规定的不起诉，也包括刑事诉讼法第一百七十七条第一款、第二款规定的不起诉，以及刑事诉讼法第一百八十二条规定的不起诉。对不起诉案件，做到应听证尽听证。

（三）积极探索建立第三方监管机制

各试点单位应当结合本地实际，探索建立包括市场监管部门、税务部门、工商联等以及律师、审计师、会计师、人民监督员、人大代表、政协委员等在内的企业合规第三方监管机制。通过第三方监管，监督、促进企业践行合规承诺。检察机关要定期检查合规建设情况，并根据案件具体情况依法作出相应处理。

三、工 作 步 骤

（一）扩大试点范围，规范试点工作。对于前一时期试点工作中的不规范做法，依法予以规范，同时适当扩大试点范围，开展为期一至二年的试点。

（二）总结试点经验，申请全国人大常委会授权开展涉企业犯罪附条件不起诉试点。在第二期试点一年左右基础上，总结试点经验和效果，向中央政法委专题汇报；向全国人大常委会申请扩大附条件不起诉适用范围，对合规建设效果较好的涉案企业，可以附条件不起诉，同时授权部分检察机关开展试点。

（三）提出立法建议，推动立法。在总结试点经验基础上，向中央改革办、中央政法委和全国人大常委会专题报告，提出建立涉企业犯罪附条件不起诉制度的立法建议，推动相关立法修改。

四、第二期试点时间、范围和工作要求

（一）试点时间和范围

试点时间：2021 年 3 月至 2022 年 3 月。

试点范围：北京、辽宁、上海、江苏、浙江、福建、山东、湖北、湖南、广东。上述省级检察院可根据本地情况，自行确定 1 至 2 个设区的市级院及其所辖基层院作为试点单位。已经试点的基层院所属市级院可将该市

检察机关整体纳入试点范围,并报高检院备案。

(二) 工作要求

1. 加强组织领导。各试点单位要严格按照高检院的统一部署,树立检察工作"一盘棋"意识,把试点工作抓紧抓实。试点院党组要将试点工作列入重要议事日程,成立以检察长为组长、有关院领导和业务部门负责人为成员的试点工作领导小组,一把手亲自抓,其他院领导负起应有的领导责任。上级院要加强对下督促检查,确保试点工作顺利进行,取得实效。

2. 依法有序推进试点。试点单位要严格按照现行法律规定和本方案的试点范围开展试点。遇到重大问题,要及时向上级院和当地党委政法委报告。试点期间确定适用企业合规的案件由省级院统一把关,争议案件可以对口向高检院相关业务厅请示。地方制发的有关规范性文件及时报高检院法律政策研究室备案。各地非试点单位不得以企业合规名义进行改革试点或宣传报道。

3. 积极向党委、党委政法委报告。各试点单位要及时向地方党委、党委政法委报告,积极争取人大、政府和有关部门的支持,注重与公安机关、工商联、市场监管部门等单位的沟通协调,共同推进试点工作有序稳妥开展。

五、《涉案企业合规建设、评估和审查办法(试行)》

为深入学习贯彻习近平新时代中国特色社会主义思想,全面贯彻习近平法治思想,完整、准确、全面贯彻新发展理念,认真落实最高人民检察院、司法部、财政部、生态环境部、国务院国资委、税务总局、市场监管总局、全国工商联、中国贸促会《关于建立涉案企业合规第三方监督评估机制的指导意见(试行)》(以下简称《指导意见》)及其实施细则,依法推进企业合规改革试点工作,规范第三方监督评估机制(以下简称第三方机制)相关工作有序开展,结合工作实际,制定本办法。

第一章　总　　则

第一条　涉案企业合规建设，是指涉案企业针对与涉嫌犯罪有密切联系的合规风险，制定专项合规整改计划，完善企业治理结构，健全内部规章制度，形成有效合规管理体系的活动。

涉案企业合规评估，是指第三方监督评估组织（以下简称第三方组织）对涉案企业专项合规整改计划和相关合规管理体系有效性进行了解、评价、监督和考察的活动。

涉案企业合规审查，是指负责办理案件的人民检察院对第三方组织的评估过程和结论进行审核。

针对未启动第三方机制的小微企业合规，可以由人民检察院对其提交的合规计划和整改报告进行审查。

第二条　对于涉案企业合规建设经评估符合有效性标准的，人民检察院可以参考评估结论依法作出不批准逮捕、变更强制措施、不起诉的决定，提出从宽处罚的量刑建议，或者向有关主管机关提出从宽处罚、处分的检察意见。

对于涉案企业合规建设经评估未达到有效性标准或者采用弄虚作假手段骗取评估结论的，人民检察院可以依法作出批准逮捕、起诉的决定，提出从严处罚的量刑建议，或者向有关主管机关提出从严处罚、处分的检察意见。

第二章　涉案企业合规建设

第三条　涉案企业应当全面停止涉罪违规违法行为，退缴违规违法所得，补缴税款和滞纳金并缴纳相关罚款，全力配合有关主管机关、公安机关、检察机关及第三方组织的相关工作。

第四条　涉案企业一般应当成立合规建设领导小组，由其实际控制人、主要负责人和直接负责的主管人员等组成，必要时可以聘请外部专业机构或者专业人员参与或者协助。合规建设领导小组应当在全面分析研判企业合规风险的基础上，结合本行业合规建设指引，研究制定专项合规计划和内部规章制度。

第五条　涉案企业制定的专项合规计划,应当能够有效防止再次发生相同或者类似的违法犯罪行为。

第六条　涉案企业实际控制人、主要负责人应当在专项合规计划中作出合规承诺并明确宣示,合规是企业的优先价值,对违规违法行为采取零容忍的态度,确保合规融入企业的发展目标、发展战略和管理体系。

第七条　涉案企业应当设置与企业类型、规模、业务范围、行业特点等相适应的合规管理机构或者管理人员。

合规管理机构或者管理人员可以专设或者兼理,合规管理的职责必须明确、具体、可考核。

第八条　涉案企业应当针对合规风险防控和合规管理机构履职的需要,通过制定合规管理规范、弥补监督管理漏洞等方式,建立健全合规管理的制度机制。

涉案企业的合规管理机构和各层级管理经营组织均应当根据其职能特点设立合规目标,细化合规措施。

合规管理制度机制应当确保合规管理机构或者管理人员独立履行职责,对于涉及重大合规风险的决策具有充分发表意见并参与决策的权利。

第九条　涉案企业应当为合规管理制度机制的有效运行提供必要的人员、培训、宣传、场所、设备和经费等人力物力保障。

第十条　涉案企业应当建立监测、举报、调查、处理机制,保证及时发现和监控合规风险,纠正和处理违规行为。

第十一条　涉案企业应当建立合规绩效评价机制,引入合规指标对企业主要负责人、经营管理人员、关键技术人员等进行考核。

第十二条　涉案企业应当建立持续整改、定期报告等机制,保证合规管理制度机制根据企业经营发展实际不断调整和完善。

第三章　涉案企业合规评估

第十三条　第三方组织可以根据涉案企业情况和工作需要,制定具体细化、可操作的合规评估工作方案。

第十四条 第三方组织对涉案企业专项合规整改计划和相关合规管理体系有效性的评估，重点包括以下内容：

（一）对涉案合规风险的有效识别、控制；

（二）对违规违法行为的及时处置；

（三）合规管理机构或者管理人员的合理配置；

（四）合规管理制度机制建立以及人力物力的充分保障；

（五）监测、举报、调查、处理机制及合规绩效评价机制的正常运行；

（六）持续整改机制和合规文化已经基本形成。

第十五条 第三方组织应当以涉案合规风险整改防控为重点，结合特定行业合规评估指标，制定符合涉案企业实际的评估指标体系。

评估指标的权重可以根据涉案企业类型、规模、业务范围、行业特点以及涉罪行为等因素设置，并适当提高合规管理的重点领域、薄弱环节和重要岗位等方面指标的权重。

第四章　涉案企业合规审查

第十六条 第三方机制管委会和人民检察院收到第三方组织报送的合规考察书面报告后，应当及时进行审查，重点审查以下内容：

（一）第三方组织制定和执行的评估方案是否适当；

（二）评估材料是否全面、客观、专业，足以支持考察报告的结论；

（三）第三方组织或其组成人员是否存在可能影响公正履职的不当行为或者涉嫌违法犯罪行为。

经第三方机制管委会和人民检察院审查，认为第三方组织已经完成监督评估工作的，由第三方机制管委会宣告第三方组织解散。对于审查中发现的疑点和重点问题，人民检察院可以要求第三方组织或其组成人员说明情况，也可以直接进行调查核实。

第十七条 人民检察院对小微企业提交合规计划和整改报告的审查，重点包括合规承诺的履行、合规计划的执行、合规整改的实效等内容。

第十八条　第三方机制管委会收到关于第三方组织或其组成人员存在行为不当或者涉嫌违法犯罪的反映、异议，或者人民检察院收到上述内容的申诉、控告的，双方应当及时互相通报情况并会商提出处理建议。

第十九条　第三方机制管委会或者人民检察院经审查合规考察书面报告等材料发现，或者经对收到的反映、异议或者申诉、控告调查核实确认，第三方组织或其组成人员存在违反《指导意见》及其实施细则规定的禁止性行为，足以影响评估结论真实性、有效性的，第三方机制管委会应当重新组建第三方组织进行评估。

第五章　附　则

第二十条　本办法所称涉案企业，是指涉嫌单位犯罪的企业，或者实际控制人、经营管理人员、关键技术人员等涉嫌实施与生产经营活动密切相关犯罪的企业。

对与涉案企业存在关联合规风险或者由类案暴露出合规风险的企业，负责办理案件的人民检察院可以对其提出合规整改的检察建议。

第二十一条　涉案企业应当以全面合规为目标、专项合规为重点，并根据规模、业务范围、行业特点等因素变化，逐步增设必要的专项合规计划，推动实现全面合规。

第二十二条　大中小微企业的划分，根据国家相关标准执行。

第二十三条　本办法由国家层面第三方机制管委会负责解释。自印发之日起施行。

后　记

随着社会经济的不断发展和商业环境的日益复杂,企业在追逐经济利益的过程中面临的法律风险也日益增加,如何有效地预防和应对企业犯罪成为各个行业共同关注的重要课题。在此背景下,合规经营成了各类企业在商业竞争中的普遍共识,刑事合规评估与整改也成了单位犯罪案件中被告人和被告单位的共同需求。

我最早接触"刑事合规"这个概念,是在学校读书时的一次专业学术讲座上,由陈瑞华教授引入和介绍。毕业后我进入法院工作,参与了诸多单位犯罪案件的审理和裁判,关切点大多在被告人和被告单位的定罪量刑,偶尔也会就案件中凸显的共性问题向有关单位和部门制发司法建议,但绝少会从前端角度去思考某类犯罪高发的企业管理漏洞或制度诱因,更不会去关注企业刑事合规的评估和整改工作。

七年前,我从法院离职来到上海市光大律师事务所工作,岗位虽发生变化,工作内容却仍是各类经济犯罪案件承接和处理,但关注视角和办案立场发生了本质变化。我的思考和关切不再仅仅停留于案件的裁判结果,而是更多地去分析、思考、总结个案教训,去研究、归纳、制定和落实整改方案。七年来,光大刑事辩护团队办理了诸多各类型的单位犯罪案件。在此过程中,对企业单位犯罪的认定和刑事合规的评估整改,我们进行了认真的研究,累积了诸多心得、体会和主张。本书的写作,是我们对过往经办案件的选择记叙,记录了我们对过往经办案件的思考、提炼、总结及主张。

撰写本书的过程中,我们深入研究了国内外关于企业犯罪治理的法律法规与实践案例。我们发现,许多企业在面对法律风险时缺乏系统的应对策略,而现有的法律框架在应对新型企业犯罪时也存在不足之处。基于此,我们希望通过这本书,为企业提供一个全方位的、实用的合规指南,帮助企业在复杂的法律环境中行稳致远。

在写作的过程中,我们结合各自的专业背景和实践经验,进行了多次深入的探讨和交流。我们不仅查阅了大量的文献资料,也与一些企业进行了交流,了解它们在合规管理中的实际困境和需求。其间我们深刻认识到,企业合规管理不仅是法律问题,更是企业治理和文化建设的重要组成部分。

通过这次写作,我们不仅深化了对企业犯罪治理的理解,也意识到在瞬息万变的商业世界中,合规与创新并不对立,而是可以相辅相成的。希望本书能为广大企业管理者、法律从业者以及对企业合规感兴趣的读者提供有价值的参考。

本书凝集了我们的心血,更是我们集体思考的反映。本书的写作,得到了法律学者的理论主张支持、资深律师的实务经验辅助。在此,谨向华东政法大学博士生导师、刑法学教研室主任王恩海教授,以及上海市光大律师事务所创始人、终身名誉主任、高级合伙人祝小东律师表示诚挚感谢。本书写作过程中,我们多次向王恩海教授及祝小东律师请教,与二位的交流、沟通使我们受益匪浅,亦得到了良多鼓励和鞭策。经过二位的多番指引,我们意图构建的体系和结构更加完善,以期通过本书所表达的观点更加清晰,对于资料及案例的引用也更加具体和熟稔。

本书由陈友乐、朱杰、王英负责统稿,麻荟苹协助统稿,各章节分别由莫宸屏、孙小佳、李尔康、麻荟苹、吴众垚、钮笙佳、朱浩毅等人负责收集资料、研讨思路、校对文稿及进行其他基础工作。在此衷心感谢他们的奉献、热爱与智慧。

历经数月，本书终于付梓。对于我们而言，本书的出版是一个阶段性的总结。受制于客观条件与主观水平，本书在实务问题的回应上，不免挂一漏万；在学术理论的研究上，可能辞难尽意。旧题新篇，未敢求创新发聩之效；恭疏短引，期能有深化增益之功。可以预见的是，未来我们仍将在实践中不断遇到各类型的单位犯罪案件，也将不断遇到企业犯罪治理的刑事之问。愿能以本书为纽带，互相结识、携手、探讨，不断深化对这一问题的研究，在建构中国刑事司法文明乃至中国法治文明的时代东风下，略尽寸心与绵力。

以此求教于方家，诚望批评建议。

陈友乐

2024 年 6 月

图书在版编目(CIP)数据

企业犯罪治理 ：单位犯罪认定与刑事合规指南 / 陈友乐主编. -- 上海 ：上海人民出版社，2024. -- ISBN 978-7-208-19021-4

Ⅰ. D924.334

中国国家版本馆 CIP 数据核字第 2024A3F026 号

责任编辑　夏红梅
封面设计　孙　康

企业犯罪治理:单位犯罪认定与刑事合规指南
陈友乐　主编
朱　杰　王　英　副主编

出　　版　上海人民出版社
　　　　　(201101　上海市闵行区号景路 159 弄 C 座)
发　　行　上海人民出版社发行中心
印　　刷　上海商务联西印刷有限公司
开　　本　720×1000　1/16
印　　张　15.5
插　　页　4
字　　数　205,000
版　　次　2024 年 6 月第 1 版
印　　次　2024 年 6 月第 1 次印刷
ISBN 978 - 7 - 208 - 19021 - 4/D・4359
定　　价　68.00 元